道徳の自然誌

マイケル・トマセロ 著
中尾 央 訳

Michael Tomasello

NATURAL HISTORY OF HUMAN MORALITY

keiso shobo

道徳の自然誌

本書をキアラ、レオ、アニヤ、リタに捧げる

序文

本書『道徳の自然誌』は、二〇一四年に出版した『思考の自然誌』と対になっている。タイトルも対だが、これは両方とも同じように、ヒトの社会生活が二段階の進化を経ていると提案しているからである。まず協同活動の新しい形が現れ、次に文化組織の新しい形が現れるという二段階だ。『思考の自然誌』では、社会生活の新しい形から現れた、ヒト特有の思考様式を詳説しようと試みた。本書では、社会生活の新しい形によって、どのようにして初期ヒトの道徳的行為が可能になったのかを明らかにしようと試みている。この道徳的行為とは、（そうしなければならないという義務感をも感じながら）他者の関心を自分の関心に優先させる、もしくは両者を平等に扱うものである。もちろん、この道徳的態度あるいは姿勢は、実際の意思決定で一貫して勝利を収めてきたわけではなかったし、今でもそうだろう。しかし結果がどうであれ、意志の決定を道徳的なものにしているのは、この態度・姿勢である。

マックス・プランク進化人類研究所で、二〇〇九年秋に開催されたヒトの協力の進化に関するセミナーから、二〇一二～二〇一三年冬における道徳性の進化に関する同様のセミナーまで、ここ五年ほどこの本のためにアイディアを整理してきた。このセミナーでは多くの実りある議論が行われ、道徳性の進化に関する私のアイディアの多くはここで得られたものである。参加者全員に感謝したい。また、難解な哲学的概念に関しては、同じ時期にセバスチャン・ロードルと有用な数多くの議論を行った。

また、多くの人が初期の草稿を読んでくれ、数多くの有用なコメントをしてくれた。特にイヴァン・カブレラ、ロバート・ヘパック、パトリシア・カンギサー、クリスチャン・キーツマン、ベリスラフ・マルシック、カサル・オマダガン、マルコ・シュミットには感謝したい。彼らからは極めて有用なコメントと提案をいただいた。ニール・ラフリーとヤン・エングルマンは私と議論をし、原稿を何度も、特にしっかりと読んでくれた。心から感謝したい。彼らの提案のおかげで原稿は間違いなく、はるかにまとまりあるものになった。アンドリュー・キニー、リチャード・ジョイス、そしてハーヴァード大学出版局の匿名の査読者にも原稿にコメントをいただいた。感謝したい。

最後に、『思考の自然誌』と同様、リタ・スベトロヴァは本書の一番重要なアイディアすべてについて徹底的に議論に付き合ってくれ（そして本以外のことからは逃げられるようにしてくれ）、仕上がりに多大なる貢献をしてくれた。本当にありがとう。本書は彼女と子ども達にささげたい。

目次

第一章　相互依存仮説

なぜわれわれを社会体に結びつけているコミットメントが義務的かと言えば、このコミットメントが相互になされていること以外に理由はない。それはすなわち、コミットメントを果たすことで、他者のために働けば、同時に自分のために働かざるをえないということなのである。

ジャン＝ジャック・ルソー『社会契約論』(1)

自然界での協力には二種類の基本的な形がある。一つが利他的な援助であり、他者の利益のために自身を犠牲にする形である。もう一つが相利共生型の協同であり、何らかの形で関与者すべてが利益を得る。道徳性として知られるヒト独自の協力形態も、上と類似した二つの形を取る。憐れみ、配慮、慈悲のように自己犠牲的な動機に基づいて、他人を助けるために自分を犠牲にする形が一つ目であり、公平、平等、正義のように偏りのない動機に基づき、よりバランスの取れた方法で、全員が利益を得られる方策を探す形が二つ目である。道徳哲学における古典的な説明の多くで、両者の違いが慈善（善）の動機と正義（正）の動機の違いとして説明され、現代的な説明の多くでは、同情（sympathy）という道徳性と公平（fairness）という道徳性の違いとして説明されている。

同情という道徳性はもっとも基礎的なものである。他者の幸福に対する配慮は、道徳的な物事すべての必須条件だからだ。同情的配慮の進化的源泉はほぼ間違いなく、血縁選択に基づく子への親の世話にある。哺乳類の場合、この世話には授乳によって子に栄養を与えること（これは哺乳類の「愛ホルモン」であるオキシトシンによって統制されている）から、捕食者や他の危険から子を守ることまでのすべてが含まれる。この意味において、基本的にすべての哺乳類は、最低限自身の子には同情的配慮を示す。しかし、一部の種では一部の非血縁者にも同情的配慮を示す。一般に、同情の表現は公平などに比べれば単純である。自身の子もしくは他者に対して何が良いのかを決定するには、多少認知的に複雑な処理が必要かもしれない。しかし、一度その決定がなされれば、援助は援助である。唯一の問題は、その援助を動機づける同情が、その場面に関わる利己的な動機を克服できるほどに強いものかどうかでしかない。同情的配慮によって動機づけられた援助行動は、自由に行われる利他行動であり、余計な部分を取り除けば義務感は伴わない。

対照的に、公平という道徳性は基本的でも単純でもない。それはおそらくヒトに限定されるだろう。根本的な問題は、公平を必要とする多くの状況で、さまざまな個体の協力的・競争的動機が複雑に相互作用することである。公平であろうとすれば、この複雑な相互作用のすべてで何らかのバランスをとろうとしなければならず、多くの場合、これを成し遂げるにはさまざまな基準に基づいたさまざまな方法が考えられてしまう。こうしてヒトは、自身を含めた関係者の「相応性

(deservingness)」について道徳判断をくだせるようになった上で、この複雑な状況へと足を踏み入れる。しかし同時にヒトは、不公平な他者に対し、腹立たしさや憤慨のように懲罰的な道徳的態度も備えている。さらにヒトは、正確には懲罰的なものではないが、それでもやはり厳しい他の道徳的態度をも備えており、その中で関係者を相互に責任、義務、コミットメント、信頼、尊敬、責務、非難、罪悪感の観点から判断し、相手の行為の責任を明らかにしようとする。公平という道徳性はこのように、同情という道徳性よりはるかに複雑なものなのである。さらに、ひょっとするとこれは無関係ではないかもしれないが、多くの場合にその判断は責任感もしくは義務感を伴う。関係者すべてに公平でありたいというだけでなく、関係者すべてに公平であるべきだ、というものである。一般に、同情は純粋に協力と言えるかもしれないが、公平とは、多くの関係者の多様な動機から生じる多くの相容れない要求に対し、バランスの取れた解決策を探し求めるために競争を協力化したようなものなのである。

本書の目的は、同情と公平の両者の観点から、ヒトの道徳性の出現を進化的に説明することである。本書は次のような想定のもとに話を進めていく。ヒトの道徳性は協力の一形態、特に、ヒト独自の新しい社会的やり取りと社会的組織化に対する適応として現れてきた形態である。ホモ・サピエンスは超協力的霊長類であり、そしておそらく、唯一の道徳的霊長類である。それゆえ、本書ではさらに以下のような想定を踏まえて議論を進める。ヒトがその特に協力的な社会的調整の中で生き残り、うまくやっていくことを可能にするようなヒト独自の至近メカニズム（認知、社会的相互作用と自制の心理プロセス）によって、ヒトの道徳性は構成されているのである。これらの想定を仮定した上で、本書では（一）主に実験研究に基づき、ヒトの協力が最近縁な霊長類の協力とどのように異なるかを、できる限り詳細に明らかにすることと、（二）ヒト独自の協力がどのようにしてヒトの道徳性を生み出したのかについて、もっともな進化的シナリオを構築することを目的とする。

まずはヒト以外の霊長類、特に現生最近縁種の類人猿からである。どの社会的種でも同じように、同じ社会集団に暮らす類人猿の個体は、生存のために互いに依存している。すなわち、彼らは相互依存している（interdependent）のである（Roberts, 2005）。それゆえ互いを助け、世話することは彼らにとって意味がある。さらに、霊長類の多くの種と同様、類人猿の個体は同じ集団に属する特定の他個体と長期にわたる向社会的関係を築く。この関係は血縁個体同士の場合もあれば、そうでない「友達」同士の場合もある（Seyfarth and Cheney, 2012）。適応度を上げるため、個体はこの特別な関係に依存して暮らしている。それゆえ、たとえば友達を好んでグルーミングしたり、争いで優先的に友達を支援したりして、この関係に投資しているのである。したがって、ヒトの道徳性の自然誌を考察する際の進化的な出発点は、類人猿一般が相互に依存している相手、すなわち血縁個体や友達個体に示す向社会的行動になる。

この類人猿という出発点からどのようにして、協力的支援のために初期ヒトはより一層相互依存的になっていったのか。トマセロら（Tomasello et al., 2012）はこの問いに焦点を合わせ、ヒト独自の協力の進化を説明している。その基礎的な枠組みをここで採用するわけだが、相互依存仮説とは、この進化が二つの鍵となる段階を経て登場したというものである。その二つの段階とも、初期ヒトを新しい社会的やり取りと社会的組織化の様式に追い立てた、新しい生態環境と関係していた。まずは協同（collaboration）という段階であり、次に文化という段階である。新しい社会環境でもっとも上手くいった個体は、他者との相互依存を認識し、状況に合わせて適切に行動していた（これがある種の協力的合理性である）。多くの動物個体もさまざまな形で相互依存しているものの、初期ヒトの相互依存は、ヒト独自の新しい至近心理メカニズムに依拠していた。この新しい独自の心理メカニズムによって、獲物を捕まえるために「わたしたち」はなにをしなければならないか、他の集団から自集団を守るために「わたしたち」はどうすべきかというように、ヒトは他者と一緒になって複数主体である「わたしたち」を作り出すことができたのである。この説明で一番重要なのは、他者とともに相互依存的な複数主体の「わたしたち」を構築するための技術や動機、すなわち共有志向性（*shared intentionality*, Bratman, 1992, 2014; Gilbert 1990, 2014）が関わる行動へ他者とともに参加する技術や動機が、ヒトを戦略的協力から真の道徳性へと駆り立てたものだということである。

　鍵となる最初の段階が起きたのは、今から何十万年も前のことだった。生態が変化し、初期ヒトはパートナーと協力しなければ飢え死にしてしまうような状況に追いやられた。この相互依存の新しい形態では、初期ヒトが血縁個体や友達を超え、協同するパートナーにまで同情を拡大したのである。協同活動を認知的に調整するため、初期ヒトは共同志向性（*joint intentionality*）という技術と動機を進化させた。この共同志向性により、ヒトはパートナーとともに共同目標を形成し、彼らの個人的な共通基盤（common ground）の中で一緒に知識を得られるようになった（Tomasello, 2014）。個人レベルでは、各パートナーが特定の協同活動（アンテロープを狩るなど）で自身の役割を持つようになり、時とともに、共同成功のために各々の役割が達成されなければならない理想的な形について、共通理解が形成されるようになっていった。この共通理解に基づく理想が、社会的に共有された規範的基準の起源と考えられるかもしれない。この理想的基準は、その役割を担う者がわたしたちのどちらであるかに関係なく、その役割の中で各自が果たさなければならないことを決める。それゆえ、この理想的基準は偏りのないものであった。役割の基準が公平であると認識できれば、協同作業において、自己と他者が等しい地位と重要性を持っていると認識できたのである。

パートナーを選ぼうとして全個体が交渉でき、自身と他者が等しいと認識できれば、パートナー間でお互いに尊敬し合えるようになる。お互いにとってただ乗り者を排除することが最重要なので、協同的パートナー（でただ乗り者でない個体）だけが戦利品に相応しいという感覚も生じただろう。これらが組み合わさることで、パートナー同士がお互いを尊敬し、両者はお互いを等しく相応しい二人称の主体（second-personal agent）と考えるようになった（Darwall, 2006を参照）。すなわち、お互いが協同に対して共同コミットメント（joint commitment）を築く立場にあるということだ（Gilbert, 2003を参照）。共同コミットメントが築かれれば、各パートナーが自身の理想的な役割に応えるだろうし、さらに相手が理想に達しない場合には、その相手を非難できる正当な権利を両パートナーが持つことになる。初期ヒトが備えていた互敬と公平の感覚の主な源泉は、協同パートナーへの依存を認識することが重要な意味を持つ、新しい種類の協力的合理性である。さらにこの感覚によって、自身の行動の少なくとも一部を制御する権利が、共同コミットメントによって創られた自制する「わたしたち」に委ねられるようになったのである。この「わたしたち」は道徳的な力を持っていた。「わたしたち」を特に自制のために自分自身で作り上げたこと、そして互いが本当に協力に相応しいと考えたことをふまえ、両パートナーがそれを正当なものだと考えたからだ。協同パートナーは、お互いに対して共同成功のために努力する責任を感じたし、この責任から逃れれば、結果的に個人の協力的アイデンティティを放棄することになった。

　このように、共同志向的活動に参加することで、パートナーが等しく相応しい二人称の主体であるという認識、そして共同コミットメントの中で「わたしたち」を「わたし」に優先させる協力的合理性の両者が生み出され、進化的に新規な道徳心理の形が作り上げられた。この新しい形は「かれら」からの罰、もしくは評判による攻撃を戦略的に忌避して生まれたものではなく、むしろわれわれの「わたしたち」にしたがい、徳をもって行動しようという真なる試みに基づくものであった。さらに、規範に基づいて構成された社会秩序も生まれた。この秩序の中で、協力的合理性を備えた主体は個人がいかに行動すべきか、あるいは自身が他者にどのように行動してほしいかだけでなく、もしかれらが「わたしたち」の一人でありたいのなら、どのように行動すべきかにも目を向けていた。最終的に、共同志向的活動のパートナーに関わるこれらの新しいあり方すべての結果、初期ヒトはある種の自然な二人称の道徳性に達したのである。

この仮想的な自然誌における第二の進化的な段階は、およそ十五万年前にホモ・サピエンスが登場した頃に始まり、人口動態の変化によって加速した。現生ヒト集団は規模が大きくなるにつれ、部族レベルのまだまとまりのある小集団へと分裂していった。部族レベル集団（これはある種の文化と呼べるものだが）は資源をもとめて他の同様な集団と争い、それゆえこの集団が一つの大きな相互依存の「わたしたち」として作用したのである。結果、すべての集団メンバーが集団と自身を重ね合わせ、集団の生存と幸福のために分業された役割を果たすようになった。文化集団のメンバーは、同じ文化に属す人に対し、特別な同情の感覚と忠誠を感じていた。そして部外者はただ乗り者もしくは競争相手であり、文化集団の利益に相応しくない相手だと考えた。集団活動を認知的に調整するため、そして社会制御のための動機として、現生ヒトは集合志向性（*collective intentionality*）という新たな認知的技術と動機を進化させた。これにより、文化的共通基盤に基づいて、文化慣習、規範、制度を作り出すことができたのである（Searle, 1995を参照）。文化的共通基盤の中では、集合的成功のために「わたしたち」の一人がどのように理想的な役割を果たすべきかを誰もが知っていた。この意味において、慣習的な文化活動では十分に「客観的」である理想的役割が知られていた。それらは正しい・間違った作法を示していたのである。

　初期ヒトと異なり、現生ヒトは彼らのもっとも大きな、そしてもっとも重要な社会的コミットメントを作り出したわけではなかった。彼らはそのコミットメントの中に生まれたのである。一番重要なのは、集団の社会規範にしたがって行動を自制しなければならないという点であり、規範を犯してしまえば、直接の影響を被った人からだけではなく、第三者からも非難された。純粋に慣習的な活動から逸脱した場合、それは文化的アイデンティティに対する感覚が弱いことを示している。しかし道徳規範（それは二人称の道徳性に基盤をもつものだが）の侵害の場合、それは道徳的違反を示したのである（Nichols, 2004を参照）。道徳規範が正当だと考えられるのは、第一に個人が文化と一体化し、それゆえその規範に関してある種の分担者としての責任を負ったからであり、第二に同じ文化に属し、自分と等しく協力に相応しい人が、自分からの協力に相応しいと考えたからである。文化集団のメンバーはこのように、道徳的アイデンティティの一部として、社会規範に従ってそれを強制する義務感を感じていた。すなわち、自分自身だけでなく、道徳的コミュニティの視点から同じ立場でいようとすれば、コミュニティの正しい・間違った作法のあり方に従わねばならなかった（Korsgaard, 1996aを参照）。規範から逸脱した場合は、他者と自分自身に対して、その逸脱を道徳的コミュニティで共有された価値の観点から正当化しなければ、道徳的アイデンティティが維持できないだろう（Scanlon, 1998）。

このように、文化の中で生活し、集団内メンバーすべてが等しく協力に相応しいという認識と、文化の集合コミットメントが「わたしたち」のために「わたしたち」によって作られたという感覚が生み出されることで、二つ目の新しい道徳心理の形が作り出された。それは以下のような点で、初期ヒトによる二人称の道徳性の拡大版のようなものであった。規範の基準は十分に「客観的」であり、集団のメンバーすべてによってメンバーすべてのために集合コミットメントが形成されていた。そして義務感は、自身の道徳的アイデンティティと、（自分自身を含む）道徳的コミュニティに対して自身の道徳的決定を正当化する必要性から生じたという点で、集団にとって合理的であった。最終的に、集合的構造を持った文化的文脈で、互いを関連づけるこうした新しい方法のすべてによって、現生ヒトはある種の文化・集団指向的な「客観的」道徳性に到達したのである。

　類人猿を超えたこの二段階の進化的プロセス、すなわちまずは協同、そして文化に至るプロセスによって、現代ヒトは少なくとも三つの異なる道徳性の支配下にある。第一の道徳性は単純に、類人猿一般に見られるような、血縁個体や友達に対する特別な同情を中心に組織された協力的傾向である。すなわち、燃えているシェルターから助け出す最初の人間は、自分の子供か配偶者であり、熟考は必要ない。二つ目の道徳性は、特定の状況では特定の個体に特定の責任をもつという、協同という共同道徳性である。すなわち、次に助け出すべきは、今火を消すために協同していて火と格闘しているパートナーである（そしてこのパートナーとは共同コミットメントを築いている）。第三の道徳性は、文化集団のメンバー全員が等しい価値を持つという、文化規範と制度の（個人が表に出ない）集合的道徳性である。わたしたちの間でもっとも弱い個体（たとえば子どもなど）にはひょっとすると特別な注意が必要かもしれないが、この道徳性にしたがえば、その災難からすべてのメンバーを等しく、誰彼によらず助け出すことになる（あるいはもし道徳的コミュニティが人類全般なら、あらゆる人が対象になるだろう）。これらの異なる道徳性（道徳的方向性もしくは態度でも良い）が共存しようとしても、当然平和的共存は難しいだろう。ヒトが直面する道徳的ジレンマのうち、一見すると十分に満足できる解決策がなく、もっともやっかいなものの多くが、この道徳性の間で生じる対立に由来する。たとえば、友達を助けるために薬を奪うべきだろうか。見知らぬ誰かを傷つけることになるとしても、私は約束を守るべきだろうか。一見すると、これらの問いに十分な解決策はない（Nagel, 1986）。こうした解決不可能な道徳的対立を見れば、道徳の自然誌は、異なる協力的課題が異なる時期に異なる方法で解決されていったという、複雑で全体的に均一ではありえないものが考えられるだろう。

ヒトは複数の、時には対立するような異なる道徳性を備えており、少なくとも部分的には、それらが自然選択の過程で生まれてきたものかもしれない。この可能性によって、進化的説明は道徳性というアイディア全体を覆してしまうかもしれないという恐怖が生じ、またダーウィンの時代から多くの思慮深い人たちに恐れられてきた。しかしそんな必要はない。重要なのは、進化プロセスに含まれる究極的因果要因は、個人の目的と価値を実現しようとする個人の意思決定とは独立だということである。教科書的な例で言えば、性の進化的な存在理由は生殖だが、至近的動機はほとんどの場合別のものである。他者の幸福に配慮し他者を公平に扱っていた初期ヒトが一番多くの子孫を残したからといって、私個人の道徳的意思決定とアイデンティティは何もおびやかされないだろう。進化的・文化的・個人的歴史のゆえに私は英語を話せるが、その事実によって、特定の瞬間に私が何を話そうとするかが正確に決定されるわけではない。総じて言えば、道徳的に振る舞うことがヒトという種にとってある程度正しいことであり、ヒトの前例のない進化的成功だけでなく、道徳的アイデンティティに関する個人の感覚それぞれにも貢献するという事実に、わたしたちは単純に驚く他はない。

こう弁明した上で、これから道徳性の自然誌という物語を語っていきたい。類人猿の祖先、そして血縁個体と友達に対する同情から始まり、共同コミットメントを築いてパートナーが平等であることを認識し、お互いが相互依存的に協同し始めた初期ヒトを経由して、現生ヒトとその文化的に構成された社会規範、そして善と悪について客観化された感覚に至るまで、ヒトはどのようにして道徳性を進化させてきたのだろうか。

第二章　協力の進化

そして共同活動によってこの［資源の］希少性が補われなければ、正義はお互いの破滅的な衝突を導くだけであり、協力による利益を正義がお互いに生み出すようなことはないだろう。

デヴィッド・ゴティエ『合意による道徳』(1)

社会性は不可欠なものではない。多くの生物体がまったく実用的な理由から、完全に単独で生活している。しかし、他の生物体の多くは社会的に生活しているし、原初的な形としては、同類の他個体と近接したままでとどまって社会集団を形成している。この集団化の進化的機能は、主に捕食から身を守ることである。こうした「大勢での安全」のための社会性は、協力と呼ばれることもある。他個体と比較的平和に集まっているからだ。しかし、より複雑な社会で生活する種では、利他的な援助や相利共生的協同のように、より活発な社会的やり取りを見せるだろう。

社会生活が近接になればなるほど、資源を巡る競争も増加する。社会的な種は、食べ物や配偶者

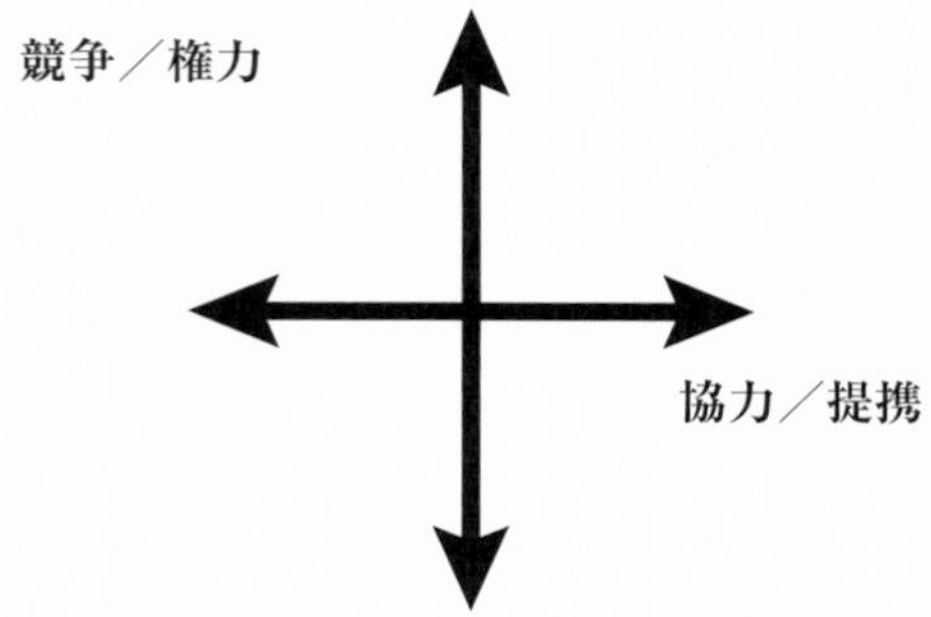

図2-1　複雑な生物体の社会生活における二次元

といった日常的基盤をめぐって激しく競争しなければならない。この競争は身体的攻撃にまで至ることもあり、競争に関わるすべての個体に損害が及ぶ可能性もある。こうして、攻撃能力に優れた個体が望みのものをほしいままにでき、攻撃能力に欠ける個体はそれをそのまま見過ごすだけ、という順位制システムができあがる。

このように、動物社会における二つの基本軸が見えてくる（図２－１）。水平軸は同類他個体と提携しよう（もしくは協同や援助しよう）という個体の傾向性に基づく協力の軸（程度が高いか低いか）、垂直軸は争っている資源に関する権力と支配に基づく競争の軸（程度が高いか低いか）である。協力と競争の間に十分なバランスが見つかるかどうかが、複雑な社会生活の基本的な課題である。

ダーウィン的枠組みでは、競争はもちろん特に説明の必要がない。しかし、もちろん協力には説明が要る。他者の利益になるような行動は、特定の条件下でしか進化的に安定的な戦略にならない。したがって、本章における最初の作業は、全体をまとめあげるテーマとしての相互依存原理に依拠しつつ、協力がどのようにして進化全般で機能するのかを検討することである。そして、この理論的枠組みを用い、特に類人猿社会における協力の本性を説明する。すなわち、ヒトの道徳性の自然誌を語る出発点として、ヒトと類人猿の最後の共通祖先がおよそ六〇〇万年前に、どのような協力的やり取りを行っていたのかを説明することが目的である。

協力の基盤

自然選択を基盤とする進化論で協力を説明しようとすると、さまざまな難題にぶつかってしまう。もちろんここでそのすべてを解決する必要はない。ここで必要なのは、ヒトの道徳性の探究にとって重要な、協力の進化的に安定的なパターンがどのようなものであるかを明らかにすることである。このパターンを明らかにする中で、複雑な社会で生活する種が互いに協力するための至近（心理）メカニズム、すなわち認知、社会・動機、自制プロセスを、そしてこの心理プロセスが自然選択で有利になってきた適応的条件を特に見ていくことになるだろう。

進化的に安定な協力パターン

標準的な進化論によれば、関係個体の繁殖適応度に対して過度に害を与えないような場合にのみ、協力は進化的に安定的な戦略として維持されうるという（利他行動は進化生物学者によってよく「進化しえないもの」と定義される。これはふざけているが的を射た表現だ）。しかし、多くの古典的モデルで以下のようなシナリオも提案されてきている。一時的に自らの直接的な利益を犠牲にして他者と協力しても、長期的に見れば自らを犠牲にせず、子孫も絶やさないで済むというシナリオである。ここで、複数レベル選択理論にしたがい、選択の作用するレベルによって異なる三つのカテゴリーを明確にしておくと分かりやすいだろう。血縁選択は遺伝子のレベルで作用し、集団選択は社会集団のレベルで作用する。そして相利共生と互恵性は個体レベルで作用する。協力行動のこうしたカテゴリーの各々が、種によってさまざまに異なる至近メカニズムによって実現されている可能性がある。

まず、協力の進化でもっとも基本的なプロセスは、ひょっとすると血縁選択かもしれない。ダーウィンは、アリやハチのような社会性昆虫が互いのために進んで自身を犠牲にする様子（不妊のワーカーが存在するほどである）に驚いていた。現代遺伝学の文脈では、ホールデーンやハミルトンによって、同じ社会集団に生活する社会性昆虫の個体同士は、他の動物種の同集団個体同士に比べてより多くの遺伝子を共有していることが明らかにされている。他個体を援助すれば、アリやハチの個体は自らの遺伝子のコピーを増やせるのであり、ある意味自分自身を援助しているのと同じなのである。ドーキンス（Dawkins, 1976）はこの見方を先鋭的に表現し、すべての進化を「遺伝子の視点」から考察した。

血縁選択の至近メカニズムは通常きわめて単純である。他個体を援助するように振る舞うための傾向性をあらかじめ備えていなければならず（ただ必ずしも自身が援助していることを頭の中で理解している必要はない）、援助行動は血縁個体に向けなければならない。血縁個体の選別は、空間的近接性から判断されることが一般的である。たとえばアリやハチは、もっとも近い個体を援助するだけであり、ヒトのようにより複雑な認知を備えた生物体でさえ、物理的に近い環境で育った個体を血縁と認識することが一番多い（Westermarck, 1891）。このように単純な心理プロセスを考えれば、おそらく血縁選択では、ヒトの道徳性の基礎となる複雑な認知的特徴・判断が生じなかっただろう。しかし、血縁選択が同情という基礎的な向社会的情動に関わっていたのはほぼ間違いないだろうし、この情動は親子間の絆や血縁個体を援助する文脈で生じたものだろう。類人猿の協力を説明する際に確認するが、一部の種では、同情を血縁個体から「友達」に拡張する機会があったのである。

協力の進化で二つ目の主要なプロセスは、論争の的となっている集団選択である。集団選択理論は、そのプロセスについて遺伝子の視点ではなく、むしろ集団の視点を採用している。たとえば、多細胞生物は単細胞生物が協力している集団に過ぎないのだ、とする研究者もいる（Wilson and Wilson, 2008）。その基本的なアイディアは、もしある種の社会集団内部が遺伝的に一様であり、同時にこの社会集団が他の集団と遺伝的に十分異なっていれば、この集団自体が実際に自然選択の単位になるというものだ。協力が関わってくるのは、協力的な個体が多い社会集団の方が、そうでない社会集団よりも有利だと考えられるからである。このように、集団内では協力的な個体がそうでない個体（利益を手にするが対価を支払わない個体）より不利かもしれないが、集団が繁栄することで、同種他集団個体よりも有利になるのである。ほとんどの研究者は集団選択が原理的に可能である点には同意するが、実際ほんのわずかな例をのぞき、（移住による）遺伝子流動が多過ぎ、集団選択が十分な力として作用しない場合がほとんどである。

集団選択の至近メカニズムは、血縁選択と同様に単純である。先と同様、他者を援助するように振る舞うための傾向性が備わっているだけでよく（必ずしもそのように振る舞うことを頭の中で理解している必要はない）、この行動を集団内メンバーへ、これまた先と同様にほとんどの場合には空間的に近接しているメンバーへ選択的に向けるだけである。[2] このタイプの集団選択はヒトの協力と道徳性の進化ではあまり重要な役割を果たしていないかもしれないが、文化的集団選択という集団選択の変種は、その進化のかなり後半になってからだが、ほぼ間違いなく重要な役割を果たしていた。集団内メンバーだけでなく移住者さえもが、社会的学習を通じてその集団でお互いに同調し、行動が均一になる（それゆえ移住の問題が解決される）ので、文化的集団選択は主に、遺伝子進化ではなく文化進化にとって重要である。遺伝子と文化の共進化という次なる段階では、たとえば社会的学習にもっとも優れた個体に適応的利点が保証される。文化的集団選択は、ヒトの道徳性の進化に関するわれわれの説明では、後の方で重要な役割を果たすだろう。集団内メンバー間で（社会規範や制度などを通じて）協力を助長・促進できる集団は、それが不得意な近隣集団より有利になるからだ。

第三に、心理メカニズムに対する影響から考えても、本書の説明でもっとも重要なのが相利共生と互恵性である。両プロセスとも個体レベルで作用し、即座もしくは後に協力の「対価」が何らかの形で支払われるため、個体の進化に影響を与えうる。

相利共生の進化的説明は簡単である。協力個体のすべてが即座に利益を得るからだ（ただ乗りの可能性が残されている場合もあるが）。したがって、ヒトであれそれ以外の動物であれ、協力の進化に関する理論的研究では相利共生に対してほとんど注意が払われてこなかった（他方、利他性についてははるかに多くの注意が払われてきた）。しかし、相利共生的協同は、ヒトの協力的認知・社会性にもっとも固有な特徴の多くに関わっている。ヒト進化の初期段階で、社会的調整とコミュニケーションを制御するために進化した特に複雑で厄介な至近メカニズム、すなわち共有志向性が進化するのに有利な状況が作り出されたのは、特定の形の相利共生的協同が必要になったからである（Tomasello, 2009, 2014）。この至近（心理）メカニズムは協力の進化という文脈でほとんど研究されてこなかったが、間違いなくヒトの協力と道徳性の進化を理解するには極めて重要なものである（あるいは後にそう論じるだろう）。

互恵性に関して言えば、その古典的バージョンがいわゆる互恵的利他行動である（Trivers, 1971）。このバージョンでは、ある機会にあなたを援助する、もしくはあなたを優先させれば、次の機会で互恵的に、あなたが私を援助するもしくは優先してくれる。結果として、長期的には両者が利益を得るのである。しかし、背後にある心理メカニズムはどう作用しているのだろうか？　古典的なしっぺ返し的互恵性（「私の背中を掻いてくれれば、あなたの背中を掻いてあげよう」と表現されることもある）は、自らを前もって将来の行動に縛り付けることに同意する、ある種の社会契約を含意していると考えられることが多い。誰もヒト以外の動物に対して真面目に社会契約を提案しているわけではないが、社会契約なしでは互恵性がどう作用するかを理解しづらいのも確かである。最初の問題は、互恵的利他行動が最初の利他行動をまったく説明できず、この説明ではまったくの楽観主義もしくは偶然に頼らざるをえないという点である。二つ目の問題は、裏切りへのインセンティブが強すぎるというものだ。私に利益を提供してくれたからといって、私がお返しにあなたへ利益を提供しようというインセンティブはどこにもない。私に利益がある間に、逃げてしまえばそれで良い。唯一のインセンティブがあるとすれば、私のお返しによって、あなたがさらなる利益を私に提供するようになるだろう、というものかもしれない。しかし、なぜそうなるのだろうか？　あなたは私と同じ裏切りへのインセンティブを持っている。何らかの同意がなければ、自分自身で利他行動を行おうという理性的もしくは情動的力を互恵性は欠いてしまっているのである。間接的互恵性はこの図式に評判を持ち込むわけだが、結局のところ、最初の行動を促すことと裏切りという二つの同じ問題に悩まされている。(3)

互恵的な行動パターンが自然界で広く生じているのは間違いない。問題は互恵性の背後にある至近メカニズムである。すくなくとも本書の目的にとって必要なのは、暗黙の社会契約という見方に取って代わるような、現実の心理メカニズムに基づいた説明である。そのためには、ドゥ・ヴァール（de Waal, 2000）の分類が良い出発点になる。彼の分類でもっとも重要なのは、情動的（もしくは態度的）互恵性と計算された互恵性を区別している点である。計算された互恵性は暗黙の契約である。誰のために誰が何をしたのかを互いに追跡し、得たものより多くのものを与えていたなら、協力を止めることになる。この互恵性が自然界ではかなり稀であるように思われるのは当たり前だ。情動に基づく長期の社会関係を形成する傾向性を備えた哺乳類では特に、情動的互恵性の方が多く見られる。情動的互恵性があれば、自分を援助してくれる個体と情動的絆を作り上げ（これはひょっとすると、子が自分を助け守ってくれる個体と絆を築くメカニズムに基づいているのかもしれない）、あたかも血縁個体や「友達」に対するように、社会的に絆で結ばれた個体を自然に援助するようになる。情動的互恵性は最低限、霊長類や他の哺乳類には広く見られるように思われる。しかし、非血縁個体と親密な社会的関係を最初にどうやって築き、なぜ友達を助け、そして友情が彼らの繁殖適応度にどのように影響するのかという問いが生じるのである。

相互依存と利他行動

事実上、協力の進化のすべての理論モデルにおいて（Nowak and Highfield, 2011）、遺伝子を次世代へ引き継ぐ闘争で、個体は同種の他個体すべてと競争状態にある非社会的分子と想定されている。この見方はある意味正しいとはいえ、至近メカニズムへの言及がほとんどない点は言うまでもなく、複雑な認知を備え複雑な社会で生活する生物体の場合には、まったく不完全なものである。重要なのは、複雑な認知を備え複雑な社会で生活する生物体は、他個体との多様な社会関係と相互依存に巻き込まれているという点だ。この関係と相互依存が適応度にとって重要なら、相手個体への援助や協力は、互恵的なものであれ何であれ、自己犠牲的なものではなく投資なのである。

メイナード・スミス（Maynard Smith, 1982）の有名なタカ－ハト・ゲームを考えてみよう。ある種の二個体は互いについて何も知らず、小さな餌場に近づいている。両者が協力すれば（「ハト」を演じれば）互いが餌を半分ずつ食べられるが、相手を追いやろうとすれば（「タカ」を演じれば）、餌を丸々食べられる。しかし、そうすると相手がひどく傷つくまで戦いは続くだろう。この場合、二個体は囚人のジレンマに陥っている。食べられる餌の量を最大化しようとすると、他個体の戦略に関わらず、両個体がタカを演じることが最善の戦略であり、戦いは避けられない(4)。しかし、ここで両個体が重要な社会的関係にあったとすれば、話はどう変わるだろうか。オスが彼の配偶者となるかもしれない集団唯一のメスと同時に餌へ近づいているとしよう。彼の将来的な繁殖適応度は完全に彼女次第であり、彼の遺伝子を後世に残せるかどうかは一〇〇％彼女にかかっている。彼は彼女に餌をあげないわけにはいかない。彼はお互いが餌を食べられるように望んでいる。メスもまた、交配相手としてこのオスに依存していれば、彼に餌をあげないわけにはいかない。両個体は相互に依存しており、両者とも一方だけが餌を食べられる状況を望まないため、ここに囚人のジレンマは存在しない。互いの幸福が配慮されているのである。

古典的な互恵性の説明は理論モデルで定式化されることが多いのだが、こうした相互依存性を考慮していない。すなわち、協力的やり取りのための社会的関係がどれほど重要かを認識していないのである。そしてもちろん、パートナーの重要さはパートナー次第である。こうした状況を踏まえ、ロバーツ（Roberts, 2005）はステークホルダーモデルと呼ぶものを提案している。このモデルでは、たとえば配偶関係や同盟パートナーのように、ある個体が特定の他個体の幸福に関連している。このモデルでは、以下の関係が満たされた場合に利他行動が進化的に安定する。

$$sB > C$$

ハミルトンの有名な血縁選択の方程式と同様、ここでBは受益者の繁殖上の利益を示し、このBに（ハミルトンの血縁係数のように）受益者と行為者の「ステーク（利害関係）」を示す係数のsをかけたsBは、行為者にとってのコストCより大きくなければならない。変数sはシンプルに、受益者が生存し、将来のやり取りにとって準備万端であることが、行為者にとってどれほど重要であるかを表している。依存相手をどれだけ特定し、どれほど依存しているのかは、単純な生得的ヒューリスティクスから学習された複雑な判断まで、種によって異なる認知メカニズムによって支えられている。

ここで、ステークホルダーモデルが非対称である点に注意してほしい。このモデルからは、相手に対する私の利害関心に基づいて、私がその相手を助けるべきかが計算できる。相手が私に対してどのような利害関心を持っているかは関係ない。捕食者を避けるための警告に依存しているため、私は警告を発する個体に対して利害関心を持っているかもしれない。それゆえ、私は彼が将来上手く仕事をできるように助けるべきである。しかしもちろん、私や他の個体が見返りを与えるからこそ、彼は他の誰もが望まない仕事をやっているのかもしれない。ここでは再び、相互依存の事例が見られる。しかし、この二個体の依存関係は、両者が異なる性質を持ち、関連する行動が同時に生じるわけではない。交配、協力的狩猟、地位をめぐる同盟など、相利共生の度合いがより大きい活動においては、相互依存の基本的なプロセスが同じく作用しているものの、同時かつより対称的に作用している。両者が同時に、相互依存的協同から同じような方法で利益を得るのである。のちに、その対称的安定性のゆえに、相利共生的協同での相互依存的パートナーシップが協力と利他行動の両者にとって特に重要であると論じる。互いが裏切りを思いとどまらせるような、直接的かつ間をあけないやり方で依存しているのである。

複雑な社会で生活する種では、さまざまな形で同集団他個体の多くへ依存し、また相互依存している。クラットン＝ブロック（Clutton-Brock, 2002）が論じているように、社会生活の本質は相互依存であり（彼はこの用語を用いていないが）、彼は社会生活一般に適用できる集団強化（group augmentation）と呼ばれるメカニズムを提唱している。私の成功が私の社会集団次第なら（たとえば、捕食者や他集団に対する防衛のため）、同集団他個体それぞれを生存させ、成功させることが私にとって利益となる。このように、社会的存在は最低限、同集団他個体の各々に対して多少の利害関心は持っているのである。結果的に、私が特定の同集団他個体に対して持っている利害関心は、たとえば警告を発する個体、同盟のパートナー、集団のメンバーなどとしての利害関心の総体になるのである。こうして、以下の関係が満たされた場合に、利他行動は進化的に安定する。

$$s_1B_1+s_2B_2 \ldots s_kB_k > C$$

左辺の各項は相手へ依存し、利害関心を持っているさまざまな形を定量化したものである。先と同じく、行動する前から頭の中で利害関心を計算する必要はない。いつものように、母なる自然はその種にふさわしい認知的ヒューリスティクス・近道を提供してくれているし、より洗練された認知・社会を持った生物体の場合ならおそらく、行動を決定するためのより洗練された技術と柔軟性を備えているだろう。

　ステークホルダーモデルでは気前の良さが「割に合う」と言えるだろうし、またその気前の良さは「疑似互恵性」と呼ばれるようなものかもしれない（Bshary and Bergmueller, 2008）。確かにそうだろう。しかし重要なのは、古典的な互恵性とは違い、このモデルでの利他行動はどのような形でも、援助に反応するもしくは影響を受ける受益者（あるいはそうした反応や影響に関する行為者の予想）に依存しない、という点である。受益者は警告発信、交配、同盟形成、狩猟のパートナー選び、あるいは社会集団の中で生活するなど、いつもの作業をこなすだけだろう。それが彼の関心だからであり、いわば副産物として、これが利他行動を行う個体に利益を与えているのである。利他行動をより能動的に、すなわち受益者への投資のようなものとして捉えることもできる。行為者は自身の幸福に貢献するがゆえに、受益者の幸福へ投資するのである（Kummer, 1979）。この見方にたつなら、情動的互恵性は相互依存する友達同士での相互投資と考えるのが一番正確である。この場合、友達は互いを援助するが、それは過去のやり取りへの見返りではなく、将来への投資となる。相手が利益を与えてくれるからこそ、各々が他方に依存するというような場合もあるだろう。たとえば、互恵的に互いが食べ物を共有する場合、至近メカニズムを考えれば、これは以前のやり取りに裏付けられているのではなく、この関係の維持だけのために行われている。こうした状況は、個体同士が共生的に生活している状況であると言えるかもしれない（共生という概念は、通常種間でのやり取りのみに適用されるものだが）。贈り物の交換のようなものも何もなく、個体は自身の適応度を直接上げるように試みるだけである。

こう考えれば、互恵性にまつわる多くの問題が解消される。特に、最初の利他行動をどう動機づけるかという問題、もしくは裏切りの問題である。というのも、利他行動が直接的には何にも左右されないからである（もちろん、さまざまな理由から、時の経過とともに関係が崩壊してしまうかもしれないが）。個体は別個体の行動を（数学的にはある一定のラインまで）援助するが、これは自身の理由に基づいている。しかし、この説明にももちろんただ乗りの潜在的な問題が残されている。援助を遅らせられるからだ。同集団個体が警告を発する際、私ではなく他個体が助けてくれれば、私はコストなしで利益を得られるだろう。しかし、ザハヴィ（Zahavi 2003）が指摘するように、同じ論理は血縁選択にも適用できる。兄弟姉妹を援助するのは遺伝子を共有しているからだが、他の誰かが援助を変わってくれ、自分がコストやリスクを負わないにこしたことはない。このように、もちろんながらステークホルダーモデルによる相互依存もまた、協力にまつわる問題を一挙に解決できるわけではない。むしろ、血縁選択と同様の論理を用いれば、相互依存でも費用対効果分析が大きく変わってしまう。

こうして、相互依存的視点は相利共生と互恵性を自然な形で統合し、古典的な説明よりも、動機の観点から互恵性の安定を上手く説明できる。さらに、利他行動の新しい側面にも気づかせてくれる。利他行動は個体を有利にする自然選択にとって不可能な到達点ではない。むしろ利他行動は、他個体と相互依存的に生活するすべての存在が、社会生活を営む上で（数学的な一定のラインまで、という意味で）ある程度必要なものなのである。一定ラインまで、誰もが援助し援助される。一定ラインまで、誰もが誰かにとって何らかの点で重要だからだ。この見方は、クロポトキン（Kropotkin, 1902）の「相互扶助」に関する予見的な見解とも上手く調和する。この相互扶助は、同集団他個体に対してではなく、物理的な環境の危険に対して（時には協力的に）抗わなければならない社会的存在の日常生活において、極めて重要な役割を果たすのである。

パートナーの制御・選別と社会選択

協力個体が最大限に力を発揮できるのは、周りが協力的な場合である。したがって、一度ある個体が協力を始めれば、周りの個体が協力に向かえるよう、能動的に影響を与えようとするだろう。それがもっとも直接的に行われるのがいわゆるパートナー制御であり、非協力者への罰が典型例である。これは援助を通じて協力者や友達に肯定的に投資することとは逆の投資法であると考えられるかもしれない。罰の問題としては、たとえばもし罰される個体が反逆者であるなら、罰を与える個体にコストがかかる、あるいは少なくともリスクがあるという点が挙げられる。より安全なもう一つの選択肢が（可能な場合に限られるが）いわゆるパートナー選別であり、これなら裏切り者とのやり取りを単にやめてしまえる。もちろん裏切り者を避ける方法には単純なものもあるが、より複雑な社会で生活する生物体の場合、どの個体が最適なパートナーなのかについて、過去の経験に基づく洗練された判断を必要とする場合も多い。つまり、パートナー制御と選別は、依存する相手への肯定的な投資プロセスに対する、重要な補完的プロセスなのである。これら二つのプロセスにおいて、依存する、もしくは依存するかもしれない相手に対し、悪いパートナーを矯正するもしくは賢くパートナーを選ぶことで、能動的に影響を与えようとするのである。

パートナー制御もしくは選別が可能になれば、時間が経つとともに、ウェスト＝エバーハードが社会選択と呼ぶものが生じる（West-Eberhard, 1979）。ダーウィンによる生物体進化の修正版（Darwin, 1871）では、自然選択のプロセスが性選択のプロセスによって補完されている。性選択はまったく新しい進化プロセスではない。むしろ単に、（古典的な自然選択のように）物理的環境ではなく、社会的環境によって選択が生じるというだけである。性選択では、対になる性の個体が潜在的な交配相手を、健康、強さ、繁殖力などを示す特徴（たとえばサイズの大きさ、彩色の美しさ、若さなど）に基づいて選ぶ。それゆえ、こうした特徴は交配という目的ゆえに有利に選択され、その特徴を備えた個体は繁殖適応度が高くなるのである。

社会選択もこのプロセスの一般化に過ぎない。社会集団に属す個体は、性的魅力に加え、あらゆる種類の理由のために他個体を選り好みする。そしてこれが、受益者の生存と繁殖成功度に影響を与えるだろう。こうして、もし社会集団に属す個体が最高の警告発信者に最高の利益を提供するのなら、良い警告発信者の特徴、たとえば鋭い知覚、素早い反応、大きな警告音などが警告発信個体の中で社会的に選択されるだろう。社会集団に属す個体がグルーミングのパートナーを必要としているのなら、熱心かつ適切にグルーミングを行う個体が、その目的のための特徴とともに選択されるだろう。より重要なパートナーであるという点で、一部の個体が他の個体より強い「影響力」を持つ場合もある。たとえば、同盟を組む相手として、上位個体は下位個体より必要とされる機会が多いかもしれない。それゆえ、潜在的パートナーに対して、上位個体は下位個体より多くを要求できるのである。このように、パートナー制御・選別の際に行われる社会的に複雑な意思決定は、ある種の「生物学的市場」(Noe and Hammerstein, 1994) と考えられるかもしれない。

原理的にはすべての身体的・行動的特徴が社会選択によって選択されうるが、協力はその特殊例の一つである。たとえば、食糧を得るために他個体と協同することで、関与個体すべてに相利共生的利益が与えられる場合、パートナー制御・選別に基づく生物学的市場を想定できるかもしれない。この市場で社会的に選択されるのは良き協力者の特徴であり、たとえば食事中のパートナーに対する寛容、パートナーとの調整とコミュニケーションを図る能力、必要とされるパートナーを援助する傾向性、ただ乗り個体を避けるもしくは罰する傾向性などである。そしてもちろん、裏切り者や無能者が備えている特徴が不利に選択されていく。

要　約

次章以降でヒトの道徳性の自然誌を論じていくが、本節ではその準備として、複数レベル選択の三段階をごく簡単に考察した。血縁選択は霊長類の協力において（そして哺乳類の協力においてでさえ）、すなわちヒトが現れるずっと前、子孫を守り世話するための情動的基質を構築する際に間違いなく重要な役割を果たしており、この情動的基質は友達の保護や世話にも利用されることがあった。文化的集団選択は（集団選択につきものの問題から逃れられた特殊例の一つとして）おそらく、現生ヒトの文化集団が資源を巡って互いに争い、もっとも協力的（もしくは道徳的）な集団が勝ち残っていったように、ヒト進化のかなり最後の方で重要な役割を果たしただろう。

しかし、われわれが想定している自然誌で一番重要なのは、個体レベルでの選択である。この説明では、道徳的に行動することがある心理プロセスによって、そしてそれを通じて他個体と協力的にやり取りすることを意味しているからである。ここまで述べてきたのは、個体レベルでの協力の進化的プロセス、特に相利共生と互恵性を再構成しただけである。このレベルでもっとも基本的なのは、個体間の依存（共生）であり、そこから生まれるのは、さまざまな至近メカニズム（たとえば哺乳類の情動的互恵性など）による協力の相利共生的もしくは互恵的パターンである。この至近メカニズムによって、依存する相手へ世話あるいは投資をしようと（利他性）、そして可能な限りパートナーを協力的にさせよう（パートナー制御・選別）と動機づけられる。以上のように再構成された個体レベルの協力的やり取りと協力的関係は、ヒトの道徳性の進化的出現を説明するにあたって、重要な理論的基盤を与えてくれるのである。

大型類人猿の協力

協力が主に相互依存の原理に基づくという理論的枠組みを仮定し、ようやくヒトの道徳性の自然誌を語り始められる。まずは、ヒトとそれ以外の類人猿との最後の共通祖先がどのような社会生活を営んでいたか、これを可能な限り描いていこう。この共通祖先はおよそ六〇〇万年前、アフリカのどこかで生活していた生物である。ただし、現存するモデルとして使用するのは、ヒトと最近縁の現存種である類人猿、特にチンパンジーとボノボの社会生活になる（実際のところフィールドも実験的研究もチンパンジーのものがほとんどだが）。まずは野生における同種間の社会的やり取りをいくつか見た後、同情と公平感を直接テストしている実験を見ていこう。

社会性と競争

チンパンジーとボノボは、オスメス問わず数十かそれ以上の個体から構成される、かなり複雑な社会で生活していることが多い（いわゆる多雄・多雌集団である）。日常生活は、小部隊で採食するものの、すぐに解散して新しい部隊を作るという離合集散組織で営まれる。オスは生涯を同じ縄張りの同じ集団で過ごす。メスは思春期初期に近隣集団へ移住する。発達の過程で、個体は他個体とともにさまざまな長期的社会関係を築く。もちろんもっとも重要なのは血縁だが、順位制と友情のようなものに基づく非血縁関係も重要である。チンパンジーとボノボの社会的やり取りは複雑だが、その複雑なやり取りの多くは、第三者間で同じ社会関係が生じ、そうした関係を認識してそれに反応することが原因である。近隣集団間のやり取りは、チンパンジーの場合はほぼ間違いなく敵対的で、他方ボノボの場合はより平和的である。

チンパンジーもボノボも同集団個体と毎日一日中競争している。これは遺伝子を次世代に残すという進化的に間接的な意味でそうであるだけでなく、食料、交配相手、その他の貴重な資源を巡り、面と向かって競争するという直接的な意味でもそうである。たとえば、食料を巡る争いの典型例としては、果実を見つけるまで数個体が旅をするケースが挙げられる。各個体は誰の助けもなく木をよじ登り、独力で果実を手に入れ、果実を食すために他個体から最大限に離れようとする。このよじ登り競争では勝者が果実を手に入れるわけだが、実際の争いを伴う競争が生じる場合も少なくない。たとえば、上位個体が望みのものを手に入れ、近隣の下位個体がそれに従うというように、勝者が戦いもしくは順位の争いに勝利するという競争である。チンパンジーもボノボもオスがメスを巡って競争し、時には戦うこともある。しかしこの競争は明らかにチンパンジーの方が激しい。面白いことにどちらの種でも、資源にアクセスしやすくなることを巡ってではなく、別個体に支配権を行使する個体を巡って争いが生じる。上位であれば、将来的にさまざまな資源へ簡単にアクセスできるようになるからだろう。順位を巡る争いは、それゆえ資源を巡る争いの代理戦争のようなものである。(5)

チンパンジーもボノボも競争のための認知的仕組みが備わっている。彼らは志向的で、意思決定を行う主体であり、長期的視野を持っているわけではないが、合理的な意思決定を自らで下している。またそれだけでなく、他個体に対しても、志向的で意思決定を行う競争相手であると知覚している。競争相手の行動は目的（そうなってほしいと思うもの）と状況の知覚（そうであると知覚するもの）、すなわちある種の知覚－目的心理によって決定されていると彼らは理解している（Call and Tomasello, 2008）。一つだけだが例として、以下の事実が挙げられる。下位個体はそばにいる上位個体が手をださないと予測できる場合にのみ、食糧に手を出そうとするのである。それは（一）上位個体がその食糧を望まない、もしくは（二）上位個体にその食糧が見えていない（あるいは見えなかった）と分かっている場合である（Hare et al., 2000, 2001）。多くの研究で、協力的もしくはコミュニケーションの文脈よりも競争的な文脈において、類人猿はこうした社会・認知的技術を進んで使用していると報告されている（Hare and Tomasello, 2004; Hare, 2001）。すなわち、こうした技術はある種の「マキャベリ的知性」である（Whiten and Byrne, 1988）。特に類人猿は他の霊長類に比べ、利益を得るために道具を用いて物理世界を操作すること、そしてコミュニケーションのための柔軟なジェスチャーを用いて社会的世界を操作することに長けている（Call and Tomasello, 2007）。つまるところ、類人猿の社会的認知は、他個体を出し抜いて競争に勝つために構築されているようだ。

まず間違いなく、順位制社会で生活する個体の場合、自己の欲求を今すぐに満たそうという衝動の制御を学習しなければならない。日常生活において、チンパンジーとボノボは絶えず自制しており、上位個体と何か問題になりそうな場合、下位個体は食糧の獲得や配偶者の追跡のような行動に対する衝動を抑えている。体系的な実験を行った結果、チンパンジーは（一）後でより多くの報酬を得るために今すぐ得られる少ない報酬を待つ、（二）状況が変わった場合、必要とされる新しい方法のため、以前に成功した方法をやめる、（三）最終的に非常に貴重な報酬を得るため、不快な作業を行う、（四）失敗してもやり通す、（五）邪魔があっても集中する、といったことが可能であると分かっている。おおまかには、ヒトの三〜六歳児と同程度に上記の行動が可能である（Herrmann et al., 2015）。衝動制御、自制、情動統制、実行機能といったチンパンジーの技術は明らかに（これらの技術もさまざまな呼び名があるが）、将来のことを考えればそれが望ましい場合に、利己的衝動を抑え他個体へ服従するのに十分なものである。

道徳性の進化との関係で言えば（ひょっとすると特に重要な点かもしれないが）、チンパンジーとボノボが恐怖、怒り、驚き、嫌悪といった基本情動を持ち、他個体にもそれを認識しているように見えるという点も重要である。類人猿の情動認識についてはそれほどまとまった研究がないものの、フィールドにおける社会環境では、怒りをあらわにした他個体を明らかに避け、他個体が恐怖を見せている場合には不安そうに辺りを見回し、他個体が驚きを見せている場合は何かを探そうとしている。実験でも、バトルマンら（Buttelmann et al. 2009）によって、ヒトがバケツを覗き込んで驚き、別のバケツを覗いて幸せそう・喜んでいる様子の表情を見せれば、チンパンジーは中に何が入っていようと後者のバケツを好んで選ぶことが分かっている。

競争のための協同

結局のところ、チンパンジーとボノボの社会生活へ一番直接的に影響を与えているのが食糧、交配相手、その他の資源を巡るさまざまな社会的競争である。もちろん別の機会にも協力するだろうが、ほとんどすべての場合に、彼らの協力を理解しようとすれば、こうしたさまざまな社会的競争のすべてが重要になってくる。このように、ミュラーとミタニ（Mueller and Mitani, 2005, p. 278）はチンパンジーの社会生活における主要な側面を検討する中で、「競争とは…多くのケースで協力を引き起こす、典型的駆動力なのである」と述べている。

チンパンジー、ボノボ、そして他の類人猿も、二つの重要な文脈で同種個体とよく協同している。一つ目は、多くの哺乳類と同様、資源や縄張りをめぐる近隣集団との競争で、集団を防衛するために行うさまざまな形の協同である。敵対個体と出会ってしまった場合、これも多くの動物種と同様、類人猿は敵を追いやるため、基本的に相手を「群がって襲う」ことが多い。この協同には何も洗練された方法が必要ない。この文脈では特に、オスが小集団を形成して縄張りの境界を積極的に「巡回」し、近隣集団の個体と出会ったときには、どんな場合でも敵対的に振る舞う（Goodall, 1986）。おそらく、集団防衛という行動は同集団内個体の相互依存を反映している。これは集団を強化するためだと考えられるかもしれないが、さまざまな形で依存する特定の相手を守ることの方が差し迫った理由だろう。

二つ目もまた他の哺乳類と同様、チンパンジーもボノボも集団内での敵対的やり取りで自らが成功する確率を高めるため、他個体と同盟を形成する（Harcourt and de Waal, 1992）。こうした敵対的やり取りはほとんどの場合、上位の順位そのものを巡るものであり、それがおそらく資源獲得の優位性を巡る代理戦争となっているのだろう（たとえば、同盟を組むことで、休んでいる個体をその場所から追いやるだけのことがあるように）。多くのサルでは、戦いの際に支援してくれるのは血縁個体であることが多い（アカゲザルの母系個体のように）。しかしチンパンジーの場合は非血縁個体であることがほとんどである（Langergraber et al., 2007）。こうした競争のための協力は、互いが社会的関係を維持しているかどうかを同時に監視する必要がある。しかしここでも、助け合って戦う以外、同盟パートナーは他に行動を調整する必要はない。さらに、多くの哺乳類と同様、類人猿でも戦った後は積極的に仲直りをする場合が多い。おそらく、両者が依存する社会関係を修復しようとしているのだろう（de Waal, 1989a）。同盟が形成されようとしているときに（その同盟が後に自身を脅かすかもしれないがゆえに）、上位のオスが介入してその関係を破綻させることもあるくらいだ（de Waal, 1982）。

同盟による支援は、チンパンジーとボノボが順位を巡って争う際に極めて重要な役割を果たす。強力な良き友を持つことは割に合うのである。それゆえチンパンジーとボノボは友達を増やそうとしている。友達は互恵的な同盟支援を通じて作られることがほとんどだが（de Waal and Luttrell, 1988）、グルーミングや食物共有のような親和行動によって作られることもある。こうして、チンパンジーのグルーミングが潜在的な同盟パートナーへ優先的に行われ（Mueller and Mitani, 2005の総説を参照）、また自分に多くグルーミングしてくれた相手へ優先的にグルーミングしているという証拠が多く示されてきている（Gomes et al., 2009）。さらに、ミタニとワッツ（Mitani and Watts, 2001）によれば、オスのチンパンジーは肉や食物の「共有」（ほとんどの場合は奪われても何もしない、というだけだが）相手として、同盟パートナーを優先的に選んでいるという。この発見と、互いにグルーミングする個体は食物共有の相手として互いを優先的に選んでいるというドゥ・ヴァール（de Waal, 1989b）の報告を合わせれば、グルーミング、食物共有、同盟的支援という黄金の三角関係の間に比較的しっかりとした互恵的関係が形成される(6)。重要なのは、類人猿は長期的な社会的関係を築いていない相手とは、ほとんど互恵的やり取りをおこなわないということである。この点に関わる実験はただ一つしかないが、メリスら（Melis et al., 2008）によると、個体同士をランダムに組み合わせ、自分を援助した場合とそうでない場合を用意しても、前者を優先的に援助するようなことはなかったという。したがって、長期的な互恵性については明らかな証拠があるにもかかわらず、「互いのやり取りの間を空けない互恵性のモデルや、（しっぺ返しなど）直近の交換に関する詳細な説明では、チンパンジーの社会的決定をうまく説明できないかもしれない」(p. 951) と結論している。

黄金の三角関係における相互関係は、しばしば互恵性の例と解釈される。もちろん、純粋に記述的な意味ではそうである。しかし、すでに述べたように、ドゥ・ヴァール (de Waal, 2000) はこうした行動パターンの基礎に複数の異なる至近メカニズムがあると指摘している。ドゥ・ヴァールらによると、その基礎にあるのは過去のやり取りを記憶しておく「計算された互恵性」ではなく、「情動的互恵性」、すなわち援助してくれたり食物を共有したりする相手に、肯定的な感情を抱いているだけなのである (Schino and Aureli, 2009 を参照)。この理論的枠組みにおいては、同情という向社会的情動を感じる相手（すなわち、依存している相手）を援助し、共有するというだけである。そして受益者も、相手に（新しく構築された依存関係に基づいて）同情を感じるという理由で、その相手を援助し、共有するのである。この双方向の同情という相互依存関係は、友達同士のやり取りにおいて援助と共有という互恵的パターンを生み出す（進化的観点から友情を考察したものとして Hruschka, 2010 を参照）。ここで重要なのは以下の点である。すなわち、行動レベルでの類人猿の互恵的パターンは、暗黙の合意や互恵性の契約などによらず、ましてや公平や平等の判断によるものなどではなく、相互依存に基づき双方向に作用する同情だけに支えられているのである。以下で論じるように、こうした同情は、類人猿や他の霊長類における唯一無二の向社会的態度であり、比較的長期にわたる社会的関係の中でしか生じないものである。

この話題に関してはそれほどまとまった研究はないものの、チンパンジーとボノボの同盟形成におけるパートナー選別であれば長時間にわたる研究がある。先述したように、これらの種では特に良い同盟パートナーに固執し、そのパートナーを（グルーミングや食物共有を通じて）友達にしようとする。しかし、ここでは皮肉な事態も生じる。友達兼同盟パートナーを選ぼうとしている際、社会選択のプロセスが重要な意味で、協力の進化を不利にするように作用しているのである。同盟それ自体は協調をほとんど必要としないので（各パートナーが戦いで同時に最善を尽くせばよいだけである）、最善の同盟パートナーは戦いで上位に立つ個体であれば良く、それ以上の何物でもない。同盟でのパートナー選別がもっとも直接的に選択するものは、上位で戦いに強いという特徴であり、協力的で助けてくれるパートナーの特徴ではない。

このように、チンパンジーとボノボの協力と友情をめぐっては、一般に順位、食糧、交配機会をめぐる同盟的競争が重要となる。これはオスのチンパンジーでは特にそうで、もっとも頻繁に競争が起きる。しかし、メスのチンパンジーやボノボでももちろん当てはまる話である。たとえば、ウィリアムズら（Williams et al., 2002）の報告によれば、資源獲得競争になりにくいことを一つの理由として、メスのチンパンジーは友達個体と（それ以外の個体より）優先的に採食を行うという。ミュラーとミタニ（Mueller and Mitani, 2005, p. 317）はこの状況を以下のようにまとめている。

チンパンジーの協力形態でもっとも支配的なものは…オスの競争に基づくものである。チンパンジーのオスは短期的な同盟と長期的な連合を維持し、コミュニティ内での順位を改善し、協力して他集団のオスから縄張りを守る。グルーミングや肉共有のような他の主要な協力的活動も、この目的と戦略的に関係している。メスはオスよりもはるかに社会的でなく、オスほど協力しない。それでも、協力してライバルの乳児を殺すこともあるように、メスの協力でもっとも目を引く例には競争が含まれている。

全体的に見れば、チンパンジーとボノボは、資源をめぐる止むことの無い競争とつねに関わりながら生活しており、つねに他個体をやり込め、出し抜き、友達をやめて競争に打ち勝とうとしているのである。

食糧のための協同

類人猿の同盟と連合は、競争しているゼロサム資源を手に入れるためのものである。つまり、交配相手や食糧のような資源を手に入れるために互いに競争し、諸同盟は同じ資源をめぐる同じ競争に参加している。このように、同盟と個体は一つの同じパイを巡って戦っているわけである。しかし、このゼロサム競争にも重要な例外が一つある。チンパンジーの集団では（すべての集団ではなく一部のものに限られるが）、オスが小さなパーティーを形成してサルを狩ることがある（チンパンジーほどではないが、ボノボもサルや他の小型哺乳類を同様に狩ることがある。Surbeck and Hohmann,

2008参照)。多くの場合、単独でサルを捕まえられることはなく、結果的に、協同によって狩猟のパイが大きくなっているのである。

協調の観点から考えると、監視と追跡を複数個体が同時に行うような乱雑な狩りが行われるときもある(たとえば林冠があまりない東アフリカのフィールドなど)。しかし、林冠が十分にあり、獲物のサルがかなり素早いせいで、乱雑な狩りでは上手くいかないときもある(たとえば西アフリカのタイや東アフリカのンゴゴのように)。この場合、チンパンジーは最終的にサルを捕えるために周りを囲まねばならないが、これには互いの協調が必要となる(Boesch and Boesch, 1989; Mitani and Watts, 2001)。協調が必要といっても、実際に行われているのは個々人の協調である。すなわち、それぞれのハンターが自らサルを捕まえようとし(捕まえた個体が最も多く肉を手にできるので)、同じくサルを捕まえようとする他のハンターの動きを考慮しているというだけである。こうして、ある個体が追跡を始めれば、別の個体が逃走を図るサルの動きを予測し、最適な空き場所を探すのである。狩りの参加者は、共同目標とその中での個々の役割を持った「わたしたち」として一緒に狩りを行っているわけではない。むしろ、トゥオメラ(Tuomela, 2007)が「わたしーモード(I-mode)における集団行動」と呼ぶものに参加しているのである(Tomasello et al., 2005, 第三章も参照)。したがって、可能な場合には、ハンターは死体を盗み去ってしまうことも多い。しかし、多くの場合はそうはならない。多くの参加者(そして多くの傍観者)が嫌がらせや要求を繰り返すことでほんの一部でも肉を得ようとするからである(Boesch, 1994; Gilby, 2006)。

狩りそれ自体の間中、チンパンジーやボノボの個体は明らかに互いへ依存している。実験でも、狩りと似たような状況で、チンパンジーは成功するためにパートナーが必要だと理解していることがわかっている（Melis et al., 2006a; Engelmann et al., 2015も参照）。しかし、チンパンジーとボノボがサルの集団狩猟を行うのは、生存に必要だからではない。ヒトが協同を強制された狩猟採集者となる道筋を描く、われわれのより長大なストーリーでは、これが極めて重要なのである。彼らの食糧の多くは果物、植物、昆虫である。実際、これは驚くべきことかもしれないが、チンパンジーがサルを一番多く狩るのは、果物や植物が手に入りにくい乾期でなく、逆の雨期である（Watts and Mitani, 2002）。おそらく、獲物が得られるかどうか分からないサル狩猟に時間と労力を割くのは、失敗したときでも他の食糧が抱負にある時期の方が割に合うからだろう。このように、チンパンジーとボノボの集団狩猟は、狩りのときには相互依存的なのだが、食糧を手に入れること一般のために、互いが依存しているというわけではない。

野生のチンパンジーとボノボが、狩猟の協同パートナーをどの程度能動的に選んでいるか（パートナー選別や社会選択につながる状況を作り出しているかどうか）はまだ分からない。メリスら（Melis et al., 2006a）によれば、ほんのわずかなやり取りの後でも、人間の飼育下にあるチンパンジーはどの個体がパートナーとして（協同的成功につながって食糧を得られるという意味で）ふさわしいかを判断し、その相手を優先して選別するという。しかし、こうしたパートナー選別が野生でも生じているかどうかはまだ不明である。野生での狩りは日和見的であらかじめ決まった集団によって行われることがほとんどであり、それゆえパートナーを選ぶような機会はほとんどないからだ。もしクロックフォードとベッシュ（Crockford and Boesch, 2003）が示唆するように、狩りのパートナーを採用するための鳴き声があるとしても、それはパートナー選別を表しているわけではない。適切な協力者に選択的に向けられたものではなく、全員に向けられたものだからである。したがって、チンパンジーの集団狩猟において、パートナー制御のようなものは何もなく、ただ乗り個体が獲物から閉め出されることもないのである（Boesch, 1994）。

食物獲得におけるこうした協同は、霊長類や他の哺乳類でも稀である。ライオンやオオカミのような社会性を持った肉食動物も集団狩猟を行うが、この集団狩猟が上手くいくのは被食者が独占するには大きすぎるからであり、共有しようとしなくとも（そしてただ乗り者を排除しようとする必要もない）、必要な分だけ食べられるのである。社会性肉食動物は明らかに、こうした集団狩猟のために進化してきているが、それはこの集団狩猟が強制的なものだからだ（他に代わる選択肢はない）。しかし、チンパンジーとボノボの場合、すべての集団がサル狩猟を行うわけではなく、オスだけが狩猟を行い、さらに林冠の構造からそうしなければならないときだけ集団狩猟を行う。それを考えれば、チンパンジーとボノボがサル狩猟のために進化してきているようには思えないのである。それに、他の代替的採食も常に可能である。実験でも、自分自身で食料を入手できる条件とパートナーと協同しなければならない条件の二つを設定すると、この条件とは無関係に、もっとも多くの食料が入手できる選択肢を選ぶだけである（Bullinger et al., 2011a; Rekers et al., 2011）。第三章でも述べるように、他の証拠からも、チンパンジーとボノボは協同狩猟採集に特化した適応を備えているわけではないことが示唆されている。彼らは、一般的な認知能力に基づいて協同しているだけなのである。第三章では、協同に関するさまざまな認知的・動機的傾向性について、ヒトの幼児とチンパンジー・ボノボを体系的に比較していく。

以上をまとめると、チンパンジーとボノボによるサルや他の小哺乳類の集団狩猟は、彼らが柔軟な認知能力と知性を備えていることの驚くべき証拠だが、協同によって新たな資源を作り出す能力全般は限定されている。ミュラーとミタニ（Mueller and Mitani, 2005, p. 319）は以下のように述べている。

> ヒトと比較すれば…採食のような非競争的文脈において、チンパンジーに協力行動がほとんど見られないのは驚くべきことだ。協力的食物採集はヒトの狩猟採集民でもごく当たり前に見られる（e.g., Hill, 2002）。ハッザの男性が下にいる女性のためにバオバブの木をよじ登って果実をふるい落とすというような、協力行動のもっとも単純な形態でさえも…チンパンジーの行動にはまったく見られないのである。

同情と援助

本書の第一の対象は道徳性である。したがって、ここでの重要な問いは、チンパンジーとボノボが協力活動で利他行動を見せるか否かである（経済学では「他者への顧慮に基づいた選好」を持つかどうか、道徳心理学では、他者への同情的配慮を持つかどうか、と表現される）。ここでの利他行動とは、自分にはコストがかかるだけだが、至近目標として他個体に利益をもたらす行動を指す。観察で二項間の相関を見る研究では、グルーミング、食物共有、同盟という黄金の三角関係を確立できたものの、上記の問いに確実な答えを与えられないし、集団狩猟の自然観察でももちろんそれはできない。たとえば、グルーミングはグルーミングされる側だけでなく、する側にも報酬がある。ノミを食べられるからだ。「許容される盗み」もしくは「圧力の下での共有」としての食物共有がもっとも直接的に目指すのは平和の維持である。同盟による争いに参加する場合、参加者は勝って順位を上げようとする。集団狩猟では、自分でサルを捕まえるか、捕まえた個体に嫌がらせするか強請るかして肉を少し分けてもらおうとする。これは方法論的な問題だが、自然観察や相関分析それ自体では、観察された行動が他者への顧慮に基づいているのかどうか、もしくは同情に動機づけられているのかどうかを決定するには十分でないのである。

しかし近年、多くの実験的研究によって、目的が明確な文脈でチンパンジーが他個体を援助する傾向にあるかどうかが調べられている。方法論的に重要なのは、条件を統制し、実験に参加する類人猿がその行動に関して同情以外の動機を持っていないと保証できるようにしている点である。典型的には、援助行動に行動の消費カロリー以外特にコストがかからないようにし、食糧や他の資源をめぐる競争がない状況を設定する。たとえば、ワーネケンとトマセロ（Warneken and Tomasello,

2006）はこのような内容の先駆け的研究の中で、子供の頃から人間が育てたチンパンジー三個体を対象とし、自分たちを世話してくれる人間が取ろうとして手の届かない物体をチンパンジーが取りにいくこと、しかし同じような状況でも、人間が必要としないものは取りにいかないことを明らかにしている。もちろん人間が育てたチンパンジーは特別かもしれないので、ワーネケンら（Warneken et al. 2007, 実験1）は、野生で生まれ、現在は半自然環境で人間の飼育下にあるチンパンジーを対象に、見知らぬ人間を参加させ、類似した課題を実験している。結果として、チンパンジーは（統制条件よりも）人間を援助し、高いところにある物体でさえ、カロリーを消費し、登って取ってくることが分かった。さらに、人間の参加者が手に食べ物を持っている場合とそうでない場合を設定してみても、類人猿の援助行動には変化がなかった。したがって、チンパンジーの援助行動は人間からの報酬を期待しているわけではないのである。

しかしこれでも、完璧なテストとは言えない。したがって、ワーネケンら（Warneken et al. 2007, 実験2）はチンパンジーが人間の参加者ではなく、同種個体を援助するかどうかを実験した。具体的には、ある個体がドアを通ろうとしていて、隣の部屋にいる別の個体がドアを開けてやるかどうかを実験的に確認している。チンパンジーはこの状況でも同種個体を確実に援助し、統制条件としてドアを通ろうとしていない場面（あるいは別のドアを通ろうとしている場面）を設定した場合には、援助しなかったのである。メリスら（Melis et al. 2011b）は別の実験パラダイムを用い、チンパンジーが同種個体を援助し、食べ物を得られるように手伝うことを明らかにしている。この実験では、チンパンジーが自分自身は食べられない、装置に入った食べ物を別個体に渡すため、装置のフックを開け、食べ物がスロープを滑り落ちるようにしたのである。さらに、スロープの端に誰もいない場合は、フックを開けないこともわかっている。山本と田中（Yamamoto and Tanaka, 2009）の実験では、別個体が食べ物を取るために道具が必要なとき、その道具を渡す様子（また、必要でないときには渡さない様子）が観察されている。グリーンバーグら（Greenberg et al., 2010）の実験においても、援助を必要としている個体からの能動的な要請がない場合でさえ（その必要性がそれ以外の点で明らかであれば）、食べ物を得るための援助を行うことが観察されている。これらの実験すべてにおいて、援助する側は資源を得ることができず、しかも資源の観点からすると、援助にはさほどコストがかからないことが明らかなのである。チンパンジーの援助行動にとって、これらの条件が重要なのは間違いない。

別の実験パラダイムを用いて、シルクら（Silk et al., 2005）とジェンセンら（Jensen et al., 2006）は次のような実験を行った。チンパンジーには二つの選択肢が与えられる。あるロープを引っぱり自分だけに食べ物がのった皿の一方を引き寄せるか、あるいは違うロープを引っぱり同じ量の食べ物がのった皿の両方を自分ともう一個体それぞれに引き寄せる、という選択肢である。このとき、どちらの選択肢を選ぶかについて有意な差は見られなかったが、この状況で別個体を援助できなかったのは、おそらく自分自身が食べ物を得ることに集中していたからだろう。興奮し過ぎて別個体を無視してしまったか、皿の両側にのった食べ物のせいで食べ物をめぐる競争を想起させ、援助を邪魔してしまったかである。どちらにせよ、この実験の否定的な結果は、他の実験における多くの肯定的結果を否定するものではない(7)。

目的の達成を助けると、小さいものだが確かに（カロリー的）コストがかかり、他個体を益することになる。こうした援助の進化的機能はグルーミングや食物共有と同じだろう。友達、それも同盟パートナーとしての友達を増やすことである。これらの研究では、援助される側の行動が体系的に操作されていないので、援助される側が援助者に影響を与えているかどうかはわからない。しかしそれでも、統制条件を考えれば、チンパンジーが相手を益するという至近目標を持って行動することがあると明らかに示している。ワーネケンとトマセロ（Warneken and Tomasello, 2009）は類似条件でヒト幼児とチンパンジーを比較し、どの条件でも両者がほぼ同じ形で行動することを示しており、この解釈にさらなる証拠を与えている（ただし、第三章で確認するが、チンパンジーはヒト幼児ほどに多様な文脈で研究されてはいない）。他にも関連しうる事例として、戦いに参加していないチンパンジーが、（その機能やメカニズムは分かっていないが）戦いの後で敗者を「なぐさめている」かもしれないという観察がある（Koski et al., 2007）。

こうした援助行動から、チンパンジーは食べ物もしくは必要な道具を入手できない個体の窮状に対して、同情という感情を抱いていると推測できるかもしれない。ここまで触れてきた実験に関して、いずれにしてもこうした動機の解釈に証拠はないのだが、近年、援助者が援助される側に同情している可能性を高く示唆する、別の証拠が得られている。クロックフォードら（Crockford et al.,

2013）によれば、グルーミングしている間、している側もされている側もオキシトシンという哺乳類の絆に関わるホルモンが増加しているという。ウィティグら（Wittig et al. 2014）でも、（これは自然環境ではほとんど観察されない事態だが）食物共有の際に食べ物を与えたチンパンジーで、オキシトシンの増加が見られている。オキシトシンに関する自然環境の観察と実験的研究を合わせると、チンパンジーが援助している個体へ同情を感じていることの良い証拠になるだろう。

ここまでまとめると、チンパンジーの援助行動は本物であると考えざるを得ない。コストが小さく、食物競争が見られなければ、類人猿は他個体を援助する。ラットのような他の哺乳類の援助行動も含めて、こうした利他行動の背後には、オキシトシンに基づいた同情という社会的情動があると示唆する証拠もいくつか出てきている（Bartal et al. 2011）。もちろん、他個体を援助する傾向性の進化的基盤は、ある種の見返りにある。それが自然選択の論理である。しかし、ここで注目したいのは関連する至近メカニズムであり、ここでもっとも重要な証拠は、チンパンジーや他の類人猿が助けを必要としている他個体へ同情という至近的動機を持つこと、そしてそのコストがそれほど大きくなければ、この動機が援助に繫がることを示しているのである。

公平感はない

同情に加え、道徳性のもう一つの重要な次元が公平感もしくは正義感である。したがって、類人猿の協力がこの次元でも、何かしらの値を示すかどうかを考えてみよう。類人猿に関して、「目には目を」という報復を通じて他個体と帳簿のつじつまを合わせようとする、いわゆる応報的正義に関する実験的研究はない（ドゥ・ヴァールが「復讐」と呼ぶものの逸話であれば、いくつかの報告はある。de Waal, 1982など参照）。もっとも近いのはジェンセンら（Jensen et al., 2007）の実験で、自分の食べ物を盗まれた個体は、盗んだ個体がその食べ物を食べられないように邪魔をするという。しかし、この行動にも公平や正義とは無関係の多様な解釈が可能である。応報的正義に関する証拠の不足に対して、分配的正義、すなわち個体間で資源がいかに分配されるべきかについては二組の実験的結果が挙げられる。

第一の結果は、有名な最後通牒ゲームによるものである。この経済学のゲームは、ヒトの成人では何度も実験されているが、提案者が相手に自分の資源の一部を分け与えるように提案する。相手はその提案を受け容れることができ、その場合は両者とも分け前をもらえる。しかしその提案を拒否すれば、両者とも何ももらえない。多くの実験で、何ももらえなくなるにも関わらず、ヒトは少ない提案額（たとえば、資源一〇のうち二の提案など）を拒否する傾向にある。この「非合理的な」行動の理由として一番もっともなのは、提案が不公平であるという相手の判断だろう。仮に提案の拒否が自分の資源を減らすとしても、この提案に同調して、こんなやり方で出し抜かれたくはないだろう。相手が不公平な提案に怒ることもかなり多い。上手く修正して言語を使用しなくても済むようにした最後通牒ゲームを、チンパンジーに行った研究が二つ（Jensen et al., 2007; Proctor et al., 2013）、ボノボに対するものが一つある（Kaiser et al., 2012）。これらの研究すべての結果は同じであった。ゼロ以上の提案が拒否されることはなかったのである。おそらくこれは、提案の公平さのようなものに頭が回っておらず、食べ物が得られるかどうかにしか注意が行かなかったからだろう。

第二の結果は、社会的比較の研究によるものである。これは、他人が自分以上の資源を受け取る様子を目にしなければ、X個の資源を受け取るだけで幸せなのだが、一度目にしてしまうと不幸せになるという状況である。ここでもおそらく、不幸の理由は不公平に扱われたという感覚に由来するものだろう。ブロスナンら（Brosnan et al., 2005, 2010）は二つの研究から、他個体が同じ程度の労力でもっと良い食べ物を得られるのを目にした場合、チンパンジーはヒトから与えられる食べ物を拒否すると主張している（もちろん、目にしなければ受け取る）。しかし、適切な統制条件を用意すれば、この効果は消え去ってしまう。ここで必要な統制条件とは、チンパンジーが同じ文脈でもっと良い食べ物を期待するだけ、という条件である。この条件により、与えられた食べ物は魅力を減じてしまう。こうした統制条件を準備した上で（さらにブロスナンらが考慮できていない条件の順番も統制して）、ブラウアーら（Bräuer et al., 2006, 2009）はブロスナンらの実験を再現しようと試みたが、別個体が得たものと比較して、チンパンジーが食べ物を拒否することはなかったのである。拒否したのは、より良い食べ物を得られずに苛ついたときである。このように、この実験パラダイムではチンパンジーの社会的比較が検出できず、食べ物比較が検出できているに過ぎない。この否定的結果はホッパーら（Hopper et al., 2013, p.13）による別のパラダイムでも確認されている。「総じて見れば、チンパンジーの反応は主に、彼らが受け取る報酬の質に影響を受けており、パートナーの報酬に関連しているわけではない」。同じ否定的結果はブロスナンら（Brosnan et al. 2010）、そしてブラウアーら（Bräuer et al. 2006, 2009）によってオランウータンでも報告されており、さらに後者はボノボについても（サンプルは小さいが）良い結論を報告していない。(8)

このように、資源分配において類人猿が公平感を備えているという確かな証拠は存在しないが、逆の証拠は多々存在する（最後通牒ゲームは言語を使用しない生き物には負担の大きい実験パラダイムであり、社会的比較の実験も、拒否しなければおいしい食べ物が得られるはずのところをわざわざ拒否させようという負担の大きな実験である点には注意が必要だが）。公平感の証拠となりうるかもしれないもう一つのポイントは、不公平だと感じられる可能性を備えた事態へ情動的にどう反応するかである。第三章でより詳細に論じるが、不公平への典型的な「反応的態度」は憤慨（resentment）である。ブロスナンら（Brosnan et al. 2005, 2010）の結果に説得力があるように思われるのは、著者たちが見せるビデオの中で、サルが拒否した食べ物を怒りながらケージの外に投げ捨てているからである。ここまでの分析を踏まえれば、この情動表出が、同種個体がより良い食べ物を不公平に受け取ったことへの憤慨を示しているとはかなり考えにくい。むしろ、ヒトの実験者がもっと良いものを渡せたのにも関わらず、つまらない食べ物を自分に渡したことへの怒りを表しているのだろう。もしそうなら、情動表出は「同情なしの扱いを受けるなんてありえない」というような、特別な社会的内容を持った怒りかもしれない。実際、ラフリー（Roughley, 2015）によれば、こうした内容を持った怒りは*憤慨と呼べるものだという。ここでこのアスタリスクは、完全には憤慨と呼べないにしろ、それでもあるステップを一歩踏み出していることを意味している。この情動がステップを一歩踏み出しているというのは、その内容が同情という向社会的情動を含んでおり、たとえば友情のような、ある種の社会関係を想定しているからである。単に物事一般やそこにいる何かの生き物に怒っているというのではなく、（種間ではあるが）何らかの関係にある友達に対して、酷い扱いをしたことに怒っているのである。混乱を避けるため、この怒りを社会的怒りと呼んでおこう。

重要なのは、不公平な（あるいはそうでなければ不相応な）対応に抗議するため、人であれば相手に憤慨という典型的な反応的態度を示す一方、類人猿はむしろ、社会的怒りのようなものを表しているのかもしれないという点である。これは、怒りという哺乳類一般の情動を、重要な社会的関係にある誰かからの（同情もなしの）酷い扱いに対する、はっきりと社会的な形態を備えた怒りへ変換する最初の一歩なのだろう。本当の憤慨が現れるのは、相応性、公平、尊敬に関わる新しい種類の道徳判断を待たねばならないだろう。

血縁・友情に基づく向社会性

ここまでの議論を要約すれば、すべての社会的種と同様、類人猿は生存と繁栄のために同集団個体へ依存し、同時に資源を巡って競争している。類人猿が維持してきたバランスとは、以下のようなものである。食べ物や交配相手のように直接的な価値をもった資源が争われている場合、順位に基づく競争がその結果を決定する。他個体に対するゼロサムゲームでこうした資源を得るために、同盟を作って協同する。他の多くの霊長類と同様、グルーミングや食物共有（そしてひょっとすると目標が明確な場合の援助）のように、類人猿はさまざまな向社会的やり取りを利用し、血縁個体を超え、同盟支援やその他の利益を与えてくれる、友達を増やして維持している。友達同士のやり取りにおける向社会的行動は、同情という向社会的情動によって動機づけられているだろう。しかし、やはり競争が重要になってくる全体の文脈を考えれば、パートナーの社会選択が合わせる焦点は、主に順位と闘争能力である。

協力の観点から考えると、ヒト以外の他の霊長類と比較してチンパンジーとボノボでもっとも例外的なのは、小型哺乳類の集団狩猟である。この集団狩猟は、たった一組のゼロサム資源をめぐる集団内競争の外側で生じているからだ。ヒト以外の他の霊長類の場合、各個体では手に入れられない資源を生み出すため、協同して活動するというような例はめったに見られない（オマキザルなど一部のサルでは、日和見的にリスのような小型哺乳類を取り囲んで群がっているという報告も二、三ある［Rose et al. 2003］）。こうして、チンパンジーとボノボの集団狩猟は、ヒトの強制的協同狩猟採集に至る「失われたリンク」のようなものとして考えられるかもしれない。しかし、チンパンジーとボノボは集団狩猟がなくても生きていけるし、ヒトのように、生活を支える資源を獲得するため、他個体とより広く相互依存しているわけでもない。さらに、集団狩猟ではパートナー選別もパートナー制御もない。類人猿の集団狩猟がヒトとどう異なっているのか、上記以外の点については第三章で詳説する。

ヒトと類人猿の最後の共通祖先に関して、現代のチンパンジーとボノボをそのモデルと考えてみればどうなるだろうか。共通祖先は複雑な社会集団で生活し、資源をめぐる競争はそれなりに見られ、順位や友情といった社会関係で社会に構造が与えられ、ときには小型のさまざまな獲物を小集団で狩ることもあった。類人猿の認知や情動などに関する他の研究も念頭に置けば、この共通祖先に特徴的であったと考えられる心理的傾向性のうち、道徳性の要件と考えられるものは以下のようにまとめられるだろう。

・**認知**：（一）柔軟で情報を利用した意思決定を行うための志向性という技術。それは最適かつもっとも効率の良い行動を選択する（道具的合理性）ための「道具的圧力」をもたらしている。（二）他個体の志向的状態や意思決定を理解し、ときには予測する技術。これは主に競争のためのものである（総説としてTomasello, 2014を参照）。

・**社会的動機**：（一）順位や友情という長期の社会関係を同集団個体と築き、親密な第三者間でも同じ社会的関係を認識する能力。（二）重要な社会的出来事に対して、社会的怒りを含む基本情動を表出し、他個体にもこうした情動を認識する能力。（三）志向的にコミュニケーションする能力（Tomasello, 2008）。（四）他個体、特に血縁個体や友達の目的達成を援助するための、同情に基づく動機。

・**自制**：（一）順位の高い個体との対立を避けるなど、直近の自己満足に関する衝動を将来のために制御する能力。（二）他個体と協同し、自分が利用できる通常のゼロサム資源の外側で新しい資源を生み出す能力。それにはとりわけ、獲物を一人で追おうとする衝動を抑えなければならない。

このように、われわれが想定している共通祖先は、ある程度洗練された形の（協力と向社会性を含む）認知と社会性を備えていた。しかし、他個体をどう扱う「べき」か、もしくは他個体が自分をどう扱う「べき」かといった内容に関わる、規範的な公平感もしくは正義感はいっさい持ち合わせていなかったのである。

こうして、われわれは理論的には中間の立場にいる。一方では、ジェンセン（Jensen and Silk, 2014）やシルク（Silk, 2009）のように、ヒト以外の霊長類が向社会的感情や他者配慮の選好を備えていることに懐疑的な研究者もいる。しかし、ここまでさまざまな実験的証拠を見てきたように、類人猿の道具的援助は間違いのないものである。この行動は他個体の目的達成を援助するためのものであり、同情という向社会的情動のようなものに動機づけられている。ジェンセンやシルクによれば、こうした道具的援助の原因は、援助を必要としている個体からの強制もしくは嫌がらせのようなものであるという。しかし、この見方を支持する説得的な証拠は得られていないし、グリーンバーグら（Greenberg et al., 2010）の研究でそうした強制が考察されているが、結局見つかっていない。

他方で、ドゥ・ヴァール（de Waal, 1996, 2006）は、ヒト以外の動物の多く（特に類人猿）が、同情という感覚だけでなく、公平や正義の萌芽としての互恵性の感覚を含む、ヒト道徳性の基礎を備えていると考えている。ここまで、この主張の前半部分、すなわち類人猿が他個体に同情的であることを示す証拠を要約してきた。しかし、後半部分を支持する証拠は今のところ得られていない。以下でも論じるように、類人猿の互恵性はヒトに見られる公平や正義の萌芽ではない。ドゥ・ヴァール自身が論じているように、ここでの互恵性が情動を基盤とする互恵性しか含んでいないことが問題なのである。相互依存仮説の観点から考えると、情動的互恵性は同情の別の現れでしかない。友達は友達を援助するよう、同情によってさまざまな形で動機づけられる。これが（相互依存のゆえに）双方向に現れているのである。同情は公平のようなものの必要条件かもしれないが（公平であるには、他者の運命についてある程度配慮がなければならない）、十分条件ではない。それ以外の心理要因が必要だからである。ここで主張しているのは、ヒト以外の霊長類は基本的に、そうした心理要因を備えていないということである。

ここで生じる疑問は、ではヒトの道徳性の二本目の柱として、公平感や正義感に至るにはどのような能力や動機が必要になるのだろうか。この問いに答えるには、本書の残りすべてを使って、複雑な進化的物語を語らねばならない。しかし手始めに、偉大な社会理論家であるディヴィッド・ヒユームから、二つの洞察を手がかりにできるかもしれない。第一に、完全な順位性社会で他個体が上位個体の命令にしたがうばかりの社会集団では、公平も正義もありえない。社会的やり取りがなされる際に、何らかの平等感が働かなければ、公平などあり得ないからだ。ヒュームは以下のように述べている。

理性的だが、肉体も心も力が劣っているため、抵抗がまったくできず、どれほど怒らせても彼らの憤慨の結果を感じられないという、ある種の生き物が人間と混在していると仮定しよう。その必然的な結末は…適切に言えば、われわれは…彼らに関してどんな正義も行使する必要がない…われわれと彼らとの間に交際があったとしても、これは社会と呼べないだろう。社会はある程度の平等を想定するからだ。しかしこの関係には、一方の絶対的支配と他方の奴隷的服従しかない（Hume, 1751/1957, pp. 190-191）(9)。

「人間」を類人猿の上位個体に置き換え、「奴隷的服従」をするのが下位個体だと考えてみれば、類人猿の社会生活で何が重要な力として作用しているかが分かる。物理的力と順位である。コストがかからない場合、上位個体は助けを必要としている他個体に同情を感じるかもしれないが、資源をめぐる競争が生じていれば、上位個体をためらわせるような力をまったく持たない下位個体に対して、上位個体が衝動を抑える理由などどこにもない。公平と正義への道を切り開くには、粗野な力と順位以外の何かに基づいて、利害の対立を解決する生物が必要なのである。ジャン＝ジャック・ルソーという十八世紀のもう一人の偉大な社会理論家から、もう一つ引用しよう。「暴力とは物理的力であり、その力がどのような道徳的効果を持ちうるのか、わたしにはわからない」(Rousseau, 1762/1968, p. 52)[10]。

二つ目の洞察は、必要なものをすべて自分自身で完全に充足できる個体同士の間で、公平や正義は見られないというものだ。公平や正義に関心を持つには、互いに依存しているという感覚がなければならない。

> もしも人間という種が、自然によって、自身の保存と種の繁殖双方のために必要なすべての能力を備えているように作られたとすれば…そのように孤独な存在には、社交的な談話や会話と同様、正義は不可能だろう。相互の配慮と自制とが何の目的にも役立たない場合、それらは理性的な人間の行動に何の影響も与えないだろう (Hume, 1751/1957, pp. 190-191)[11]。

これはもちろん、われわれの相互依存原理を、否定的な観点から簡潔に表現したものに他ならない。他者を必要としない個体は公平や正義を必要としない。チンパンジーとボノボは何らかの形で他個体に依存しているが、生存と繁栄に必要な基本的資源を得るために依存しているわけではない。また、彼らはおそらく、他個体に相互に依存しているという理解は持ち合わせていない。したがって、道徳性の自然誌を構築するために一番重要な仕事は、初期ヒトが緊急かつ新しい方法でどのように相互依存し始め、この相互依存を認識し、それが合理的な意思決定へどのように関わるようになったのかを明らかにすることである。目標は、ヒトの相互依存的やり取りによって、どのようにして初期ヒトが公平感と正義感という種特有の新しい感覚を構築するようになったのかを示すことである。特に、複数主体としての「わたしたち」という感覚も合わせて、この相互依存的やり取りの背後にどのような至近心理メカニズムがあったのかが焦点となる。

ここまでの議論を踏まえれば、ヒトと類人猿の最後の共通祖先は、血縁個体や友達に対して、そして全般的には集団内競争が行われている文脈においても、少なくともある程度は向社会的であったと仮定できるだろう。この出発点は穏健かもしれないが、それでも無視できないものである。事実問題、ヒトの道徳性はその大部分が、広い意味において、友達や家族を含む特定の他者に対する同情に基づいているからである。ヒトは道徳性のこの次元を置き去りにしてはいない。同情するからというだけでなく、そうすべきだと感じるからという理由で、それほど親密でないさまざまな相手に対して配慮と尊敬を持てるのは、こうした萌芽的道徳性の上に、新たな形態の道徳性を発展させてきたからに他ならないのである。

第三章　二人称の道徳性

自由で合理的な人として互いに主張し要求する地位というのは、二人称の態度を取るたびに共同でコミットしてしまうものなのである。

スティーブン・ダーウォル『二人称の観点』(1)

チンパンジーは協力的な社会集団で生活し、血縁個体や友達へ向社会的に振る舞い、もちろんわれわれの道徳的関心の対象にもなる。しかし、チンパンジー自体は道徳的主体ではない。われわれの真ん中を、彼らが自由にうろついても良いとは誰も思っていない。われわれの子供を攻撃し、食糧を盗み、物を壊し、誰への配慮もなく大騒ぎするのでは、と危惧するからだ。それに、こうした反社会的行動を全部見せたとしても、彼らを責めたり、彼らに責任があると考えたりする人は誰もいないだろう。なぜだろうか？　なぜ彼らは道徳的主体ではないのか？　道具的合理性にしたがって行動しない、他個体の目標や欲望を理解しない、他個体の情動を感じたり他個体の情動表出を理解したりしない、どんなタイプの向社会性にも関わらない、必要なときに衝動を制御しない。そうであれば答えは簡単だが、第二章で示したデータからすればそうもいかない。チンパンジーでも、少なくとも一部の条件下では、こうした行動すべてをきちんと行える。

むしろ、この問いへの回答（チンパンジーが道徳的主体でない数多くの理由）は、これから語ろうとしている複雑な物語全体と関わっている。ヒトが漸進的にどうやって、超社会的かつ超協力的な類人猿となり、最終的に道徳的類人猿になったのか、その物語である。肝心なアイディアはこうだ。大型類人猿を出発点として、ヒトは社会生活の新形態、特に最初の段階では、相互依存的協同活動の新形態に適応しながら道徳への道筋を辿っていった。ホッブズからロールズに至るまでの社会契約理論の主導者にしたがうなら、道徳性の源泉（特に公平と正義という問題に即して言えば）は相互利益のための協力活動にある。コースガード（Korsgaard, 1996b, p. 275）は以下のように述べている。「道徳性の原光景とは、私があなたに何かを、もしくはあなたが私に何かをしてくれるようなものではなく、わたしたちが一緒に何かをするというものなのである」

本章では以下のように論じる。ある種の相利共生的協同活動に参加するため、共同主体の「わたしたち」として二者で一緒に行動できる個体が有利に選択されてきた。これが可能になるには、共同注意（joint attention）によって共同目標を作り出すために必要な技術・動機（すなわち、共同志向性［joint intentionality］である。Tomasello, 2014を参照）を両者が備えていなければならない。そしてこの共同注意と共同目標が、個々の役割と視点を形作っていく。進化の観点から問題となるのは

（現生チンパンジーをモデルとして考えると）、類人猿とヒトの最後の共通祖先が集団狩猟を行う際、共同志向性を作り出すために十分もしくは適切な相互依存を作り出さなかった（誰かが狩猟から手を引いても上手くいくかもしれない）、あるいは十分もしくは適切なパートナー選別を行わなかった（たとえその気になっても、参加してくれるかどうかは分からない）、という点である。パートナーとの相互依存を認識・信頼し、共同志向的「わたしたち」を形成するには以下の二点が必要だった。誰もが必ず依存し、決して逃げられない協同活動、そして相応しい敬意を持った扱いを可能にするため、全員が全員に責任をもつようなパートナー選別・制御である。共同志向性が登場する背景には、多様かつ確かなやり方で行われるパートナー選別・制御を伴う、強制的協同狩猟があった。

初期ヒトは、初期の頃は純粋に戦略的な理由から共同志向的活動で協同しており、自らの利益を促進するための「社会的道具」として他個体を使用していた。これがわれわれの提案である。彼らの協同は、社会理論研究者が契約論的（contractarian）[2]と呼ぶものである。しかし時が経つにつれ、共同志向性によって構造化された相互依存的協同活動は、参加者に新たな種類の協力的合理性を促進していった。続いて、協同活動においては、参加者の誰にでも無差別に当てはまる理想的役割（社会的な規範基準）が想定されるようになったが、これは自分と他人の等価性のようなものを含意していたのである（Nagel, 1970 参照）。この等価性を認識すれば、パートナー間で相互に尊敬（互敬）と相応性が生じ、互いの価値が確認され、二人称の主体が生み出される（Darwall, 2006 参照）。この二人称主体は、協同に対する共同コミットメント（joint commitment）を作り出し、協同を一緒に自制する地位を備えていた（Gilbert, 2004 参照）。二人称主体間で実際の合意がなされることで、共同志向的活動は社会理論研究者が契約主義的（contractualist）と呼べるものとなったのである。その結果が、われわれが二人称の道徳性と呼ぶものなのである。すなわち、共同コミットメントに関わる「わたしたち」として共に協同し、互いに責任を感じる二人称主体の（遠近法的に定義される）「わたし」と「あなた」が、対面でやり取りする際の二者間の道徳性である。この新しい道徳性が存在できるのは、協同事業それ自体の内部だけ、もしくはそうした事業を考慮している場合のみであり、他の生活領域ではありえなかった。このように特殊な協同的文脈の外では、初期ヒトの社会的やり取りもほぼ類人猿と同じようなものだっただろう。

本章では以下のように議論を進める。まず初期ヒトの新しい相互依存協同形態を確認した上で、この形態が同情的配慮と援助をどのように拡大したか（すなわち、同情という道徳性の初期段階にどのように至ったか）を考察する。次に、公平という道徳性がどのように始まったのかを見るため、三種類の心理プロセスを検討していく。第一に、新たな複数主体である「わたしたち」を通じて、初期ヒトの協同活動を可能にした共同志向性という認知プロセスである。第二に、初期ヒトのパートナー選別・制御という文脈で生じ、関係者に互敬と相応性の感覚を生み出した、二人称主体という社会的やり取りのプロセスである。第三に、協同をその達成まで維持することを目的とし、共同コミットメントによって可能となった自制プロセスである。この自制プロセスは、相手に対して数多くの責任を生み出す、共同自制プロセスでもある。

ここで想定されているような、初期の道徳性を備えた生物はすでにいなくなっている。したがって方法としては、主に三歳以下の幼児を対象にした実験研究を数多く見ていくことになるだろう。以下で論じるように、二〜三歳の幼児は、少なくともある程度は上記の生物と類似した対象であると考えられる。二者関係のやり取りで相手と直接関わる（直接出会ったときの「やり取りの原動力」はすでに始動しているのである。Levinson, 2006 を参照）一方、集団として機能しうる集団の中で活動できるほどに十分な社会的技術を備えているわけではないからである。この年齢の幼児は、他人に対する道徳行動・判断のための、種特有の技術・動機をある程度備えてはいるものの、彼らが属す文化集団の社会慣習、規範、制度へ積極的に参加するわけではない。

協同と援助

まずは、初期ヒトの（他の大型類人猿に比べて）より広い相手に対する援助と同情的配慮の起源から話を始める。すなわち本節では、血縁個体や友達に対する大型類人猿の向社会的行動が、どのように初期ヒトの同情という道徳性へつながっていったのかを考察する。以下では、この変化が生じたのは、広い意味で大型類人猿が「順化」され、協同して基本的な資源を得るための新しい手法が登場する中であったと論じる。

自己家畜化

ヒトの道徳性に向かう最初の動きは、引き算による足し算だった。引き算されなければならないのは、どんな争いでも、その解決のためには（個体あるいは同盟によって）順位へ完全に依存しきっている点である。協同狩猟採集を行って戦利品を平和裏に共有しようとするなら、攻撃性をひそめ、弱いものいじめを控えるようにしなければならない。ここで提案したいのは、こうした引き算がホモ属の登場後すぐ、二百万年前頃に行われ始めたということである。この変化はある種の自己家畜化と考えられるかもしれない（Leach, 2003; Hare et al., 2012）。

こうした変化はおそらく、以下三つの関連しあったプロセスの結果だろう。第一に、初期ヒトの配偶関係は一対一のつがいへと変化し始めた。この配偶形態は大型類人猿の中では新しいものであり、ヒトの情動と動機にさまざまな副次効果をもたらした。シャペ（Chapais, 2008）の指摘によれば、血縁認識と同じメカニズムによって、つがいは両方の方向に父としての新たな認識を生み出したという。自身の配偶者であるメスの周りにいる個体は、すべて自分に近い血縁者なのである。この新しい配偶形態は他にもさまざまな影響を与えているが、ここで一番重要なのは、オスが自身の属す社会集団において、自分の子孫すべてを（そして姉弟や配偶相手をも）認識したことである。その結果、オスが無差別に攻撃するような機会は減っていっただろう。

第二に、生活戦略が新しくなっていったことが挙げられる。大型の獲物を狙う協同狩猟がヒト進化で重要な役割を果たしたことを強調する研究者は、そのほとんどが屍肉漁りの段階を認めている。

ヒトは同盟を形成し、協力して屍肉に集るライオンやハイエナを追い払わなければならなかっただろう。その後でようやく自分たちが屍肉にありつけたのである（Bickerton and Szathmáry, 2011）。分け前を独り占めしようとする個体は、別の同盟によって狙われ、独占しないように邪魔されただろう。ベーム（Boehm, 2012）が強調するように、現生狩猟採集民は一般に、そのほとんどすべてが厳格に平等主義的である。自身の立場を強調し過ぎれば、同盟を組んだ仲間によって、すぐさま身の程を知ることになるだろう。進化の観点から考えるなら、ここでは弱いものいじめ、食料独占、順位制を不利にし、食べ物を分け合う状況で、他人に対して大いに寛大になれる個体が有利になるような選択が作用しているのである。実際、現生チンパンジーでも同様である。実験的に準備された採食課題において協同が一番うまくいくのは、その課題に挑戦するペアが、食べ物の周りでお互いに寛大でいられる場合なのである（Melis et al., 2006b）。

第三に、その傾向性がいつ進化したのか正確には分からないが、ヒトは協同で子育てをする唯一の大型類人猿である（協同繁殖という名でも知られている。Hrdy, 2009を参照）。親や、時には近い血縁でなくとも、ヒトは子供の給餌と世話の援助をする。父親や祖父母であれば、この援助の背後には明白な進化的基盤が考えられるが、非血縁個体の場合、こうした傾向性は協同狩猟採集の文脈で進化してきたのかもしれない。現生狩猟採集民でも、同時に世話しなくてはならない子供の数が少なければ、それだけ採集に時間を割ける。このように、採集者が子育てをする相手と成果を共有したとすれば、協力的子育てが協同狩猟採集とともに、食料生産を最大化させるための分業として進化したと考えられるだろう。マーモセットやタマリンのように、協同繁殖に参加するヒト以外の霊長類の場合、他のサルに比べて強い向社会性を備えた行動が多数見られており、一部の研究者の推測によれば、現生ヒトに見られる向社会的行動の大半が、協同繁殖それ自体によって可能になっているのではないかという（Hrdy, 2009; Burkart and van Schaik, 2010）。

これら三つの前駆的プロセスの結果が、順位制に基づかない社会的なやり取りや、より穏やかな気性の進化なのであり、ヒュームが言うように、個体の間で力のバランスがよりうまく取れるようになるための、最初の前提条件への第一歩なのである（第二章参照）。より協同的な新しい生活形態へと変化していった、つがいを基礎とし、協同繁殖を行い、そして（他の霊長類に比べて）比較的寛容で穏やかな生物（すなわち、自己家畜化された大型類人猿）こそが、ヒト独自の協力と道徳性の進化的起源として、われわれが想定するものなのである。

強制的協同狩猟採集

ここでようやく、本当に重要な段階に到達した。進化ではいつでもそうだが、それを可能にするのは生態的変化である。およそ二百万年前、ホモ属がアフリカに登場したとき、世界的に寒冷化と乾燥が続いており、樹木が生い茂っていない開いた環境が広がっていた。地上で生活するサル（たとえばヒヒ）も増加し、資源を巡ってホモ属を圧迫していたかもしれない。こうした変化のせいで、初期ヒトが好む食物（果物や栄養豊富な植物）は数を減らしており、別の新しい選択肢が必要だった。他の動物に殺された大型動物の屍肉漁りは、同盟を形成することで可能になった、そうした選択肢の一つだっただろう。

しかしある時点で、初期ヒトは大型の獲物を狩猟しようと積極的に試みるようになった。こうした傾向性はさらに以前から見られていただろうが、それがより強固になったのは四〇万年ほど前、現生ヒトとネアンデルタール人の共通祖先であるホモ・ハイデルベルゲンシスが登場する頃と考えて良いだろう。たとえば、ハイデルベルゲンシスが協同で、手順にしたがいながら大型の獲物を狩っていたという証拠がたくさん得られている（総説としてStiner, 2013を参照）。こうした協同狩猟の形態だけでなく、さまざまな形態の協同狩猟採集がスタグ・ハントゲームと同じ利得構造をしていただろう。簡単だが価値の低い食料を選ぶこともできる一方、パートナーと協同すれば、リスクは高いが価値の高いもう一つの食料を選ぶこともできる（Skyrms, 2004）。他の類人猿は（今でもそうだが）栄養の大半を一人で入手していたが、初期ヒトは協同で入手していた。重要なのは、協同が失敗した場合、満足のいく代替品はほとんど（あるいはまったく）なかったという点である。協同は強制的だった。他の類人猿よりも緊急かつ徹底的に、互いに依存しなければならなかったのである。日々協同するか、餓え死にするかだった(3)。

もちろん、協同狩猟採集が上手くいくには、パートナーがそれぞれ利益を期待していなければならない。チンパンジーの集団サル狩猟が上手くいくのは、自分で捕まえられるという望みがあり、捕まえられなくともおこぼれをちょうだいできるだろうと当てにできるからである。しかし、サルを捕まえたチンパンジーだけが戦利品を独占できるような場合、事態は上手くいかなくなる。たとえば、メリスら（Melis et al. 2006b）の実験では、二匹のチンパンジーが登場し、食べ物が乗った台につながれている二本のロープを、二匹が同時に引っ張らなければ食べ物が得られないような状況が用意されている。食べ物が二山、各チンパンジーの前に用意されている場合、上手くロープを引っ張って二匹とも食べ物をうまく得られることが多い。しかし、台の真ん中に一山しか食べ物が用意されていなければ、ロープを上手く引っ張れても、ほとんどの場合、上位個体が食べ物を独占してしまう。当然ながら、これでは下位個体が将来的に協同しなくなるだろうし、試行を重ねるにしたがって協力は崩壊していく。まったく対照的に、上記実験との比較を可能な限り試みたワーネケンら（Warneken et al. 2011）の実験では、三歳児に関して同様の実験条件でまったく問題ないことが示されている。食べ物が真ん中に一山だけ配置されていようと、場所に関わらず多くの試行で上手く協同したのである。どんな条件であろうと、最終的に両者が満足できるように食べ物を分配できると子供たちは理解しており、実際にほぼ毎回そうしていた（さらに幼い子供についての同様な実験は、Ulber et al. 2015を参照）。こうした結果を踏まえれば、初期ヒトが協同狩猟を行わねばならないとき、何度も成功していたのは、お互いが満足できるように戦利品を自然に共有できていた個体だったと考えられるだろう。

言うまでもなく、無能もしくは卑しいパートナーを選んでしまえば、協同は失敗するだろう。それゆえ、初期ヒトの狩猟採集における相互依存は、パートナー選別の確実なシステムで補完されていた。第二章で述べたように、チンパンジーやボノボの集団サル狩猟において、パートナー選別が行われているかどうかに関しては確たる証拠が得られていない。しかし初期ヒトは、良いパートナーを選び、どうしようもないパートナーを避けることに関して、はるかに強い圧力を経験していた。失敗した場合の代替品はほとんどなかったからだ。このように、良いパートナーへの社会選択が徐々に生じ、他者と上手くやれる個体のみが多くの食糧を手にし、多くの遺伝子を後世に残していったのである。後で見ていくように、初期ヒトはパートナー制御に関しても、非常にしっかりした手法を進化させた。そうして、どうしようもないパートナーを使えるパートナーにしてしまおうとしていたのである。

大型類人猿の集団狩猟から初期ヒトの協同狩猟採集という変化は、一見するとわずかな変化だが、協同がはるかに強制的なものとなり、パートナー選別・制御がはるかに重要なものとなるにつれ、個体への社会的・生態的要請を完全に変化させてしまった。この要請に対する各種の新規な適応については本章の別の節で論じるが、本節の残りではもっとも基本的な適応について論じていく。すなわち、お互いに対する同情的配慮における、ある量的増加、そして（ひょっとすると生じたかもしれない）質的変化である。

パートナーの幸福に対する配慮

一般に、他者への同情は自身の子孫への配慮から生じたと考えられてきた。すでに述べたように、チンパンジーと他の類人猿は、自身の子孫だけでなく、同盟などの支援を得るために依存する友達に対しても、同情を感じて援助するだろう。ここでの主張はシンプルに、強制的協同狩猟採集という文脈で、ヒトがもっとさまざまな相手とよりいっそう相互依存するようになるにつれ、同情的配慮と援助がよりさまざまな相手に、よりいっそう向けられるようになっていたということである。

重要なのはここだ。強制的協同狩猟採集においては、パートナーを援助すれば分け前が得られるのである。わたしのパートナーが槍を落とす、もしくは壊した場合、わたしは彼を助けて槍を見つけるか修理しようとする。そうすることで、共同成功の見込みが上がるからだ。この場合、助けられたパートナーにとって、今突然に裏切って逃げ出すようなインセンティブはどこにもない。相手にとって利益となる相利共生の状態がまだ続いているので、相手は援助を受け、相利共生的協同を続ける。南アメリカのアチェ族は狩猟をする際、パートナーに武器を与え、道をわかりやすくし、情報を共有し、相手の子供の世話をし、武器を修理し、最適な技術を教えるといった援助を行うが、上述の議論を踏まえれば、これは驚くようなことでもない（Hill, 2002）。食べ物を巡る競争が排除されればパートナーを援助するという実験的報告はあるものの（Melis and Tomasello, 2013）、集団サル狩猟でチンパンジーが互いを援助しているという報告が得られていないのは、実際の狩猟ではおそらくサルをめぐって主に競争しているからだろう。合理的な主体であれば、知覚（信念）に基づいて目標（欲望）を達成しようとする道具的圧力を感じるので、共同企画の促進のため、協同における各パートナーが、相手を援助しようという合理的な道具的圧力を感じるのである。

ヒトの進化モデルを作っている研究者は、多くがかなり単純なケースを想定している。しかし、われわれがここで想定しているのは、さまざまなレベルで複数の目標が達成されようとしているような、行動が階層的に組織された状況である。パートナーを援助しても、それは獲物を誘い出すというもう一つの目標にとって邪魔になるかもしれない。パートナーを援助するために立ち止まれば、自分自身の作業が遅れてしまうからだ。しかし、包括的目標としての相利共生活動というより大きな文脈で考えれば、パートナーを援助するために立ち止まることが直接の利益となる。それゆえ、初期ヒトにおいては、同情的配慮と援助が血縁個体と友達を超えて、血縁度や協力に関する相手とのこれまでなどとは無関係に、協同パートナー一般にまで拡張されたのである。さらに、将来を少しでも考えられる個体が相互依存の論理にしたがうなら、協同活動それ自体とは無関係な、潜在的パートナーも援助しなければならなくなる。将来必要になるかもしれないからだ。日々成功を共にしているパートナーに今晩食べ物がないとすれば、明日も上手くやるために、相手を助けようと感じるだろう。繰り返しになるが、この説明では古典的な意味での互恵性に依拠していない点に注意してほしい。利他行動の「見返り」を得るのは、相手がコストを払って互恵的に利他行動を行うからではなく、むしろ相利共生的協同を一緒に達成するからである。この場合、相手にコストは何もかからないし（さらに、こちらへ利益が生じる）、どのような場合でも相手は協同に参加するだろう。

ヒトの利他性の進化にとって相互依存はその論理の一部だが、個人の意思決定においては何の役割も果たす必要はない。至近メカニズムは、特定の特徴を備えた相手を、あるいは特定の文脈において相手を援助するためのものが備わっていればそれで十分である。実際、近年の実験では、幼児が他者を援助するように内在的に動機づけられていることが明らかになっており、この結果はこうした可能性を裏付けてくれるだろう。

・かなり幼い頃から、ヒトは他者を援助しようとする強い動機を備えている。十四ヶ月児でさえ、手の届かない対象を取ろうとする、ドアを開ける、本を重ねるといったさまざまな課題に関して、見知らぬ大人を援助するのである（Warneken and Tomasello, 2006, 2007）。二歳になれば、大きなコストを支払ってでも他者を援助することが分かっている（Svetlova et al., 2010）。

・かなり幼い頃から、ヒトは他者を援助するための内在的動機を持っており、援助のために外的なインセンティブは必要ない。二歳児でも、他者を援助するかどうかは母親が見ているかどうか、またそう促したかどうかに関係しないのである（Warneken and Tomasello, 2013）。実際、相手が助けられたことに気づかないような場合でも、二歳児は相手を援助する（Warneken, 2013）。援助に外的報酬が与えられるような実験設定にすると、その報酬が与えられなくなった場合、一度も報酬を与えられなかった子どもよりも援助行動が減少してしまう（Warneken and Tomasello, 2008）。

・かなり幼い頃から、ヒトの援助は、憐れな状況にある他者への同情的配慮に仲介されている。情動的苦痛を示す他者を、幼児は手間をかけても慰めようとする（Nichols et al., 2009）。実際、他者が置かれている状況に苦痛を感じれば感じるほど、相手を援助する傾向にあると分かっている（Vaish et al., 2009）。

総じて見ると、他者への援助は幼いヒトにも自然に備わっており、同情という感情によって内在的に動機付けられているように思われる。

ヒトの援助の背後にある至近メカニズムは、相手への依存を計算しているようには思えない。しかしそれでも、二種類の証拠から、相互依存が援助の重要な進化的基礎の一部になっていると考えられる。第一に、瞳孔拡張という情動喚起の直接的な生理指標を用い、ヘパックら（Hepach et al., 2012）は次の結果を得ている。幼い子どもは、助けを必要としている相手を自分が助けた場合と、第三者がその相手を助ける様子を見た場合の両者とも、等しく満足しているのである。さらに、相手が助けられなかった場合より、両ケースで助けられた場合の方が満足している。ここから分かるのは、自身で相手を助けたいというよりは、相手が助けられる様子を見たい、というのが子供の動機なのである。したがって、ここで重要なのは、（直接的なものであれ間接的なものであれ）互恵性への配慮では、幼い子どもの援助行動の進化的基盤になりえないという点である。互恵性に基づいて利益を得るには、自身で援助し、それゆえ自身が援助者とみなされ、後で見返りを得なければならないからである。しかし、単に相手が助けられてほしいというのが至近メカニズムの要求であるなら、相手が（どのような形であっても）助けられればそれで良い、すなわち、相手の幸福だけに関心があるという相互依存の観点から、この要求を非常に上手く進化的に説明できるのである。

第二に、ヒトは特に身体がとても危ない状態にある相手、たとえば有名な例なら、怪我をして道端に倒れている見知らぬ人などを助けようと動機づけられている。これは非常に興味深く、また重要な点である。われわれは相手の身体状態に切迫した関心を持っており、たとえ血を止める前にまずは道から自転車を回収してほしいと相手に言われても、彼の望みを無視してとにかく血を止めようとするだろう。われわれは相手の望みではなく、相手の身体を助けることの方に関心がある（Nagel, 1986 参照）。幼い子どもの研究でも、いくつかでこうしたいわばパターナリスティックな援助が見られており、それは非常に幼い時から見られている（Martin and Olson, 2013）。重要なのは、相手の望みと身体的に必要なものとが対立する場合、前者にしたがって相手を助けているのではないという点である。この見解はヘパックら（Hepach et al., 2013）の結果からもさらに裏付けられている。この実験では、相手が示す要求が周りの状況から説明できない場合（たとえば何かどうでもいいことに泣いているような場合）、幼い子どもは相手を助けず、説明できる場合にのみ相手を助けている（Smith 1759/1982 を参照）。この結果からも、子どもや大人が目を向けているのは、相手の単なる個人的な欲求ではないということが分かる。もちろん、そうした欲求に目を向ける場合もあるが、彼らが考えているのはむしろ、相手の幸福なのである。パターナリスティックな援助は、本当にそれを必要としている相手のみに選択的に提供され、もちろんながら潜在的な協同パートナーを良い状態に保っておこうとするという、相互依存の進化の論理とうまく一致するのである。

われわれの説明にとって重要な知見をさらに二つ挙げておこう。第一に、幼い子どもは別の子どもを助ける機会を与えられた場合、中立的文脈より協同活動の文脈の方が、より進んで相手を助ける（チンパンジーではこうした効果は見られない。Hamann et al., 2012; Greenberg et al., 2010）。この知見は、われわれの進化的シナリオにとってかなり明確な証拠になる。ヒトの利他性が友達以外にも拡張されていった原初的な文脈は、やはり相利共生的協同であったのだろう。

第二に、類人猿と異なり、ヒトの幼児は相手が以前に第三者から「危害を加えられた」場合に、そうでない場合よりも相手を助ける（Vaish et al., 2009; Liebal et al., 2014）。ここから示唆されるのは、質的に異なる同情の可能性、すなわち、単に目の前の問題を解決するために相手を助けるというだけでなく、実際に相手へ感情移入し、相手の「立場に」たって視点取得を行うような同情が見られる可能性である。ラフリー（Roughley, 2015）はこの同情を「スミス的共感」と呼び、スミス（Smith, 1759）にしたがって、以下のような例を挙げている。われわれは死者や精神に問題を抱えた相手を（たとえ相手が自分でそう思っていなくとも）気の毒に思うが、それはおそらく、（手持ちの知識から判断して）自分が相手の立場にたったらどう感じるかという想像に基づいている。先ほど引用したパターナリスティックな援助も、もちろん以下のように解釈できるかもしれない。相手が望むものではなく、手持ちの知識から相手の立場にたって考えて、自分が望むものを相手に持ってくるのである。こうした視点取得や自己投影は、おそらく類人猿は行わないし、以下でも論じるように、こうした能力は自他等価性というヒト独自の感覚に依拠しているのである。

このように、現生ヒトの道徳性に至る最初の一歩にとって、非血縁個体と友達以外の個体へ同情的配慮を拡大することが第一の要素であった。この同情的配慮により、われわれは非血縁個体と友達以外の個体を援助し、さらにそれはもしかすると、自他等価性の感覚に基づき、相手の立場に自らを置くことで感じられる質的に新しいスミス的共感にまで到達しているかもしれない。相互依存しているがゆえに、他者への同情と共感はおそらく、助ける側の繁殖適応度に（進化的なレベルで）貢献するだろう。しかし繰り返しておくが、進化してきた至近メカニズムは、相互依存や繁殖適応度について何も感知していない。それは他者への純粋な同情に基づいており、現実に行動を決定する際、この同情は利己的動機を含むさまざまな動機と競合するだろう。

しかし、それがどれほど純粋で強力なものであったとしても、他者の幸福に対する配慮は、それ自体でヒト道徳性のもう一つの中心要素を十分に説明できるわけではない。すなわち、義務感に基づいた公平という道徳性が残されている。公平という道徳性で重要なのは、他者への援助ではなく、複雑な状況でやり取りする際に関わる複数かつ多様な（そして時には対立する）他者・自分自身の関心を調整することである。この新奇な道徳的態度を説明するには、初期ヒトの強制的協同狩猟採集の中で現れた、さらなる三つの心理プロセスを説明する必要があるだろう。

・共同志向性という認知プロセス
・二人称の主体という社会的やり取りのプロセス

・共同コミットメントという自制プロセス

以下三節で、順にこれらのプロセスを見ていくことにする。

共同志向性

一八七一年、ダーウィンは『人間の由来』で次のように述べている。「よく発達した社会的本能（ここには親子間の愛情も含まれる）を備えた動物ならば、それがどんな動物であれ、その知的能力が人間のそれと匹敵するほどに発達すればすぐに、必然的に道徳感または良心を獲得するだろうということだ（p. 176）」[4]。ヒトと他の動物の認知技術に関する詳細な比較研究が存在しなかった時代、ダーウィンはヒト独自のどういった「知的能力」が重要なものだったのか、正確に理解できなかった。しかし本書で触れられる体系的な比較研究に基づいて、現時点では少なくとも、何が重要かについて大まかな枠組みは分かっていると考えられる。ヒトの道徳性、特に公平感や正義感について、その進化に関わるヒト独自の認知能力は、共有志向性（*shared intentionality*）、あるいはより正確に言えば、われわれの物語の初期段階では、二個体が関わる協同から生じた共同志向性という大きな枠組みの中におさまるものである。それ自体では道徳的なものではない（公平でも正義でもない）が、これらの能力はそれでも、道徳性に向かっていく最初の鍵となる一歩にとって、必須の基盤を与えてくれるものである。

共同主体という二重レベルの構造

共同志向性によって構造化された協同活動は、共同と個人という二重のレベルを備えている。各個人は、相手とともに共同目標を（共同注意の中で）追求する「わたしたち」でもあり、また同時に自分自身の役割と視点を持った個人でもある（Tomasello, 2014）。こうした共同志向的活動に関わることで、パートナー同士がお互いに、特有の形で心理的に結びつけられる。すなわち、ここで共同主体（joint agent）と呼べるようなものが形成されるのである。暴風雨の中で二人が同じ場所へ避難しようとしている場合、場所を探すことは共同目標ではなく、それぞれが別々に持っている目標でしかない（Searle, 1995）。チンパンジーのサル狩猟もこれと同じである。サルを捕まえるという共同目標があるわけではなく、自身でサルを捕まえようという個人的な目標があるだけである（これは後で獲物を独占しようとすることからも分かる）。対照的に、共同主体が作られるのは、お互いが「わたしたち」として共同で一つの目的に向かって行動しようとし、共通基盤の上で、その目的は両者が意図していることだと両者が共に理解している（お互いが理解しているとそれぞれが理解している）場合である（Bratman, 1992, 2014 参照）。

共同目標が形成されるには、相互の信頼感が必要である。すなわち最低限、共同成功のために合理的に考えて各自がなすべきことをお互いが理解し、お互いが理解していると両者が理解しているという「戦略的信頼」がお互いに得られていなくてはならないのである（以下では、明示的な共同コミットメントに基づき、パートナー同士をさらに強力な「わたしたち」に結びつける「規範的信頼」というより豊かな概念も導入する）。ヒトの幼い子どもは、一歳頃から他者と共同目標を共有できるようになる。十三〜十四ヶ月になると、大人と協同しているとき、相手がなんの理由もなくやりとりをやめてしまうと、合図や指差しなどで進んで相手に協同を再開させようとする。他方でチンパンジーの場合、同じ実験設定で同じ結果が見られることは決してない（Warneken et al., 2006）。またこの実験では、子どもは個人的目標を達成するための「社会的道具」として相手に再開を求めているだけではない。中断に何か外的理由があり（たとえば、別の大人に呼び出されるなど）、たとえ自分自身で簡単に課題が達成できてしまう場合でも、子どもは相手が戻るのを辛抱強く待つのである（一方、よくわからない理由で協力をやめた場合、子どもは相手に再開させようとし続ける。Warneken et al., 2011 参照）。このように、再開させようという試みは大人の志向的状態に影響される。呼び出されたのなら、相手はおそらく共同目標を保持したままだろうが、理由なしにやめたのなら、おそらく相手は共同目標を失っている。子どもは単に楽しいやりとりを再開させようとしているのではなく、失われた「わたしたち」を再構築しようとしているのである。

　認知面を考えれば、二人が共同で活動する場合、両者は自然と共同目標に関わる状況へ注意を向ける。このように、重要な要素として、共同志向的活動には参加者同士の共同注意が含まれているのである。先に挙げた雨宿りの例のように、両者が同時に同じ場所へ注意を向けているからといって、共同注意が形成されているわけではない。お互いが一緒に注意を向けていると理解した上で、一緒に同じ場所へ注意を向けている必要がある。こう考えられるのなら、大型類人猿は共同注意に参加しない（経験的証拠については、Tomasello and Carpenter, 2005を参照）。一方で、ヒト幼児はおよそ九～十二ヶ月頃から、他者とともに共同注意が必要とされる文脈に関わるようになる。そしてこうしたやり取りが、協同活動から志向的コミュニケーションや言語獲得にいたるすべての基盤になっているのである（Tomasello, 1995）。二人が共同注意を向けつつ何かを経験すれば、こうした共有経験が（たとえばハチミツを集めるのに必要なことを両者が理解しているというような）お互いの個人的な共通基盤の一部となる。個人的な共通基盤は社会的関係を規定する一部となり、重要な社会的決定を下すとき、われわれは他者とともにこの共通基盤へ全面的に依拠しているのである（Moll et al., 2008; Tomasello, 2008）。

「わたしたち」の一部として共同志向的活動に参加する個人は、それゆえ自身の「個人」を失ってはいない。行動レベルで言えば、各自が果たすべき役割を持ち、通常はお互いの役割を理解している。三歳児を対象とした近年の研究では、子どもが協同活動でまずある役割を果たし、それから別の役割を強いられる。すると、初めてその協同活動に触れる子どもよりはるかに上手くその役割をこなしているので、子どもの様子からは、子どもが後者の役割をすでに十分理解していることが分かる。しかし、反対の役割を果たすことで得られるこうした「付加価値」は、チンパンジーでは見られない。すなわち、チンパンジーはもっと個人主義的なやり方で相手と関わっているのである

(Fletcher et al. 2012)。重要なのは、相手の役割をシミュレーションする際、幼い子どもでさえ、相手と役割を入れ替えても共同成功を達成できると理解している点である（Carpenter et al. 2005)。そしてこれもチンパンジーには見られない（Tomasello and Carpenter, 2005)。役割を入れ替えられると理解できるのは、参加者が「鳥瞰図」から、同じ表象形式で自分と相手の視点・役割を持ち、協同活動を一つの全体として概念化できているからである。

認知面を考えると、共同注意においては各自が自身の視点を保持し、相手の視点についてもある程度の知識を持ち合わせている。実際、共同注意への関与はまず、視野全体を作り上げることであると言えるかもしれない。何かについて異なる視点を持っていたとしても、共通する部分に焦点を合わせる必要がある（Moll and Tomasello, 2007a)。こうした解釈には確かな証拠がある。遠くから眺めているだけの場合、幼児は相手が経験していることを心に留めていない。共同で一緒にやり取りしているときにしか、相手の視点に立たないのである（Moll and Tomasello, 2007b)。こうした視点取得はおそらく、共同活動で各自がお互いに相手の役割を（そして相手が自分を監視していることも）監視できるようにしているのだろう。

共同志向的活動で異なる視点と役割を上手く調整するには、なんらかのコミュニケーションが必要である。トマセロ（Tomasello, 2008）では、共同志向的活動こそが、指差しと身振りという自然なジェスチャーから始まるヒト独自の協力的コミュニケーション形態を生み出すものであると論じ、その証拠を挙げている。協力的コミュニケーションは、一般に大型類人猿のコミュニケーションと以下の点で異なっている。協力的コミュニケーションでは、コミュニケーションしようとしている相手が自分自身に有益あるいは役立つような何かをもう一方の相手に伝える。他方、コミュニケーションが生じるのは相利共生的協同活動の文脈であるがゆえに、もう一方はその情報を信頼する。ここで重要なのは、何かが明示的にコミュニケーションされた場合、それは共同注意とお互いのやり取りの共通基盤で「公に」なるということである。したがって、この情報を知らない可能性はなく、この情報が互いに何らかの影響を与える場合、知らなかったと言ってごまかすことはできない。このように、お互いが共通に理解しているコミュニケーション手法を用いて明示的にあなたへ助けを頼んだ場合、わたしが助けを必要としていることがあなたには分からない、といった状態はありえないのである。この「公さ」は、後に共同コミットメントの登場を説明する際にきわめて重要な役割を果たす。それは協同活動において、「べき」の感情（規範的信頼と二人称の責任）をお互いの間で作り出すのである。一般に、ある状況を共通基盤の上で理解することは、その状況に付属する規範的次元にとって、必要不可欠なものなのである。そして公然のコミュニケーションは、そうした共通基盤の上での理解を生み出すためのもっとも強力な手法なのである。

ここまで論じてきたことをすべて合わせると、次のような重要な帰結が得られる。共同志向性という二重レベルの認知構造は、初期ヒトに友情を超えた新しいタイプの社会的関係を作り出した。われわれの個人的な共通基盤の中で、共同主体としての「わたしたち」として共同目標に向かって作業をする。こうした文脈の中で、協同パートナーとしての「わたし」が、わたしと協同するもう一人の自分としての「あなた」と築き上げる関係である（もちろん、「わたし」と「あなた」は遠近法的に定義される）。このように、共同志向性が関わる文脈で上手くやるためには、気にかけなければならない人物が新たに登場するのである。それが「わたし」、「あなた」、そして「わたしたち」である。この三人世帯こそが、公平という道徳性の本質的起源なのである。

協同における理想的役割

初期ヒトがパートナーとお互い繰り返し協同するようになり、特定の狩猟採集活動で果たすべき各自の理想的役割が、お互いの共通基盤の中で作り上げられるようになった。たとえば、レイヨウ狩猟の際に二人でやり取りを繰り返していると、追いかけ役など、役割の理想がお互いの共通基盤の中に作り出される。こうした役割の理想は、協同活動の中身ややり取りする二人によって変化するので、役割ごとの理想と呼べるかもしれない。どちらがその役割を果たすかは二の次なのである。そしてもちろん、ある種の抽象化を通じて、費やされる努力、戦利品の共有、つまらない邪魔で協同をやめないことといった、すべての役割に等しく当てはまるようなより一般的な理想も生み出される。共通基盤の一部として、もちろんいずれかの理想的役割が果たされなければ、共同失敗につながるとお互いが理解している。こうして、成功するための肯定的な道具的圧力と、失敗しないための否定的な道具的圧力の両者が各自にかかるようになる。成功も失敗も、多かれ少なかれ平等に各自へ影響する。すなわち、複数主体の「わたしたち」に関しても、今後のパートナーシップ全般に影響が生じてしまう。

こうした理想的役割に即した行動（徳のある行動と呼んでもよいだろう）に関する共通理解は、社会で共有された規範的基準の戦略的根幹を構成するものだと考えられるだろう。もちろん、こうした原初的な理想的役割はまだ、道徳哲学者が他よりも重要視する類の規範的基準ではない。基本的にまだ道具的で局所的なものだからだ。しかし、それは個人の道具的目標を単に拡張しただけのものでもない。むしろ、他の大型類人猿の個人的な志向性を大きく超えた以下三つの特徴に見られるように、個人の道具的目標を社会化したようなものだろう。第一に、理想的役割は単なる個人の目標ではない。むしろ、共同主体である「わたしたち」の下位目標である。役割を調整した共同目標の文脈でしか意味がないからだ（たとえば、レイヨウの追跡に意味があるのは、レイヨウに槍を投げようと待ち構えている相手がいるときだけである）。第二に、理想的役割を果たすのに成功もしくは失敗して、それが自身だけでなく貴重なパートナー（「あなた」）、さらにはより長期のパートナーシップ（「わたしたち」）に影響を与え、お互いに対する道具的圧力に社会的な要素を付け加えるのは、お互いの共通基盤においてである。第三に、共同主体の成功に貢献するために何をすべきかを指定するのが役割の理想だが、同時にこの理想はパートナーからは独立である。個人の性格や社会的関係と関係なく、誰しも平等に適用される。このように、大型類人猿の道具的合理性は社会化され、共同主体として行動する初期ヒトに備わる、道具的な共同合理性に組み込まれてしまったと言えるだろう。

以上まとめると、社会的な規範的基準の起源を、協同活動における共通基盤としての理想的役割以外に求めるのは難しいだろう。考えられる別の候補としては、特定のやり方で行動するように大勢（あるいは特に権力のある誰か一人）からなんらかの圧力を感じることで、それが規範的基準の起源となるかもしれない（たとえば von Rohn et al., 2011）。しかし、この基準は「かれら」の基準であり、この基準に固執するとすれば、それは純粋に外的制約に関する個人の道具的・戦略的問題である。対照的に、共同志向的活動における共通基盤としての理想的役割は、こうした個人の問題を超越している。というのも、この理想的役割は、役割を果たす人物そのものが支持する社会的に共有された基準だからであり（共同コミットメントについては以下を参照）、この基準を支持すれば、自分だけでなく価値ある相手とパートナーシップの両者が上手くいくように後押しされるからである。

自他等価性

共同志向的活動では、自らの活動をどのように理解しているかが極めて重要になる。ここまで、この活動では参加者が自らの活動をある種の「鳥瞰図」から理解していると主張してきた。自分の役割・視点の内側から、外側にいる相手と相手のやっていることを見るわけではない。むしろ、協同に際しては、相手の役割・視点に立って想像し、さらに相手が自分の役割・視点をどう想像しているかを想像しているのである。参加者はどちらの役割に関わっているどちらの相手でも想像できる（いわゆる役割転換である）。先ほど論じたように、参加者は、役割を果たす際に相手が誰であるかは関係ないと理解しているからだ。その課題を片付けるにあたって、誰もが平等なのである（ある役割がどれほど上手く片付けられるかに個人差がないと言いたいわけではなく、それが誰であれ、理想的役割を果たさなければ成功しないというだけである）。協同活動におけるこうした鳥瞰図は、ある重要な意味で偏りがない。あなたがわたしの友達、子供、配偶者、あるいは専門家であっても、それは重要ではない。重要なのは相手から独立した役割、そして結果が上手くいくかどうかであり、役割を果たしている相手の個人的性格などではないのである。

個人間の関係をこのように見ることで、重要な帰結が得られる。ネーゲル（Nagel, 1970）が論じているように、他人を自分と同等に実在する主体もしくは人格（自己は多くの主体・人格の中での一つにすぎないとみなされる）と認識することで、相手の関心を自身の関心と等価なものとみなす理由が与えられるのである。われわれが「鳥瞰図」と呼ぶもの、そして役割の転換と交換可能性について、ネーゲルは次のように述べている。「現状はより一般的な枠組みの見本であり、そこでは人物が交換可能であると考えられる」（p. 83）。この考えこそが、被害者が加害者に提示できるもっとも基本的な議論とネーゲルが考えるものの基礎である。「誰かがそれをあなたに行ったなら（つまり、役割が転換されれば）、あなたはどう感じるだろうか？」（p. 82）ここでわれわれが主張したいのは単に、自他等価性の認識はヒトの進化の中である道具的論理に対して重要な洞察をもたらしたということである。それは共同目標と役割の理想像を伴った個人の役割という、二重レベルの構造をもった協同活動の道具的論理に対してである。

しかし重要なのは（そしてこれがネーゲルの一番深い哲学的主張でもあるが）、自他等価性の認識は、それ自体では道徳的概念でも動機でもないという点である。それは単に、ヒトを取りまく状況を特徴づける、避け難い事実の認識でしかない。実際の意思決定ではこの点を無視するかもしれないし、それが事実でないと願うことさえあるかもしれない。しかしそれは重要なことではない。事実は事実である。このように、自他等価性の認識は、他者との関係で公平もしくは公正な決定を行うには、決して十分な方法ではない。それは単に、自身が生きる社会世界をヒトがどう理解しているのか、その構造を示すだけである。しかし、この認識だけでは公平・公正に行動するように動機づけるのに不十分だとしても、自身と他者を何らかの意味で等価だと見なすのは、アリストテレス以来誰もが認めてきたことだが、必要条件なのである。

われわれの説明において、自他等価性の認識はそれ自体で道徳的行動もしくは判断を構成するものではない。むしろ、それはさまざまな意思決定や判断を、戦略的もしくは契約論的基盤（たとえば将来自分に利益が返ってくるだろうという予測だけから、他人と食べ物を共有することなど）から、自他が根本的には平等で、少なくともある程度は偏りなく意思決定や判断が行われるような、より道徳的もしくは契約主義的な基盤へと移行させるのに役立つのである。自他等価性の認識は、初期ヒトが協同パートナーに接する新しい方法、そして相手からどう接されるかを予測する新しい方法に対して、もっとも直接的な影響を与えた。特にパートナー選別の文脈では、自他等価性の認識によって、協同相手（もしくは潜在的な協同相手）に対してお互いを尊敬しながら、等しく相応しい相手として接するようになった。こうした新しい接し方によって、われわれが二人称の主体と呼ぶものができあがったのである（次節参照）。それは初期ヒトに、共同コミットメントという形でお互いが実際の社会契約を作り出すための道具を与えたのである（次々節参照）。

要約

初期ヒトは、協力する二人の間に二つのレベルで同時に存在する新しい社会秩序を作り出した。（戦略的信頼に基づく）相互依存をお互いに認識することで、共同主体として行動する「わたしたち」が一方のレベルに作り出され、「わたしたち」を構成する二つの「わたし」（そしてそれぞれが相手を遠近法的に「あなた」と見なしている）をもう一方のレベルに作り出した。二つの「わたし」は協同活動において、役割ごとの理想にしたがうように道具的圧力を受ける主体として、お互いを等価だと認識していた。共同主体はこうして、お互いを助け共有し合うように動機づける、新しい形の道具的合理性を持つようになった。初期ヒトが共同主体としての「わたしたち」としての自身、そして自身と平等なパートナーを認識するようになると（そして「あなた」と「わたし」の両方に「わたしたち」がどう関係するかを気にするようになると）、公平という道徳性が解決となるような、基本的問題が生じてきたのである。

二人称の主体

ここまで述べてきたように、初期ヒトの共同志向的活動は、これまでにない社会的関係の中で展開された道具的に合理的なものであった。この活動に関しては、同情を除けば特に道徳的なものはなにもなかった。しかし、相手から独立した理想的役割についての共通理解（社会で共有された規範的基準の前駆体）、そして自他等価性（不偏性の前駆体）が、いずれ道徳的な果実を生み出す、協力的な種子として存在していた。とはいえ、この道徳的果実を実らせるためには、強制的協同狩猟採集に対して、特に潜在的協同パートナーが多数いる中で、パートナーをうまく選ぶという課題に対してもっと徹底的に適応した個体が必要だった。初期ヒトは他者と有益な関係を作り出すことを学習しなければならなかったが、これは彼らにとってもっとも重要なことだった。これには、相手を評価して良い協同パートナーを選び、相手の評価を予期して自分自身がパートナーとして選ばれるように行動し、さらにより一般的には、現在進行中の関係を確かな方向へ操作・制御する必要があった。

パートナー選別と互敬

パートナー選別とはすなわち、協同パートナーとして多数の中から一人を選ぶことである。選ばれる相手はおそらく、もっとも能力があり（たとえば、知識があって身体的に熟練しており）、協力的な（たとえば、自身のやるべきことをやって、分け前も相手の分を横取りしようとしたりしない）相手だろう。強制的協同狩猟採集という現在の文脈に即していえば、誰からも選ばれなければ、もちろん死ぬしかない。

パートナー選別市場において、基本的な「肯定的」技術は、良い協力パートナーを特定することである。興味深いのは、大型類人猿も非常に幼いヒトの幼児も、協力的な相手を好むことである。たとえば、近年の諸研究で、チンパンジーとオランウータンが（自分たちに対してだろうと第三者に対してだろうと）反社会的に行動していたヒトよりも、向社会的に行動していたヒトを選んで近づき、食料をねだっていると報告されている（Herrmann et al. 2013）。同じように、ヒトの幼児も似たような社会的選好を見せる。たとえば、一歳児やもっと幼い子供を対象にした実験では、「邪魔者」より「援助者」とのやり取りを好むという結果が得られている（たとえば Kuhlmeier et al. 2003; Hamlin et al. 2007）。同じプロセスの「否定的な」側面は、使えないパートナーを避けることである。チンパンジーの場合、以前の協同課題で失敗した相手を徹底的に避けるという結果が得られており（Melis et al. 2006a）。幼い子どももまた、他人より「卑怯な」相手には援助しなかったり、物をあげなかったりすると報告されている（Vaish et al. 2010）。

このように、初期ヒトは他個体の協力行動に対して評価を行っていた。しかし、霊長類の中でもヒトだけが、他個体が自分についても評価を行っていると理解していた。それゆえ、ヒトはこのプロセスに影響を与えようとしたのである。五歳児を対象とした近年の実験では、仲間が見ている状況と、一人だけの状況とで、架空の相手を援助するか、相手から物を盗るかの機会が与えられる。すると予想された通り、一人のときより見られているときに、五歳児はより相手を援助し、物を盗らない傾向にあったのである。他方、チンパンジーは見られているかいないかを気にしなかった(Engelmann et al., 2012)。初期ヒトが直面したであろう状況と類似した状況を確かめた実験もある。その実験では、参加者のどちらがより寛容で援助を行えるかの競争を行い、この行動を見ていた観察者が、より協力的な相手を相利共生的協同のパートナーとして選ぶかどうかを確かめている(Sylwester and Roberts, 2010)。ここまで考察してきたように、初期ヒトはパートナー選別の際、他人への評価だけでなく、自身に対する他人からの評価についても理解していた。それゆえ、能動的かつ戦略的に印象操作を行っていたのである(Goffman, 1959)[5]。

結果として、初期ヒトは特定の相手とこれまで(受益者・提供者のいずれとしてでも)経験した特定の協力的・非協力的行動を追跡し始めたのだろう。そしてもちろん、一番能力があり、協力的な相手と誰もが協同したがっていた。それゆえ、パートナーとしてより多くの需要がある個人は、その人気を利用してもっと良い取引を行おうとしていた。バウマールら(Baumard et al., 2013)が体系的に行った研究によると、(情報も完全に与えられている)完全に開かれたパートナー選別市場において、もっとも能力があり協力的なパートナー(すなわちパートナーとして選べば自分が一番成功しそうな相手)には、もっとも多くの需要がある。それゆえ、このパートナーは見込みのある相手に、戦利品を半分以上要求したり、もっとも簡単な役割を要求したりするかもしれない。「弱い」パートナーは将来の協同に際して再び「強い」パートナーを必要とするだろうが、逆は考えにくいからだ。こう考えられるなら、この市場はかなり競争の激しいものだっただろう。

しかし、条件が異なれば違った市場も可能になる。たとえば、狩猟採集の代替的獲物が十分に存在し、並外れたパートナーが必要ない（誰でも獲物が得られる）場合、あるいは協同狩猟採集が近い相手と自然に始まり、選ばれるパートナーが非常に限られている場合、競争はそれほど激しくないだろう。しかしこの文脈で一番重要なのは、パートナーの情報が個人の直接的な経験に限定され、うわさに基づく公的評判がまったく利用されない場合、完全に開かれた市場は上手くいかなくなるという点である。誰もが評判を共有しないため、個人が他者に対して交渉力を行使するのは極めて難しくなるだろう。最後の点に関して、トマセロ（Tomasello, 2008）は次のような証拠を挙げて論じている。初期ヒトは当時、慣習的言語を持っておらず、（すでに論じたように）指差しや身振りなどの自然なジェスチャーしかもっていなかった。このジェスチャーでは、パートナーの過去について複雑な情報を伝えることは非常に難しい。さらにここまで論じてきたように、初期ヒトが相手の運命にも関心を持っていたのなら、良いパートナーにまで交渉力をふりかざして、損失を出すようなことはしたくなかっただろう。このように、このより制限された市場では、その技術に関わらず、自分の依存するさまざまな相手とおおよそ同じくらいの交渉力を持っていると誰もが理解していただろう。

もっと情報が貧困な市場、ここでは平等主義的市場を想定しているが、こうした市場で重要なのは、単純に上手くいきそうだと期待できる相手を見つけることであり、こうした市場では、ほぼ同じくらいの交渉力をもった人たちがそれなりに多く見られていた。協同相手をある意味自分と等価であると見なさざるをえないなら、われわれの心理には相手への尊敬、すなわちパートナー間での互敬（*mutual respect*）（ダーウォル［Darwall, 1977］が「認識に基づく尊敬」と呼ぶもの）が生まれただろう。こうした互敬には戦略的要素が含まれ、各自が互いの等しい交渉力を認識していただろうが、そこには非戦略的要素も含まれていた。この要素は、共同志向的活動への参加とそれへの適応の結果として誰もが認識する、真なる自他等価性の感覚に基づいている。これら二つの戦略的・非戦略的要素が合わさることで、「相互に責任ある人々同士の互敬」（Darwall, 2006, p. 36）[6]が生み出された。こうして、協同活動それ自体（自他等価性につながる、パートナーとは独立の理想的役割）と拡大されたパートナー選別市場（そこでは両者が等しい交渉力を持つ）の両方に参加することで、お互いの等しい地位に敬意を払う二人称の協力的主体が誕生したのである。

パートナー制御と相互相応性

パートナー選別においては、良い相手を見つけ、その相手を採用しようとする。パートナー制御の場合、十分に協力してくれない相手の行動を、たとえば罰などの手法によって改善しようとする。パートナー候補が限られているときに、使えない相手を使える相手に変えてしまえれば、適応的利点があるのは明らかである。

初期ヒトの協同狩猟採集におけるパートナー制御に関して特に重要なのは、ただ乗り者を制御しようとする場合だった。しかも、これは当たり前にできることでもない。チンパンジーによる集団サル狩猟では、（集団狩猟には何も貢献しないのに、肉をもらおうとする）ただ乗り者が普通に見られるし、参加者はそれを制御しようとしない。ベッシュ（Boesch, 1994）の報告によれば、チンパンジーは狩猟に参加していない場合より参加している場合に多くの肉をもらえるが、参加していなくても多くの肉をもらえる。こうした分配は参加の報酬などではなく、獲物が捕らえられたときにその側にいて、獲物の消費に素早く参加できたという空間的事実のおかげでしかない。遅れてやってきた非参加者は獲物にありつけた個体の外側から、彼らに嫌がらせをして分け前を請わねばならないのである。こうした現実の状況を模倣した最近の実験によって、この解釈は裏付けを得ている。獲物の「捕獲現場」からの距離を実験的に統制すると、協同による獲物の「捕獲者」は、狩猟に貢献した個体とそうでない個体は、ほとんど同じ量の肉を共有したという結果が得られている（Melis et al., 2011a）。対照的に、ヒト幼児の場合、「捕獲現場」からの距離にかかわらず、幼児は非貢献者より貢献者とより多くを共有し、ただ乗り者を積極的に排除したのである（Melis et al., 2013）。

ここまで論じてきた初期ヒトに関しては、ただ乗りが最初から問題になっていたわけではない。狩猟採集に参加できる人数とその成功に必要な人数が同じ二人であり、怠ければ獲物が得られなくなるだけだからだ。自分の仕事をしなければ、相手も自分も食べ物にありつけないわけである。しかし、獲物を捕らえた後に別の誰かがやってくれば、協同の外側において、必然的に競争が生じる。こうして、ヒトはただ乗り者に戦利品を渡さぬよう、ただ乗りを防ぎ、制御する傾向性を進化させたのである。協同に参加しなければ戦利品を共有できないというように、ただ乗り者を排除しようという試みこそが、復讐の起源であると考えられるかもしれない。この場合、協同に貢献したパートナーすべてが等価もしくは平等であると見なされるが、貢献しない者はそうではない。

ただ乗りを排除するプロセスによって、ある種の相応性に基づいて資源が分配され始めた。一番単純な分配枠組みとしては、参加者が多かれ少なかれ平等な分け前を得て、非参加者は何ももらえないというものが考えられる。実際、幼い子どもには、協同の戦利品を平等に分配しようという強い傾向性が見られる（Warneken et al., 2011; Hamann et al., 2011; Ulber et al., 2015）。しかし極端なケースでは、多様な参加の仕方が考慮されるかもしれない。たとえば、遅れて協同の最後だけに参加したとしても、非常に重要な貢献をすれば戦利品の一部を分けてもらえるかもしれない。子どもの場合でも、こうした極端なケースにおいて、努力と貢献度に応じて協同パートナーに資源を分配する傾向が見られている（Hamann et al., 2014; Kanngiesser and Warneken, 2012）。ここで考察している進化的仮説において、戦利品（もしくはその一部）からの排除は、怠け者やただ乗り者に対して行われる、初期段階における唯一の直接的罰と想定しているが、確かにこの排除プロセスを戦略的なものと考えることもできるだろう。しかしすでに述べたように、この時点で初期ヒトは（もっとも重要な自他を含む）パートナー同士の等価性もしくは平等性を非戦略的に理解していた。ここでもまた、戦略的・非戦略的考察を結びつけて考えられるかもしれない。ただ乗り者の戦略的排除とパートナー（自他）等価性に関する真なる認識である。この二つが結びつけられることで、狩猟採集への参加・不参加から戦利品をどれほど共有すれば良いか、その相対的相応性の感覚のようなものが現れてきたのかもしれない。貢献しない人間は戦利品に相応しくなく、貢献した人間は（参加の仕方に多少の違いがあるかもしれないが）戦利品の平等な共有に相応しいのである。

協力的アイデンティティ

ここまで二つの関連する、別個の社会領域を扱ってきた。一つが、初期ヒトが協同パートナーと行ってきた二者間のやりとりである。このやり取りでは、「わたし」が「わたしたち」の一部として「あなた」と関係づけられる。もう一つが、パートナー選別に関わる、社会集団全体における大多数の潜在的パートナー群である。この巨大なパートナー群の中で各自が必要とするのは、有能な協同パートナーと認識されること、すなわち、狩猟採集において（十分な公的評判がない中で）多数の相手と適切なパートナーシップを結ぶことである。別の言い方をすれば、相応しいパートナーに平等な尊敬を示せる、有能な協同パートナー（すなわち有能な二人称の主体）としての社会的アイデンティティが必要なのである。

初期ヒトが社会的アイデンティティを作っていくのと同時に、ヒトはアイデンティティに関する個人的感覚を作り上げていった。役割転換や役割互換性に関する理解を踏まえ、初期ヒトは評価プロセスにおける両者の役割と、両者の役割が相互にどう関係するかを理解していた。初期ヒトは、相手を評価するとともに、自身が同様に評価されていると理解していたのである。結果として、相手の立場にたって相手を評価する、あるいは逆に、評価されているときに評価している相手の立場に立つことができた。こうして、各パートナーがただ乗りは戦利品を得るのに相応しくないと感じるようになり、自身が戦利品に相応しいかどうかを判断できるようにもなった。相手の評価におけるこうした役割互換性は、集団における有能な協同パートナーとしての社会的アイデンティティを、個人的アイデンティティの感覚と結びつけたのである。初期ヒトにおける個人的アイデンティティの感覚は、自身を他者に優先させない、本質的に偏りのない判断に基づいていた。他人を判断するように自分自身を判断するのである。自身と他者を基本的に等価とみなし、他者だけでなく自身をも含めたあらゆる相手への判断において、自然と役割転換できることを考えれば、そうせざるをえないからである。

初期ヒトにおいて、協力的アイデンティティを作り上げるプロセスはすでに幼い頃から始まっていた。困難で興味深い作業をやってのける力を持った有能な大人に対し、子どもは尊敬のまなざしを注ぎ始める。幼い子どもにはその作業に参加するだけの能力がまったくないし、子ども自身もそれを理解している。成長するにつれ、子どもは特定の協同活動に必要な能力と知識を身につける。はっきりとした形ではないが、大人の作業に参加しようと試みることで、自分が大人の輪の中に入っていると大人たちに認識されるよう、子どもは願っているのである（Honneth, 1995）。そして子どもは、そう願った相手からしか、このように認識されることがないことも理解している。彼らの決定こそが、唯一重要な決定だからである（有能なチェスプレイヤーとして受け容れられたい場合に、母親に認められたとしてもほとんど意味がない）。成長途上の子どもは有能な協同パートナー、すなわち互敬に相応しい二人称の主体としての尊敬と認識を追い求め、それが認められたなら、それは自身の協力的な個人的アイデンティティにとって必須の一部となるだろう（ここでは道徳的アイデンティティという用語を使わない。この言葉は単に緩い構造をもった社会的集団ではなく、個人の生活のあらゆる側面を統制する道徳的コミュニティの文脈で生じた、次なる進化ステップを論じる際にとっておく）。協同しなければ餓死するしかない以上、他人が自分をどう見ているか（そして結果的に個人的な協力的アイデンティティがどのようなものであるか）は、生死に関わる問題なのである。

ヒトが二人称の主体となり、協同パートナーとして選ばれる必要性が出てくるにつれ、自身の協力的アイデンティティと相手の協力的アイデンティティへの認識に関して、相手に信号を発信する重要性が出てきた。この信号発信は、主にいわゆる二人称呼称を通じた協力的コミュニケーションによって行われた。こうして、相手への尊敬と相手の認識を伴った呼称を用いて行われる協力的コミュニケーションの道筋が開かれたのである。この呼称は同時に、同じ尊敬と認識をお返しに要求した。こうした二人称呼称とそれへの同意があるのなら、信号をやり取りする二人は通常、お互いを信頼していたはずである。受信者が二人称呼称を理解し、それを拒絶したとすれば、協力、尊敬、信頼に関するお互いの前提が大きく崩れることになるだろう。二人称呼称はそれゆえ、初期ヒトが有能な協同パートナーになるために必要かつ有用なものであった。この二人称呼称はまた、共同コミットメントとして知られる、局所的で一時的な二者間での契約のようなものを可能にしたのである。

共同コミットメント

ここまで述べてきた協同活動は、戦略的信頼のみに基盤を置いているため、本来リスクを伴うものだった。わたしはあなたの動機を理解し、その理解に依拠しているが、簡単に間違うことも考えられる。あなたはわたしが考えていたより近い時間に食事を取っており、あまり狩りに出たくないかもしれないし、わたしが考えていたより狩猟が難しいと判断し、あなたは躊躇するかもしれない。あるいは、狩猟中に予想外に幸運な事態が生じ、狩猟から逃げ出そうとするかもしれない。リスクを引き受けるため、各々にとって必要なのは、より強くコミットする形でお互いをより深く信頼することである。すなわち、各々にとって必要なのは、われわれが本当に協同を最後までやり通すべきであり、それがお互い次第であると感じることである。

社会理論研究者の中でももっとも深い洞察を展開した哲学者であるジャン＝ジャック・ルソーの主張において、その中でも一番深い洞察は以下である（後にカントやドイツ観念論者によって修正はされるが）。すなわち、上記のような真なる「べき」の個人的感覚が生み出される唯一の源とは、自身がその一部であるより大きな（理想化までされた）社会集団に対し、自身を同一化して恭順することなのである。わたしは自由に「わたしたち」という超個人的実体に対して「わたし」を超えた（正当な）権限を与えられる。わたしはこの「わたしたち」に恭順するだろうし、もし非理想的行動を取ったとしてわたしが非難されるなら、その非難が本当に相応しいと判断してあなたに同調し、（表立って行うか罪悪感を感じるかによって）自分で自分を責めるだろう。こうした状況において、わたしは「わたし」を超えた超個人的「わたしたち」に非常に深く一体化することを選んでいる。そうしなければ、自分の協力的な個人的アイデンティティが失われるからだ（Korsgaard, 1996a 参照）。

初期ヒトが作り上げることのできた最初の超個人的実体は、協同パートナー間での共同コミットメントによって達成された「わたしたち」だった。共同目標と共同志向によって可能となった共同的協同活動に対して、共同コミットメントは付加的なものだったのか（Bratman, 1992, 2014）、あるいは共同目標という考え方が現存する共同コミットメントの一部としてしか意味をなさないかどうか（Gilbert, 2003, 2014）については現在議論が進行中である。（ここまで議論したように）各自の最大関心事を達成するのに各自が合理的な行動を取るだろうという、お互いの共通関心と共通基盤としての戦略的信頼があれば、二人が単に「流されて」しまい、共同目標が形成されるというような共同志向的活動もありうるだろう。そして対照的に、共同コミットメントによって始められた協同活動は、尊敬し合う二人称の主体としてのお互いに対し、明示的かつオープンにお互いへコミットメントを示し、「規範的信頼」という結びつきを可能にする特殊なケースなのである。明示的かつ公になされる協力的コミュニケーションによって協同活動が始められれば、すべてがオープンになり、結果として共同コミットメントは、調印者の協力的アイデンティティによって裏書きされ、支持されるのである。こうした共同自制は、「わたしたち ＞ わたし」と呼べるような制御なのであり、内在化されてしまえば、協同パートナーに対する二人称の責任感となる。

最初の同意

協同活動を始めるには幾多もの方法が考えられる。ほとんどのチンパンジーはリーダーにしたがうという戦略を取る。たとえばサル狩猟において、一個体が追いかけ始めれば、他の個体も参加するというのが典型例である（これは同盟を組んで争う際も同じであり、ある個体がすでに戦っている時に友達個体が味方して参加するのがほとんどである）。スタグ・ハントゲームをチンパンジーで行った実験では、すべてのチンパンジーのペアが同じリーダーにしたがう戦略を採用した（Bullinger et al., 2011b）。しかし、これはリーダーにとってはリスクの高い戦略である。後に続く個体をあてにしているからだ。実際、集団狩猟でもっとも多くリーダーになるのは若い個体か（Boesch, 1994）、「インパクト・ハンター」である。前者は他個体がついてくるかどうかに狩猟の成果がかかっていると気付いていないか、特に衝動的であるかである。後者は特に衝動的か、リスクを追い求めたがるか、自信過剰な個体である。

スタグ・ハントのような状況でリスクを減らすには、獲物を逃す前にパートナーとコミュニケーションを取っておくことが大事である。リスクの高い状況を設定した実験では、チンパンジーは決してコミュニケーションすることなく、他方ヒトの子どもはかなり頻繁に（多くは注意を引きつけるジェスチャーや獲物の到来を伝えるための発声などで）コミュニケーションを取っていた（Duguid et al., 2014）。このように、両パートナーがリスクを減らそうとしているスタグ・ハント的状況が与えられ、そして何らかの初歩的な協力的コミュニケーションの技術があるとすれば、初期ヒトは何らかの手段で注意を引きつけるジェスチャーや発声を用いて、獲物を諦める前に狩りの調整を行い始めていたと考えられるだろう。たとえば、自身の行動計画を指し示したり、パートナーや二人の計画を提案したりするかもしれない。こうしたコミュニケーション行動は、物事を始めるには極めて有用だっただろうし、相手からコミュニケーションの反応（できればコミットメント）を得られれば、さらに良いだろう。各パートナーはまったく同じリスクのある状況に置かれているのだから、各自にとって最適な選択肢は、相手からこうしたコミットメントを得ることであり、それが結果的に共同コミットメントとなるのである。

規範性を主に研究している社会理論研究者にとって、共同コミットメントはヒト独自の社会的やり取りの「社会的原子」に他ならない（Gilbert, 2003, 2014）。共同コミットメントは、いずれ始まる協同活動において明示的に相互依存を認め、協同活動を上手く進めようとする。それゆえ、共同コミットメントは基本的かつ本質的なものなのである。共同コミットメントでは、各自が役割ごとの理想を果たすという必要条件のもとで信頼されうる、協力的アイデンティティを持った二人称の主体であると想定している。この必要条件のもとで信頼されるためには（これは規範的信頼とわれわれが呼ぶものだが）、特定の認知的・身体的能力だけでなく、協力的アイデンティティも備えている必要がある。この協力的アイデンティティは、互敬を持って他の二人称主体と接し、与えられる報酬と罰が相応しいかどうかについて、他人だけでなく自分についても判断することで生じるものである。そして個人は、この協力的アイデンティティを進んで危険にさらそうとしなくてはならないのである。

まず、共同コミットメントが形成されるのは次のような場合である。相手に「わたしたち」はXを行うのだという意志を何らかの明示的な形で伝え、相手がその意志を、協力的コミュニケーション行動によって明示的に、もしくは（相手の意志を理解して）何も言わずに自身の役割を始めて暗に受け容れた場合である。共同活動への誘いを受け容れてそれを開始すれば、二人称呼称が採用される。それは協力に向けたお互いの姿勢を前提とし、役割ごとの理想に関してお互いの共通基盤となる前提をまったく公然かつオープンにする。自分がXをやるという点を踏まえ、各自はオープンな形で志向的に相手を誘い、（リスクのあるものも含め）計画をたてる。両者が結果に満足するまで、疲れや計画に無関係な邪魔を無視してXをやり続けるのだと信頼してもらう（Friedrich and Southwood, 2011）。さらに、相手の怠慢や手抜きによる失敗を恐れずにやり続けると信頼してもらい（Scanlon, 1990）、全般的に相手に依存する。(7) 重要なのは、共同コミットメントを終わらせるのにも、何らかの共同合意が必要だという点である。一方的に終わらせることはできない。相手にコミットメントを終えてよいかたずね、相手はそれを受け容れなければならないのである（Gilbert, 2011）。共同コミットメントは最初から終わりまで、共同なのである。

言語を持った生物であれば、「Xをやろう」、「いいよ」と受け容れてもらって共同コミットメントが始まる（そして「ごめん、そろそろXをしないと。いいかな?」「いいよ」という流れで終わる）、という流れが一番基本的な形だろう。しかし、言語は共同コミットメントにとって本質的なものではない。必要なのは何らかの協力的コミュニケーション行動だけである。ワーネケンら（Warneken et al., 2006, 2007）の実験では、十四ヶ月児と十八ヶ月児に協同活動を行わせ、突然やり取りをやめさせる。すると、幼児はコミュニケーション行動（一番多いのは指差しや合図）によって相手と協同活動を再開しようとしたのである。すなわち、幼児は相手に二人称呼称を用いて暗に「〜しようよ」と提案し、要求はしていないが、相手からの何らかの反応を期待していたのである。この解釈を裏付ける証拠として、グレイフェンヘインら（Gräfenhain et al., 2009, 実験1）は次のような実験を行っている。この実験では大人が三歳児に「Xをやろうよ」と提案して子どもがそれを明示的に受け容れ、共同コミットメンを形成する。しかし、協同のやり取りは、大人が一方的に子どもの活動にしたがうだけである。そして大人はやり取りを突然やめてしまう。すると、共同コミットメントに参加していた子どもは、そうでない子どもよりも頻繁に、抵抗する相手に共同コミットメントを再開させようとしたのである。この子どもはおそらく次のように考えたのだろう。もし「わたしたち」が共同コミットメントに関わっているなら、「あなた」は必要な限りそれを続けるべきだ、と。

そして子どもは、協同相手との行動に対して共同コミットメントがどのような意味を持つのか理解している。三歳児を対象とした最近の実験では、次のような課題がテストされた。まず、子どもが共同課題にコミットするものの、予想外に相手より自分が早く報酬を得てしまう。相手も利益を得られるようにするためには、自分にはもう報酬がないにも関わらず、子どもは協同を続けなければならない。それでも、ほとんどの子どもは熱心に不幸な相手を支え続け、最終的には両者が報酬を得られたのである。そして、類似した状況で、協同やコミットメントに参加しない相手からお願いされただけのときと比べても、より多くの子どもが相手の支援を続けていた（Hamann et al., 2012）。対照的に、チンパンジーが同じ状況でテストされた場合、最初の個体が報酬を得た途端、相手を諦めて報酬を食べてしまおうとした（Greenberg et al., 2010）。関連する研究としてグレイフエンヘインら（Gräfenhain et al., 2013）では、パスルを解くという課題にコミットした三歳児のペアが、相手が遅れたときには相手を待ち、相手が失敗した場合はその失敗を補塡し、相手の悪口をいうこともなく、できないときには相手の役割を代わってやる（これも、同じ時間で並行して課題をこなしている子どものペアと比較したときの結果である）という子どもの行動が報告されている。幼い子どもが仲間と共同コミットメントを築く場合、単に一緒に何かしているときよりもはるかに強力に相手を援助し、支えるのである。

二人称の抗議

ここまで述べてきたように、共同コミットメントとは、両者が利益を得られるまで各自がまじめかつ理想的な形で役割を果たすことである。しかし、相手がその役割を果たさなければどうなるだろうか？　相手は制裁を受けるだろうし、一番重要なことだが、その制裁は「わたしたち」から行われる。すなわち、共同コミットメントにとってもっとも重要なのは、われわれのいずれが役割ごとの理想を達成していないかに関係なく、「わたしたち」が一緒に制裁へ同意しているという点である。こうして、制裁は正当な社会的規範力となる。すなわち、個人的な誘惑や外からの脅威に反し、共同活動を続けさせるための自制装置として作用する社会規範力である。共同コミットメントの規範的力には、各自が相手に感じる等しい尊敬という肯定的な力（自分が尊敬する相手とは真面目に作業するのが相応しい）と、不履行に対する正当で相応な制裁という否定的な力がある。制裁のリスクを減らすため、共同コミットメントを通じて明示的になった共通基盤から判断し、制裁が相応しい場合には、共同コミットメントに関わる各自が相手に対して制裁を始める権利を与えているのである。無責任な相手が自身を憤慨と制裁に相応しいと判断するように、ここでは評価判断で役割を転換することが重要になる。共同コミットメントに関わる各自が、共通基盤としての理想的役割から逸脱することに関して相手を非難できるような、ダーウォル（Darwall, 2013）のいう「（「わたしたち」を代表する）代表的権威」を相手に与えているのである。

こうした共同自制プロセスの一部として、初期ヒトはパートナー選別と制御を組み合わせたもの（ここでも協力的コミュニケーションが採用されていた）を作り上げた。これを二人称の抗議と呼んでおこう（Darwall［2006］, Smith［2013］などでは「正当な抗議」や「道徳的抗議」と呼ばれている）。説明のため、二人が共同して台の真ん中にある一山の食べ物を取ろうとしている実験状況を再度考えてみよう。チンパンジーはこの状況に対して、主に順位制に基づいて行動した。下位個体が食べ物を取ろうとすれば上位個体が攻撃し、上位個体が食べ物をとろうとすれば下位個体はされるがままであった（Melis et al., 2006b）。対照的に、三歳児はいずれの行動も完全にできるのに、まったくしようとしない。むしろ一番よく見られるのは、貪欲な子どもがすべてのお菓子をとろうとすると、抗議されるという場面である（Warneken et al., 2011）。自分の権利を奪われた子どもは貪欲な子どもに憤慨をあらわにし、たとえば「ちょっと！」や「ケイティ！」というように大声を出したりする。ここで重要なのは、子どもが誰も半分以上もらわなければ、抗議の声はまったく見られず、そして不平等な分け前に対する抗議があった場合、貪欲な子どもはたいてい諦めてしまうのである。

チンパンジーとは違い、二人称呼称を通じて始められた協力的コミュニケーションによる協同の後、幼い子どもは貪欲な相手に対して憤慨をあらわにして反応する。しかし、抗議している子どもは、正確には何に怒っているのだろうか？　憤慨に続く行動から考えると、子どもはより多くの食べ物を得ることではなく、平等な量を貰えているかどうかに注目しており（子どもが抗議するのは分配が不平等なときだけである）、貪欲な子どもはこれも理解している。このように、抗議は協同パートナーの理想的な分配行動（すなわち、貪欲な子どもが守らなかった平等な分配である）に関する共通理解を前提としているのである。そして、それはより多くの食べ物を貰えることではない。もしそうだとすれば、子どもは自分がすべてを貰えるとき以外は抗議しているはずである。むしろこの共通理解は、自分がどれだけの量を貰えるのに相応しいかというものである。アダム・スミス（Smith, 1759/1982, pp. 95-96）(8) の言葉を借りれば、憤慨して行われる抗議の目的は「傷つけた相手がそう扱われるのに相応しくなかったと（相手に）わかってもらう」ことである。二人称の抗議はこのように、相手の敬意のない行動に対する敬意を持った協力的反応なのである。それは相手を直接罰しようとしているのではなく、相手は（他人に平等以下の扱いをしている）今よりもっとより良いやり方を知っている人間であると仮定した上で、相手にこちらの憤慨を伝えようとしているだけなのである。このように、抗議する子どもは二人称の要求を行っている。あなたはわたしが平等以下の扱いを受けるべきでないと認識しなければならないのである。

しかし、なぜ違反側はこの要求に敬意を払わねばならないのか？　それはこの要求が協力を仮定した自分の二人称に言及しているからであり、もし違反側が本当に協力的で、これからもそうでありたいと願うなら、この要求へ適切に応答する必要があるからだ（Darwall, 2006, 2013）。このように、二人称の抗議は遡及的（proleptic）行動なのである。この抗議は、有能な協力相手として違反者に敬意を払うものであり、この抗議に敬意を払って従うならば、相手はその協力的アイデンティティを保てるのである。そうでなければ、そのアイデンティティを失う可能性がある。二人称の抗議によるパートナー制御の試みはこうして、パートナー選別を通じた排除の脅威によって（抗議を無視して敬意のなさをさらに強調するようなことがあれば）暗に後押しされる。あなたがきちんと振舞えないなら、わたしは協同をやめてしまうだろう、というわけである。しかし、こうした事態は滅多に見られない。なによりもまず、違反側は抗議をある意味正当で相応しいものと考えざるをえないからだ。自分が分け前を奪って敬意を払わなかった相手は、自分と同等・平等であり、戦利品をえるのに平等に貢献した相手であり、平等以下の分け前には相応しくない。次に、これに加えて二人が自身の協力的アイデンティティをオープンにした（そして協力的アイデンティティを無視しないと誓った）共同コミットメントがある。もし自分が悪い振る舞いをしたら、自分自身に対して役割転換を行って判断し、相手の非難を相応しいものと判断するだろう。

コミュニケーション行動としての二人称の抗議は、完全に指示対象なしでも成立しうる点が効果的である。単なる「ちょっと！」や叫び声を上げるだけでも十分である。このような敬意なしの扱いを受けるべきでないという共通理解があるので、複雑な言語は必要ないし、必要なのは憤慨を表す二人称呼称だけだからだ。したがって、上記の実験で子どもが「これだけしか貰ってない」などと言うのは、違う仕方で分配されるべきであり、この文脈では両者がそれを理解しているということを共通知識として想定しているのである。二人称呼称の協力的前提は、この場合以下のようなものである。なぜ私は憤慨をあらわにしてそれを伝えようとしているのか、それをあなたは知りたいだろうし、憤慨が行き過ぎる前に、あなたはその憤慨について何かを行いたいだろう、というものである。何をすべきか特定せずに抗議するだけという場合、あなたはすでになすべきことを理解しており、それを思い出させる必要があるだけの協力的主体と考え、わたしはあなたに接しているのである。

平等な扱いに対する要求を考えれば、二人称の抗議は、協力的パートナー全員を等しく相応しい相手（すなわち、共同コミットメントに参加するのに必要な地位にある二人称主体）として認識していることを、一番はっきりと示したものかもしれない。この抗議は危害を加えられた相手が行うものだ（そしておそらくそれが一番自然である）が、この抗議では、加害者がその妥当性を進んで認識し、状況を改めるだろうと想定されている。そして実際、これがダーウォル（Darwall, 2013）によると、ヒトの道徳性の古典的な説明（彼が念頭においているのはヒュームである）に欠けていたもっとも一般的な要点なのである。こうした説明では、個人間で見られる公平感と正義感の本質が捉えられていない。多くの古典的説明において、他人の行動を認めるか否認するかは（ひょっとすると「一般的視点」からかもしれないが）、究極的には危害を加えられた相手への（あるいはもしかするとその集団と機能に対する）同情に基づいている。しかし、二人称の抗議の構造から分かるのは、少なくとも多くの場合において、物事は危害を加えられた相手への同情によって進むのではなく、むしろ敬意を払われないことへの憤慨、すなわち平等な扱いを受けなかったことへの憤慨によって進むのである。わたしはあなたに対して直接（憤慨しつつ敬意を要求する二人称呼称を用い）抗議するし、わたしの抗議を正当なものだとみなして適切に応答してくれるように期待している。このように、二人称の抗議は完全に個人的な判断ではなく（ある意味それを含んでいるのだが）、お互いに尊敬できる間柄でのやり取りを構成する、対話の一方なのである。

戦利品を公平に分配する

共同コミットメントに支えられる協同活動において、戦利品の分配はどうだろうか。上で述べたように幼い子どもでさえ、協同して得た資源は自然と、しかもほぼ毎回平等に分配する（Warneken et al., 2011 など）。しかし、これらの研究で、子どもは所有を諦める必要があったわけではなく、所有者不在の資源を独り占めしようとしていないだけであった。もしかするとこれは、相手との対立を恐れているだけかもしれない。

ハーマンら（Hamann et al., 2011）は、もう少し複雑な内容の実験を行っている。三歳児がペアを組み、一方が三つの報酬を得られ（幸運な子ども）、他方が一つしか得られない（不幸な子ども）という実験である。したがって、平等に分配するには、幸運な子どもが自分を犠牲にしなければならない。この実験は非対称な分配が行われる条件として、以下三つの条件を用意している。最初の条件では、部屋に入ってきた子どもが、台の両端に置かれた三つと一つの報酬を見つける。この場合、子どもは利己的な行動を取り、決して不幸な相手と報酬を分配しない。二つ目の条件では、二人が別々のロープを引っぱり、同じ非対称な報酬が得られる。この場合、幸運な子どもは報酬を分配することもある。しかし最後の条件では、平等に努力して協同し、ロープを一緒に引っ張って非対称な報酬が得られるようにしている。するとこの場合、ほとんどの幸運な子どもが不幸な相手と報酬を（二対二の数で）共有したのである。おそらく、報酬を得るために平等に働いたのであれば、平等な報酬が相応しいと考えたのだろう（重要なことだが、チンパンジーに同じ実験を行った場合、どの条件でも決して相手と報酬を分配しなかったし、追加の報酬を得るには相手を妨害しなければ良いだけのときでさえ、そうしなかった）。このように、三歳児は協同相手と報酬を調整するため、自分にとって都合の良い不平等を嫌って資源を諦めるのである。そしてこれは、協同相手との間でしか見られない。

共同志向的活動において、子どもは自分と相手にとって戦利品の平等な分配が相応しいと考えている。こうした実験に関して、そう解釈できるのは間違いない（子どもが親から学習した分配ルールに盲目的にしたがっているだけだという反論があるかもしれない。しかしこの場合、子どもは三つの条件下すべてでそうしなければならなかったはずだ。そうでなければ、協同の後だけは平等に分配しなさい、というのがそのルールになるだろうが、そんなルールはあり得ないだろう）。しかし協同はどうして、相手を平等に扱うためにすでに得た資源まで進んで諦めようとするほどに強い影響を、子どもに与えるのだろうか？　おそらく、子どもは協同活動に参加した途端、その活動に合った理想的行動にコミットしてしまっているのだろう。実際、一緒にロープを引っ張り始める前に、共同コミットメントのようなものを作り出した子どももいれば、単にお互いを見て、引っ張り始める前に視線を合わせるのをまっていた子どももいた。装置をどのように動かせば良いかについて共通理解があることを踏まえれば、後者の行動もある種暗黙の共同コミットメントのようなものと見なせるだろう。いずれにせよ、協同に関する何かが、幼い子どもがお互いを平等な分配に相応しい相手とみなすための「わたしたち」を生み出したように思われる。この平等な相応性の感覚こそが、三歳児がすでに得た資源を進んで相手に分配する際の動機となったと考えられる。そうでなければ、子どもはそんな分配をしなかっただろう。

上記実験において、子どもたちにはたとえば単なる選好ではなく、ある種の相応性の感覚が見られる。この主張は、子どもの道徳性を考える上で極めて重要である。本質的なのは、戦利品の分配は資源に関わることだが、上記実験では子どもの行動はそれ以外の何か、もっと個人間の何かに関わるものだと示している点である。実際、人々の満足は受け取った報酬の絶対的価値ではなく、他人と比べて自分がどれだけもらったかという相対的価値で決まるという（Mussweiler, 2003）。このように、ワーネケンら（Warneken et al., 2011）、ハーマンら（Hamann et al., 2011）の実験などでは、平等性を作り出すために、少なくとも一方の子どもは相手と自分の資源を社会的に比較しなければならない。満足しないとすれば（そしてこれは多くの場合、二人称の抗議の形で憤慨として表現されるが）、その原因は受け取った絶対的な量ではなく、相手と比較した際の相対的な量である。子どもの満足は基本的に社会的な比較に基づいているのである。

ホーネット（Honneth, 1995）にしたがえば、こうした状況でわたしが憤慨するのは、受け取った資源の絶対的な量ではなく（状況が違えばそれに満足していたかもしれない）、わたしより多くを受け取ったこと、すなわちわたしがあなたより価値の低い人間だと考え、あなたが示した敬意のなさに対してである。これは公平ではない。実際、わたしは本当にあなたが等しく相応しい人間であると考え、さらに、わたしの相手に平等な二人称主体として敬意を払う共同コミットメントを作り上げている。それゆえ、わたしがあなたより多くを受け取ったなら、それを公平だとは考えないだろう。戦利品を公平に分配することは、このように「モノ」の平等性についての問題ではない。それは敬意の平等性についての問題である。だからこそ、わたしはあなたより少なく受け取ったことに失望しているだけでなく、前向きな怒りも感じているのである。このように、協同活動の戦利品を分配するのに際して、共同コミットメントはハードルを上げている。共同コミットメントに関わるパートナーは平等な共有を選好するだけでなく、平等に共有することを、お互いに対する責務と感じているのである。

二人称の責任と罪悪感

ここまで、役割ごとの理想が社会的に構築された最初の規範的基準であると論じてきた。さらにここで、お互いに対する共同コミットメントの結果として、初期ヒトは相手に対してその基準を満たすという責任を感じていた（注意してほしいのだが、初期ヒトは共同コミットメントにおいて、相手にしか責任を感じていなかったので、これを二人称の責任感と呼んでおきたい。義務（obligation）という言葉はより幅広い道徳的コミュニティに関わる話を論じる次の段階に取っておこう)。

潜在的協同相手の中で協力的アイデンティティを創出・維持するため、すなわち、共同コミットメントを保つために信頼されうる人物であるため、初期ヒトは戦略的に、可能な時はいつでも協力的に行動していた。したがって、相手へ協力的に接する必要があっただろう。しかし、この必要性は「べき(ought)」、あるいは少なくとも道徳的な「べき」ではない。そうあるためには、二つの新しい態度が必要だからである。第一の態度は、相手がその対応に相応しいという理由で、相手と協力的に接する態度である。わたしが等しく相応しい人物として相手に接するのは、そう…彼がそういう人物だからだ。二つ目の態度は、自身を共同主体としての「わたしたち」に重ね合わせる態度であり、この「わたしたち」こそが相応性の判断を下すのである。この判断は「かれら」ではなく、「わたしたち」が考えていることをあらわしているのである。共同主体である「わたしたち」がわたしをどのように判断するか、それに基づいてわたしは個人的アイデンティティの感覚を発達させる。「わたしたち」を代表するものとして、わたしは他人を判断するのと同じやり方で自身を判断する。それゆえ、わたしの判断すべてが自分の利己的な動機を表しておらず、わたしの判断にはその判断にさらなる正当性を与える不偏性が備わっている。初期ヒトの二人称の責任感(相手へ協力的に接する「べき」だという感覚)は、このように戦略的な評判操作ではなく、ある種の社会的な規範的自制であった。

基本的に、罪悪感はこうした規範的自制のプロセスを用いて、自分がやり遂げた行動を判断している（注意してほしいが、初期ヒトが罪悪感を感じたのは、パートナーとの共同コミットメントの範囲内だけなので、彼らが感じていたのは二人称の罪悪感と呼べるようなものである）。それは自身を罰するだけのものではない（もちろんその要素はあるが）。それは「そうするべきではなかった」という判断であり、ここでの「べき」は、自分を重ね合わせている自分より大きな何か（つまり「わたしたち」）から派生しており、それゆえその正当性が信頼できる。協力的に行動せず、他人がそれを発見して罰されるのではないかという恐怖だけから後悔する場合、それは決して罪悪感ではない。罪悪感を感じるというのは、共同コミットメントを通じて相手と形成した「わたしたち」を代表する今のわたし自身が、自分の非協力的行動が非難に相応しいと感じることである。他人を判断するのと同じ方法で、自らの非協力的行動を不偏的観点から判断することで、その判断が正当なものだという感覚も生じる。自分を含め、誰であってもわたしはそのように行動する人を非難するのである。

罪悪感の（単に戦略的でない）規範的力は、罪悪感を感じて自らの過ちを修復しようとすることからも明白である。たとえば近年の実験では、三歳児がおもちゃの壊れた別の子どもに同情を感じたとき、そのおもちゃをそれほど修理しようとしない（そうすれば感謝されたかもしれないのに）という結果が得られている。しかし、自分が不注意で壊してしまった場合は、できる限りの努力をして修理しようとする（また、おもちゃを壊して誰も傷つけなかった場合よりも、はるかに多くの子どもがそうしようとする）（Vaish et al. 2016a）。たとえ二人称のものであっても、罪悪感はそれを引き起こした行動をやめさせて修復を促すのである。

初期ヒトの二人称の責任感は、このように協力的な個人的アイデンティティを保とうとする（その結果、二人称主体として相応しい敬意を持った扱いをうける人物として、自分を判断する）肯定的動機と、相手と自分自身の観点から正当化できる罰を前もって避けようとする試みの両者から派生していた。一つの例として、グレイフェンヘインら（Gräfenhain et al., 2009, 研究2）の研究をあげよう。この実験では、子どもと大人が共同コミットメントを形成してゲームを一緒にやっている。そして別の大人が子どもの気を引いて、別のもっと面白そうなゲームに誘う。すると、二歳児はすべて放り出して新しいゲームを始めてしまうが、三歳児は共同コミットメントを理解しており、責任のある対応をする。（本当にやめてしまう場合は）やめる前に、ためらいながら大人の方を向き、たとえばゲームで使っていた道具を手渡したり口頭で謝ったりして、「暇を告げる」ことが明らかになる何かを行うことが多い（これも同じ状況で共同コミットメントが前もって形成されていない場合と比較すると、上記行動は共同コミットメントが形成されている場合の方がより多く見られた）。三歳児は共同コミットメントを形成していると理解しており、それを破ると相手が傷つけられ、敬意が払われないことになるので、共同コミットメントを破ってしまうこと、そしてそれへの後悔を示す責任があると考えているのである。似たような状況で大人がいつも「暇を告げる」のは、共同コミットメントを破るには、許可をお願いして相手がそれを認めなければならないと知っているからである。これは、ある種の二人称抗議もしくは非協力への罪悪感が生じる前に、相手に責任ある形で行動していることになる。

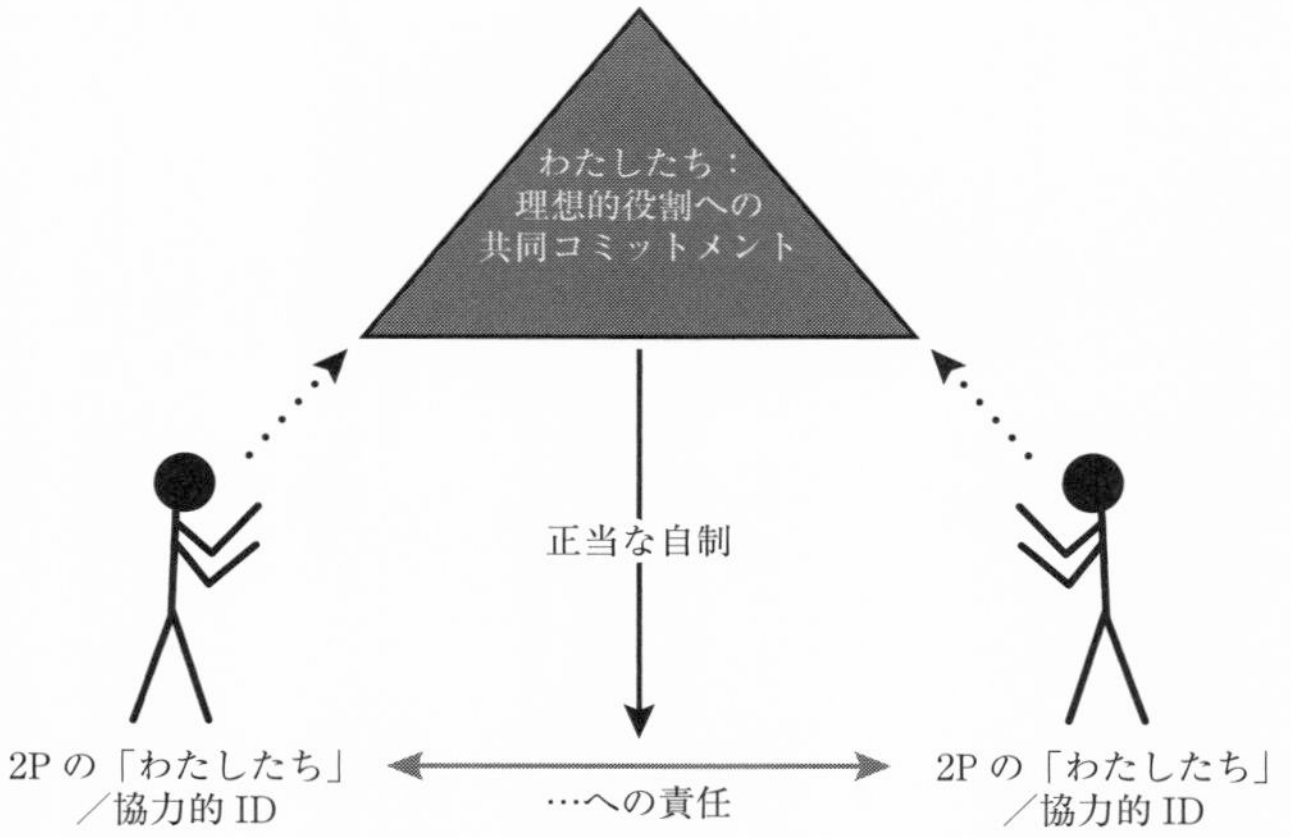

図3-1　協力的アイデンティティ（ID）を備えた二人称（2P）主体が，共同志向性と協力的コミュニケーションの力を用いて共同コミットメントを作り出し，協同活動（水平の両方向矢印）を正当に自制する（下向きの実線矢印）規範的信頼に基づいて超個人的「わたしたち」を作り出す（三角形に向かっている破線矢印）。共同コミットメントは，共同成功に必要なお互いの貢献を決定する，理想的役割の共通理解にしたがって行動することである。つまり，コミットメントは共同目標に向かって責任をもって行動することである。

二人称の責任と罪悪感は、このようにヒトという種で最初に見られた社会的規範的態度であった。それはおそらく、憤慨して二人称抗議を行うプロセスを内在化したことから生じたのだろう。共同コミットメントを通じて形成された「わたしたち」の代表としての個人は、自分が相手に相応しい扱いをしなかった場合、自身に抗議したのである。こうした態度は自分の協力的アイデンティティを保とうとする戦略的関心にも基づいていただろうが、同時にその態度は、真なる道徳的態度でもあった。その行動が相手に相応しいがゆえに、そしてどちらがやったかとは関係なく、共同コミットメントによって非協力的行動が（非難に相応しいがゆえに）非難されるべきだと規定されるがゆえに、責任をもって相手と行動すべきだと個人が判断するからである。

いずれにせよ、過度な単純化を恐れずに言えば、共同コミットメントに支えられた共同志向的活動の、もっとも基本的な要素は図3－1のように図式化できる。

Box1　ヒトと類人猿の協同

初期ヒトは協同狩猟採集のため、種特有の心理能力を進化させたというのがわれわれの主張である。本章ではヒトの子どもと大型類人猿を比較するさまざまな実験的研究を紹介したが、それはヒトの（他の大型類人猿より）協力的な姿勢を示しており、ここで想定されている進化的ストーリーの第一段階に関して、少なくとも間接的な証拠を与えてくれる。ほとんどすべての研究で、子どもは幼すぎ、子どもが属する文化のもっと集団指向の強い規範性には十分関われなかったが、これは子どもがヒトの道徳性の進化における主に二人称の段階にいることを示唆している。ここでは、こうした研究の中でももっとも適切なものの要約を行っておく。すべての場合で、ヒトの子どもはできて他の大型類人猿はできていない内容である。また特に触れていない限り、すべての研究が異種間での比較研究だが、種が違ってもできる限り同じ方法を用いて行われている。

共同志向性と協力的コミュニケーション：以下は幼い子どもには可能だが、大型類人猿には見られていない。

・他者との共同目標と共同注意を、それらが含意する役割と視点とともに形成する（Warneken et al., 2006; Tomasello and Carpenter, 2005）。

・役割の互換性を遠近法的に理解して、協同活動で役割転換する（Fletcher et al., 2012）。そして、

・スタグ・ハント的な状況で協同を始めることも含め（Duguid et al., 2014）、協同を調整するために協力的にコミュニケーションする（Warneken et al., 2006; Melis et al., 2009）。

戦利品の分配：同右。

・簡単に独占できる場合でも、協同努力による戦利品を共有する（Melis et al., 2006b; Warneken et al., 2011）。

・協同努力による資源は、平等に共有する（Hamann et al., 2012）。そして、

・見返りが同じ場合でも、単独での狩猟採集より協同を好む（Bullinger et al., 2011a; Rekers et al., 2011）。

パートナー選別・制御：同右。

・ただ乗り者との協同と普通のパートナーとの協同を比較すると、前者では戦利品をあまり共有しない（Melis et al., 2011a, 2013）。

・先行する直近の援助に対して、援助で応答する（Warneken and Tomasello 2013; Melis et al., 2008）。そして、

・仲間が見ていれば、自分の協力的・非協力的行動を修正する（Engelmann et al., 2012）。

共同コミットメント：同右。

・幼い子どもは最後まで協同活動にコミットし、戦利品の分け前を得た後でも相手を助けようとする（Hamann et al., 2012; Gräfenhain et al., 2013; Greenberg et al., 2010）。

・子どもは明示的な共同コミットメントが形成されたときほど、そうでないときより長くコミットし、共同コミットメントを破る際には相手に暇を告げる（Gräfenhain et al., 2009）。ただし、類人猿に関しては直接関連する研究がない。

・相手が共同コミットメントを破った際、子どもは敬意を持って抗議する。そして相手が適切に応答し（Warneken et al., 2011; Melis et al., 2006b）、誰かを傷つけた場合は罪悪感を感じることさえある（Vaish et al., 2016a、ただし類人猿には直接関連する研究がない）。

こうした経験的事実からは、他の類人猿には見られない形で、ヒトが協同へ生物学的に適応していることが分かる。それを疑うのももっともだが、その疑いを晴らすほどに明確な事実である。こうした違いが子どもに対する（協同を協力的に行う方法についての）親の教育やお手本による場合もあるだろうし、通常の個体発生経路には、親からの入力も含まれている。しかし、（一）大型類人猿の親は同じような方法で子どもに協力を教育しているようには思われないし、（二）われわれの推測としては、親の教育やお手本は発達の後期でより強く協力の個体発生に影響を与えているが、初期発生に関しては必要ないだろう（そしてハーマンら［Hamann et al., 2011］は協同の後の共有行動を研究しているが、上で述べたように、この研究成果は親による社会化の説明とはまったく合わない）。協力に関する親のお手本や教育に関して、それがどれほど広く見られ、重要なのか、これらを文化間で比較する大規模な研究が行われれば、この問題を解決するのに役立つだろう。

「べき」の起源

ホッブズやルソーのような古典的社会契約研究者は、孤立した人間が集まって、完全な市民社会のために社会契約に合意すると仮定していた。彼らだけでなく、他の誰もがこれを本当の歴史的事実だと考えていなかったし、今日の契約主義者的道徳哲学者は、社会の構造は「あたかも」合意があるかのようだと述べるのがほとんどである。しかし、ここでわれわれが提案しているのは、初期ヒトが実際の明示的合意によって新たな超個人的社会構造を作り出すという、（社会的だがそれほど協力的でもないため、ある程度は孤立している）大型類人猿を超えて踏み出された第一歩なのである。この超個人的社会構造は、完全な市民社会とはあまりにもほど遠いものである。局所的かつ一時的な二人の協同パートナー間での共同コミットメントに過ぎない。しかし、それでもこの構造は現実のものであり、十分な合意がなされている。共同志向的活動における初期ヒトの協同は、明示的な共同コミットメントによって始められ、自制される。こうして初期ヒトは、ヒトの社会契約の自然誌において、最初の進化ステップを踏み出したのである。

本章の目的は、この最初のステップがどのように始まったかを記述し、説明することだった。基本的には、新たな社会条件の中で上手くやっていくための心理的適応として四十万年前頃から現れ始めた、初期ヒトの道徳心理を明らかにしようとしてきた。これは現生ヒトの道徳性に至るための控えめな一歩というよりは、現生ヒトの道徳性にもっとも本質的で特徴的な要素を残した、決定的な道徳的一歩だったのである。

初期ヒトの道徳心理

ここまである特定の生活様式、すなわち、パートナー選別を伴う強制的協同狩猟採集に対する心理的適応の観点から、初期ヒトの道徳性を考察してきた。他の大型類人猿と比べて根本的に変化したのは、生活資源を生産する際に、他者が自分により依存するようになるのと同時に、自分も他者へより依存するようになった（すなわち相互依存を強めた）という点である。結果として、ヒトの道徳心理は真に道徳的なものになった。彼らの至近的目標を達成するため、相手を助け、相応しいやり方で（すなわち、公平に）接するようになったのである。こうした新たな道徳的態度は、協力的合理性という新たな形の合理性を構成するにあたって、本質的な役割を果たした。この新たな合理性によって、初期ヒトは新たな協力的世界の意味を理解し、その世界を最適な方法で進んでいくために適切な行動決定をするようになったのである。

初期ヒトによる社会的やり取りの、真に道徳的な側面を図式化すると、以下三つのような公式にできるだろう。

あなた ＞ わたし
あなた ＝ わたし
わたしたち ＞ わたし

上記三つの公式すべてにおいて、「わたし」は他の主体と等しいか、その下位にある。真に道徳的な態度は、もちろんあらゆる意思決定で自動的に勝利するわけではない。しかし、初期ヒトの心理でこの態度が強い力を持っていたということは、最低限、個人が初めて真に道徳的な決定を行えるようになったということである。

あなた＞わたし　この公式が表すのは、初期ヒトの同情という道徳性に関わる基本的態度である。コストが大きすぎなければ、初期ヒトは他の大型類人猿と同様にお互い助け合っていた。しかし、他の類人猿が血縁個体や友達だけを援助していた一方で、初期ヒトは過去の関係性にかかわらず（潜在的な）協同パートナーをも援助し始めたのである。ただ、その援助はあくまでも協同のためのものであった。こうした援助は相互依存の論理に基づいていたので、意味のない目標に関して他人を助けることはなかった。むしろ、将来の協同活動のために潜在的パートナーを良い状態に保とうとして、パターナリスティックに相手の幸福を目指していた（これはひょっとするとスミス的共感に基づいていたのかもしれない）。援助側は進化のレベルでこうした行動から利益を得ていたので、理論研究者はこうした同情的動機を取るに足らないものとみなすかもしれない。しかし、心理的レベルでそれは確かに起こっていたのであり、他者への幸福に関する初期ヒトの同情的配慮は純粋なものだった。

あなた＝わたし　この公式が表しているのは、初期ヒトに見られた公平という道徳性の基盤にある根本的な認知的洞察である。この洞察は共同志向性とそれが作り出した新たな社会秩序という二重の認知構造から派生している。協同狩猟採集での社会的調整という問題に対する適応として、共同と個人という二重の構造は、協同パートナーである（遠近法的に定義される）「あなた」と「わたし」からなる「わたしたち」という共同主体で構成されている。協同を成功させるには各自が役割を果たさねばならないが、特定の二人は時間とともに（「鳥瞰図」から）共同成功を目指す協同活動で果たさねばならない理想的役割に共通理解を持つようになる。協同プロセスに対する鳥瞰図により（仕事に要求される理想を何も変えることなく、役割がお互いに交換可能となり）、そのプロセスでの自他等価性が認識される。この認識それ自体は道徳的ではないが、公平という道徳性が現れるために必須な、ある種の不偏的態度（そのパートナーシップにおいて、相手と同じ評価基準にしたがう一方にすぎない自己、Nagel, 1970, 1986を参照）の基礎を形成する。相互依存に基づく同情の場合とは対照的に、相手を自分と等価だと考えたとしても、そうした思考プロセスは動機にもならなかったし、自然選択の直接の対象になることもなかった。効率的な社会調整のための共同志向性という認知構造の一部でしかなかったのである。道徳性の観点からすれば、自他等価性の認識は物事の考え方の基本構造を与えるような、ある種の構造的「スパンドレル」[9]と考えられるかもしれない。

しかし、この時期に現れてきた他の動機や態度と合わさることで、自他等価性の認識は、公平という道徳性のもっとも基礎的な態度を構成する際に極めて重要な役割を果たした。それが互敬と（潜在的）パートナー間での相応性の感覚である。協同狩猟採集活動でのパートナー選別という文脈において、初期ヒトは自分たちの相互依存を理解し（パートナーもそれを理解していると理解し）、すべてのパートナーが良い扱いを要求する交渉力と地位を備えていたのである。自他等価性という認知的洞察と組み合わさることで、この交渉力と地位は（潜在的）協同パートナー同士の互敬につながった。それと関連して、初期ヒトはただ乗り者に対するある種の制御を必要とした。ここでも自他等価性と組み合わさることで、戦利品の分配において、ただ乗り者とは違い、協同パートナーは等しく相応であるという感覚を持つようになった。この二つの進展があったおかげで、初期ヒトは、相手から敬意と正当な相応しい扱いを要求する地位を備えた二人称主体になったのである。この時点でオープンに共有されている評判などは存在しなかったが、特定のパートナーから信頼される相手としての（個人的アイデンティティに内在化された）協力的アイデンティティを各自が持つようになっていた。信頼を損なえば、他者からの憤慨を引き起こし、結果として自身の協力的な個人的アイデンティティを損なうことになったのである。

わたしたち ∨ わたし　最後にこの公式が表しているのは、二人称主体が協同のために共同コミットメントを作り上げ、個人行動の制御全般を共同主体である「わたしたち」へ完全に委ねている状態である。共同コミットメントは協力的コミュニケーションの中でオープンになっているので、このコミットメントが作られたことを否定したり、それをどう達成するかを知らないことにはできない。共同コミットメントは、協同的やり取りを正当な理由で自制する超個人的社会構造の「わたしたち」を作り出す。この自制は正当な理由を持った二人称の抗議や罰によって後押しされるかもしれない。「わたしたち」を制御するために「わたしたち」によって作り出された超個人的実体は、自分自身を「わたしたち」に縛り付けるルソー的能力を反映しているのである。こうした縛り付けは、徳のある協力的アイデンティティを望むという肯定的な形と、「わたしたち」からの正当な罰を避けるという否定的な形で行われる。この自制プロセスを内在化すれば、相手に対する二人称の責任感が生み出され、それは自分の役割を果たせなかったときに二人称の（真なる）罪悪感によって強化されるのである。

このように、パートナー選別を伴う強制的協同狩猟採集の文脈で、初期ヒトが互いに共同コミットメントを作り出すことは合理的であり、協力的合理性を満たしていた。こうした相互依存的文脈において、わたしはパートナーである「あなた」を気にかけている。それゆえ、全体の利益を最大化するため、意思決定プロセスである程度制御されること（「わたしたち」＞「わたし」）は当然なのである。そして将来を考えると、パートナー全員に対して自身の協力的アイデンティティを維持するためにできることはすべてやらなければならない。しかし、共同コミットメントに関わるパートナーは、お互いを（ただ乗り者に対する扱いとは異なり）等しく相応しい二人称主体として敬意を払って接している。これは戦略的な行動ではない。こうした互敬の一番の基礎は、自他等価性の認識にある。すなわち、戦略とは何の関係もなく、現実としか関係のない認識である。この認識それ自体は特に力を持っておらず、特定の社会的やり取りの文脈から何かしらの動機を生み出すこともない。しかしそれでも、自他等価性の認識によって、今やっていることとすべきことをどう理解すれば良いかがわかる。二人の初期ヒトが協同のために共同コミットメントを作り上げた場合、各自が理想的役割を果たすべきだとお互いが本当に信じているのである。相手がそれに相応しい相手だからだ。そして、自分を含め誰が共同コミットメントを破ったとしても、不偏的観点から非難が相応しいとみなされるのである。

ここでわれわれが提案している協力的合理性は、ヒトの「べき」感覚の究極的源泉である。初期ヒトの協力的合理性は、他者の幸福を考えようという前向きな態度を拡大し、お互いを平等な敬意と資源に相応しい相手と考える二人称主体を前提にし、そして共同コミットメントによって形成された「わたしたち」という共同主体の文脈で行われる、個人の意思決定に注目する。個人の意思決定におけるこうした新しい要素が、単なる選好や情動でなく、むしろ行動の背後にあるダイナミックな力である「べき」という、社会的な規範感覚を生み出したのである。これは個人の意思決定が、一定の形で行動せよというある種の圧力、すなわち道具的合理性の圧力によって説明できることからも明らかだ。わたしの目標がハチミツを手にいれることで、今の状況だとこの道具を使えばその目標が達成できるのなら、わたしがこの道具を使うのは当然である（わたしはそうすべきである）。ここで提案したいのはこうだ。パートナー選別を伴う強制的協同狩猟採集に適応するため、初期ヒトは新たな社会状況（共同志向性と二人称主体のプロセスに基づく社会秩序）を作り上げた。その中では、道徳的に行動するのが当然だったのである。こうして、協同相手に対して初期ヒトは、盲目的

な情動や選好などではなく、意思決定を刺激する合理的な協力的圧力の感覚としての、二人称の責任（これが「べき」の起源である）のようなものを作り上げたのである。

上で述べた三つの公式、「あなた ＞ わたし」、「あなた ＝ わたし」、「わたしたち ＞ わたし」は、こうして理にかなうものとなった。そのもっとも基本的な欲求に関してさえ即座に相互依存するような生活様式の中で、これらの公式は合理的だったのである。以下のような協力に関する課題を考えれば、これらの公式は協力の観点から合理的であった。われわれは良いパートナーを選び、自らが確かにパートナーとして選ばれ、お互いの理想的役割を認識し、相手からの援助要請に応え、共同コミットメントで相手の信頼を得て、お互いが満足する方法で協同の戦利品を共有し、お互いの行動を評価し、相手の行動を制御し、相手の抗議へ適切に応答し、ただ乗り者を戦利品から排除し、印象操作と二人称の責任に関して先手を打って行動を修正しなければならなかったのである。こうした状況でどのように行動すべきかは、自身の利害関心のみを考慮して戦略的に決定することも、あるいは等しい相応性を備えた相手と、その相手と形成した共同主体の利害関心を考慮して道徳的に決定することもできただろう。こうして、限られた範囲でしかないが、真に道徳的な存在が生まれたのである。

しかし純粋に二人称の道徳性は存在しうるのか？

ここまで説明を試みてきたのは、純粋に二人称の道徳性である。これは近年、二人称の観点から理論を展開している他の研究者と同じものを論じているわけではない。たとえば、ダーウォル（Darwall, 2006, 2013）などは現代の道徳性を二人称の観点から説明しようとし、ヒトがあらゆる種類の文化規範（宗教規範や法律規範も含まれるかもしれない）に支配された文化集団で生活しているという前提を想定している。したがって、ダーウォルによれば、他者へ道徳的主張（たとえば道徳的抗議など）を行う際には、道徳コミュニティ全体から生じ、そのコミュニティに適用される相互に承認された社会規範に照らし合わせて行われるという。ダーウォルは文化的文脈の外側にある二人称の道徳性について、その可能性に直接は言及していないのである。

ストローソン（Strawson, 1962, pp. 15-16）によると、純粋に二人称の道徳性が存在する可能性はほとんど考えられないという。彼はそれが「道徳的唯我論者」の世界を意味すると考えているからである。道徳的唯我論者は、自分が唯一反応的態度を生み出し、その対象になると考えているが、言葉の意味からしてそれは矛盾でしかない。むしろ、ここで共同志向性が重要な役割を果たすのである。われわれが考察している初期ヒトは、どのような意味でも道徳的唯我論者にはなりえない。初期ヒトはつねに、他者とともに共同コミットメントを含むさまざまな「わたしたち」という関係に関与しているからである。そしてこの「わたしたち」という関係の中では、単に個人の選好や態度にしたがって行動したり、お互いに対応したりしているのではない。むしろ、どちらの立場であれ、ある程度偏りのない基準からお互いに責任を課しているのである。多くの社会理論研究者は、公平や正義という概念が存在するために何よりもまず、外的調停者という重要な第三の要素が必要だと考える。共同コミットメントを通じて自分を縛り付ける偏りのない基準は、まさにその第三の要素なのである（たとえば Kojève, 1982/2000）。

このように、道徳的関係の本質が、相互に理解している不偏的な規範的基準に関してお互いにコミットすることならば、初期ヒトはまさに道徳的関係に入りこんでいたのである。規範的基準は特定の共同志向的活動に固有の理想的役割でしかなく、コミットメントは局所的で一時的なものだった。実際、二～三歳児（この年齢だと二者以上の関係ではうまく社会的に行動できないが）はこのように行動している。子供は不平等な扱いに抗議し、他人からのそうした抗議に敬意を払う。これは、より一般的な文化規範に言及しない、純粋に二人称の道徳性のようなものが存在しうることの存在証明になる。初期ヒトはお互いに直接やり取りし、道徳的な方法で二人称のやり取りを行う生き物だった。初期ヒトは、自分に直接関係のない第三者の社会的やり取りに介入したりはしなかった。このように、初期ヒトの道徳性は限定的で局所的なものだったのである。しかし、それはそれでも真なる道徳性の一部であった（と以下でそう論じる）。もちろんそれは、すべての状況におけるあらゆる人に適用できる「客観的な」善悪という、十分に発達し、集団指向的で文化的な道徳性ではなかった。むしろそれは、特定のタイプの社会活動だけに関わる道徳性であり（緊急かつ直接的で、継続的な重要性を持つものではあったが）、他の日常活動はその多くが類人猿と同じようなものだっただろう。しかしまもなく、現生ヒトの文化生活が始まるとともに、この限定的で局所的な道徳性が一変してしまうのである。

第四章　「客観的」道徳性

義務はいつでも、アイデンティティを失う恐れに対する応答という形をとる。
クリスティン・コースガード『義務とアイデンティティの倫理学』(1)

十五万年前頃、初期ヒトが現生ヒトに移行してまもなくのことだ。資源を巡ってお互いが争うような、別個の独立した文化集団がアフリカのどこかで形成され始めた。今や相互依存は、協同する二人のレベルや狩猟採集の領域だけでなく、文化集団全体のレベルで生活のあらゆる領域に関して広まっていった。こうして文化集団は、メンバーすべてが関わってうまくなし遂げることを要請される、大きな協同事業になったのである。集団に属さない人間は、基本的にただ乗り者か競争相手(野蛮人と言っても良いかもしれない)であり、文化的協同からは締め出されていた。

現生ヒトにとっての課題は、よく知った相手との相互依存的協同を基盤とした生活から、文化集団における非常に多様な相互依存相手との生活へ移行することだった。認知的に必要とされていたのは、共同志向性だけでなく、集合志向性（collective intentionality）という技術・動機だった。これらの技術が文化伝達という新規かつ強力な技術と一緒になり、さまざまなタイプの慣習的文化習慣が作られ、文化集団の文化的共通基盤の中で共有された。慣習的文化習慣での役割は主体と完全に独立だった。ここでの理想的役割は、われわれの中の誰であれ（すなわち、合理的な人間であれば誰であれ）、集合的成功を促進するのに必要な作業をこなすことである。どこかの時点で、こうした最大限に一般化された理想の基準がその役割（この役割には、その文化で貢献するメンバーであるという全般的な役割も含まれる）を果たすのに「客観的に」正しい（悪い、ではなく）方法として概念化されたのである。慣習的文化習慣に参加するために（それが制度へと形式化された場合も含むが）一番先にやらなければならないのは、この正しい作法にしたがうことだった。慣習的文化習慣や関連する役割の中には、すでに二人称の道徳的態度が取られているような対象に関わるものもあった。すなわち、同情と公平という潜在的問題に関わるものだ。こうした場合、規範的な理想的役割は慣習的な善悪だけでなく、道徳的な善悪をも定めていたのである。

協同から文化に移行する際、上記の側面は比較的すんなり生じている。すべてが二者間の局所的なものから普遍的で「客観的」なものへと移行したのである。すんなりいかなかったのは、共同コミットメントの移行である。共同コミットメントによって社会的に自制された場合とは異なり、現生ヒトの文化（すなわち、その慣習的習慣、規範、制度）にとっての最大かつ最重要の集合コミットメントは、個人で作り出せるようなものではなかった。彼らはその中に生まれただけなのである。それゆえ理論的には、彼らは社会契約とその正当性という問題に直面したと考えられる。しかし実際のところは、自分たちがその中で生まれた自制的集合コミットメントを、自然と正当なものとみなしただろう。文化集団と自分が一体化していたからだ。自分たちは「わたしたち」のために「わたしたち」が作ったコミットメントの分担者のようなものだと考えられていたのである。道徳規範の場合、二人称の道徳性との結びつきによってその正当性が強固なものとなっていた。道徳規範が道徳的決定を可能にしていくにしたがって、現生ヒトは以下のような行動で強化・維持される道徳的アイデンティティのようなものを作っていった。すなわち、現生ヒトは道徳規範にしたがい、したがわないときには罪悪感を感じ、したがわない行動をとった場合も、集団で共有された価値の中でその行動を判断して他者と自身に対して正当化したのである。こうして、現生ヒトの文化的合理性の中では、個人の行動はその集団の慣習、規範、制度に対するほぼ自動的な同調に委ねられるようになり、自律的な意思決定がなされるのは、ほとんどの場合規範間の対立を解消するときだけ（そこから完全に手を引く場合は除いて）であった。

本章では、四十万年前頃から初期ヒトにすでに備わっている二人称の道徳性が、どうやって十五万年前頃から始まる現生ヒトの集団指向的な「客観的」道徳性になったのかを説明しようと試みる。初期ヒトの二人称の道徳性と同様に、本章でも同情という道徳性に類似したものの観点から、現生ヒトの「客観的」道徳性を考察する。文化集団への依存はどうやって集団への特別な配慮と忠誠につながったのか。正義という道徳性に関しては、ここでも三種類の心理プロセスが関わっていると論じていく。一つ目が善悪に関する「客観的な」規範的理想を作り出した集合志向性という新しい認知プロセスである。二つ目が集団の慣習、規範、制度に関する、文化的主体という新しい社会的やりとりのプロセスである。そして三つ目は、道徳的自己統制という新しい自制プロセスである。このプロセスは、道徳的アイデンティティを備えた個人が道徳的コミュニティに対して持つ、集合コミットメントと義務の感覚に基づいている。本章の終わりでは、文化的集団選択というプロセスが、これらのすべてでどのように重要な役割を果たしてきたかを考察する。

議論に入る前に、二つの注意点がある。まず、本章では現生ヒト（*modern humans*）という表現を、十五万年前頃に登場し始めたホモ・サピエンス・サピエンス（*Homo sapiens sapiens*）という種を指すものとして使用する。しかし、主に考察の対象となるのは、農耕や現代的市民社会が登場する前の十四万年間、ヒトがまだ比較的小規模な部族社会で狩猟採集民として主に生活していた頃の時代である。本章では、農耕開始以降の一万年間、特に現代的市民社会で生活しているヒトを現代ヒト（*contemporary humans*）と呼ぶ。現代ヒトについては本章の最後で少し触れる。

次に、多くの場合、特定の文化に属すメンバーはこれが「わたしたち」のやり方だと主張する。また、これが物事を進める方法であり、正しいやり方であり、合理的もしくは道徳的な人間なら誰しもが行うやり方だと主張することもある。色々な表現があるものの、これらすべてがおよそ同じことを意図している。ここでもまた、考察の対象は市民社会が登場する前の現生ヒトだからである。こうした初期の現生ヒトにとって、この集団に属す「わたしたち」はヒトであり、ときどき遠くに見える同じような外見をした（あるいは、よく分からずこわごわ接することがある）生き物は野蛮人であり本当はヒトではない。「わたしたち」は正しいやり方を知っているが、「かれら」はそうではない。文化的で集団指向の思考法が「客観的」だというのは、こうした内側の視点から与えられた意味においてである。

文化と忠誠

厳密に構造化されておらず、比較的小さな社会集団で行われていた初期ヒトの強制的協同狩猟採集は、進化的に安定的な戦略であった。もちろん、そうでなくなるまでの話である。基本的な問題は、それが上手くいきすぎたことだ。中には集団サイズが大きくなり過ぎたせいで、お互いが頻繁にぶつかり始め、資源を巡る競争につながってしまうこともあった。結果的に、現生ヒトの文化集団は単一の、自立した協同事業になったのである。これは集団の生き残りを集合目標とする大規模な協同狩猟採集部隊であり、各自が（概して有能かつ忠実なメンバーであることを含む）分業された役割を果たしていた。

競合集団が常に待ち伏せし、生業活動にかなり専門化した知識と道具を必要とする敵対的な環境において、人は基本的に集団に対して完全に依存していた。こうした依存関係が見られる場合、個人にとって緊急かつ直近の課題は（一）ほとんど知らない相手も含め、同集団のすべてのメンバーを認識し、相手からも認識されること、そして（二）相互依存するすべての同集団メンバーを援助して守り、相手からも援助され守られることである。ここでの相互依存する同集団メンバーとは（特に分業が進むとそうなるが）、基本的には集団内の全員を指している。

類似性と集団的アイデンティティ

現生ヒト集団は発展・拡大しはじめる一方で、分裂もしていった。しかし同時に、集団間競争は小集団に深刻な脅威となっていった。数が多い方が安全なのである。その結果が、十五万～十万年前頃に登場した、現生ヒト社会集団のいわゆる部族組織である（Foley and Gamble, 2009; Hill et al., 2009 参照）。一般に、集団が発展・拡大して部族組織が登場し、より小規模な「バンド」に分裂する。このバンドは、特に集団間闘争の場合など、何らかの目的のために単一の文化集団にまとまることもある。

個人からすると、この新しい社会組織での深刻な問題は「ダンバー数」だった。さまざまな分野の研究に依拠して、ダンバー（Dunbar, 1998）はヒトが一度に詳細な知識を持てる相手の数は百五十人以下であると論じた。それ以上は社会的な記憶能力を超えてしまうのである。したがって、現生ヒトはバンドの全員を個人的に知ることができても、文化の全員を知ることはできないのである。だからこそ、特に集団間闘争で必要である（そして間違って外集団の野蛮人に近づいてしまうと命の危険性があった）がゆえに、同集団メンバーを認識する新たな方法が必要だった。初期ヒトの共同相手はお互いが個人的な知り合いであったが、その相手同士で見られた相互依存と団結では、もはや十分ではなかったのである。同集団メンバー全員が相互依存して信頼し合うような絆を、新たに形成する手法が必要だった。その新しい方法が類似性である。現代ヒトは、同集団的類似性を示す多くのさまざまな方法を持っているが、もともとの手法は主に行動によるものだったと考えられる。わたしのように話し、食べ物を準備し、慣習的方法で魚を捕る。すなわち、わたしの文化習慣を共有する人こそが、わたしの文化集団のメンバーだと考えられるのである。どこかの時点で、現生ヒトは特殊な服装やメイクを通じて集団内の他者に類似性を積極的に示し、近隣集団のメンバーとの違いを強調し始めたのだろう。

この文脈では同調が必須である。実際、他の霊長類と比べてヒトの子どもは明らかに同調しようという強い動機を持っている。いわば、霊長類のように何らかの目的にとって有用な行動を社会的に学習するだけではないのである。ヒトの子どもは相手のようになるために、相手の行動を正確に模倣する。これは「社会的模倣」と呼ばれることもあるが、この呼び名は他人との類似性を示し、連携しようという学習者の動機を強調したものである（Carpenter, 2006）。これまでの実験的研究では、以下の点が確かめられている。

・ヒトの子どもは他の類人猿よりも（恣意的なジェスチャー、慣習、儀式を含む）他人の行動を正

確に模倣しようとしており（Tennie et al, 2009 のレビューを参照）、
・類人猿とは異なり、いわゆる過剰模倣（overimitation）において不要な行動をも模倣し（Horner and Whiten, 2005）、
・類人猿とは異なり、以前にうまくいったやり方を乗り越えなければならない状況であっても、他人に同調する（いわゆる強い同調である。Haun and Tomasello, 2011, 2014）。[2]

こうした社会的模倣や強い同調は、問題解決の文脈で必ずしも個人の成功率を高めるような社会的戦略ではない。むしろ第一に、他人との提携、そして他人との集団的同一性を示すため、自分と他人を同列に並べるための社会的学習戦略なのである（Over and Carpenter, 2013）。この点に関して特に重要な発見がある。それによればヒトの幼児は異なる言語を話す相手より同じ言語を話す相手を模倣するという（Buttelmann et al, 2013）。

最終的に、現生ヒトは文化のメンバーシップを文化的アイデンティティとみなし始めた。たとえば現代世界では、戦争で国や民族集団のために自分の人生を犠牲にする人がいるし（倒れる際に旗を振ることもある）、問題になっているのが民族集団のアイデンティティを守って他集団との区別をはっきりさせることでしかないような場合でも、こうした犠牲が見られる。もっと些末だが、上記の点を良くあらわす話として、現代では応援するスポーツチームのために自分にペイントしたり応援歌をうたったりする。上記の点が一番良く分かるのは、集団の誰かが特に悪質もしくは賞賛に値

する何かをやったとき、自分は何もしていないのに集合的罪悪感や名誉を感じたりすることかもしれない。近年の実験では、皆で似たような服装をし、グループに共通の名前を与えられ（たとえば「緑のグループ」など）、同じ集団に恣意的に割り当てられると、幼い子どもでさえ集団内メンバー（集団外メンバーに関してはそうではない）の違反を謝って償いをする必要性を感じるという（Over et al., 2016）。

このように、現生ヒトには「わたしたち」を形成する二つ目の方法が備わっていた。現生ヒトは相互依存する協同相手だけでなく（これは初期ヒトですでに見られていた）、行動や外見が似ている集団内メンバーにも連帯を感じていた。面白いことに、こうした二種類の社会的連帯は、デュルケム（Durkheim, 1893/1984）によって（協同的相互依存に基づく）有機的連帯と（類似性に基づく）機械的連帯として指摘されてきた。現代の社会心理学的研究にもこの二種類の連帯が見られ、集団形成の基本的な二原理として確立されている。（共同プロジェクトに基づく）個人間の相互依存と（類似性と集団のメンバーシップに基づく）共有されたアイデンティティである（Lickel et al., 2007 参照）。

集団内ひいきと忠誠

現生ヒトは文化集団と一体化していた。川を渡ってくる野蛮人から守ってもらうことを含め、生活に必要なあらゆる援助や支援のため、集団にいる誰もが他の誰をも必要としていたからだ（かれらは相互依存していたのである）。「われわれワジリスタン人はこうしたことをやる民族であり、そのようなことはしない。このような服装をし、そのような服装はしない。危機に立たされたときにはいつも団結する」。たとえば、狩りで使用する槍すべてを作る人がいたり、料理に専念する人がいたりするように、生き残りが仕事の確かさに依存するようになればなるほど、現生ヒトの文化でも相互依存を強固にする分業体制が拡大しつつあった。二者間の狩猟採集パーティにおける二人の相互依存は、今や集団内の見知らぬ人を含む、文化全体のあらゆる人間が関わる相互依存となったのである。結果として、特に集団間闘争が起きた場合、集団へ忠誠を示し、信頼できる人間であると証明することが重要になった（Bowles and Gintis, 2012）。

現生ヒトの集団指向的相互依存は、こうして集団内メンバー全員に対してヒトの同情と援助を拡大し、集団への忠誠心と言えば一番しっくりくるものを生み出すのに役立ったのである。結果として、現生ヒトには集団内／外を区別する心理が登場した。集団内ひいきは集団外への偏見とともに登場したもので、現代社会心理学でもっともよく研究されている現象の一つである（Fiske, 2010 など）。この心理は小学校に入る直前から小学校期に特に発達する（Dunham et al., 2008）。こうした集団内バイアスはさまざまな活動領域で顕著だが、ここでの目的にとって一番重要なのは道徳性である。近年の研究の多くで、自分を模倣したり同調したりする（すなわち、行動が似ている）、あるいは同じ「最小集団」に属す（すなわち、似た服装や共通の集団名を与えられ、実験的に最小単位として確立された、外見上は類似する）相手に対して、幼い子どもは特別な向社会的行動を見せることが分かっている。

・誰かが幼い子どもを模倣すれば，その子どもは模倣した相手を特に援助し（Carpenter et al., 2013），信頼する傾向にある（Over et al., 2013）。
・誰かが子どもと同じ言語を話す場合（しかも同じアクセントで），子どもはその相手を好み（Kinzler et al., 2009），他の人より信頼する傾向にある（Kinzler et al., 2011）。
・小学校前の子どもはお互いに同調して行動（たとえば同じ音楽に合わせて一緒に踊ったり）すると，他の子どもよりお互いを援助して協力する（Kirschner and Tomasello, 2010）。
・小学校期の子どもは外集団として名付けられた相手より，内集団として名付けられた相手に同情し，援助する（Rhodes and Chalis, 2013）。
・小学校期の子どもは集団内メンバーからの集団に対する忠誠を予測し，賛同する一方で，集団外メンバーにはそうしない（Killen et al., 2013; Misch et al., 2014）。
・小学校前の子どもは集団外メンバーより最小集団内メンバーにどう評価されているかを気にかけている（Engelmann et al., 2013）。

自分と同じように行動し，同じような外見をし，共通の集団名を持つ相手を選んで援助し，協力し，信頼するという現生ヒトのこうした傾向性は，非常に強力なものである。それゆえ一部の理論研究者はホモフィリー（似た相手と提携し，好み，結束する傾向性のこと）をヒト文化の基礎と考えている（Haun and Over, 2014）。チンパンジーやヒト以外の霊長類は空間的に分離した集団で生活し、部外者には敵対的だが（Wrangham and Peterson, 1996）、この敵対性は、われわれの知る限り集団としての外集団に向けられたものではなく、集団によって異なる外見や行動習慣に基づいているわけではない。

初期ヒトの協同相手に対する同情という道徳性は、こうして比較的すんなりと、自分と一体化した文化集団の全員に対する現生ヒトの忠誠へと移行していった。残された問題は、初期ヒトの協同相手に対する公平という道徳性が、どのようにして文化集団（あるいは道徳的コミュニティ）の全員に対する現生ヒトの正義という道徳性へと移行したかである。ここでの説明は以下三種類の心理プロセスに焦点を合わせる。

・集合志向性という認知プロセス
・文化的主体と文化的アイデンティティという社会的やり取りのプロセス
・道徳的自己統制と道徳的アイデンティティという自制プロセス

それぞれを以下三節で扱っていく。

認知的なレベルでいうと、新たな社会的実体に対して適応するために現生ヒトが行ったのは、二者間での協同のための共同志向性を文化的協同のための集合志向性へ変換することだった。こうして、二重構造が再び登場する。一つが個人のレベル、そしてもう一つが、今回は共通の文化生活を共有する全員に関する集団指向性と集合性のレベルである。初期ヒトが自身と協同相手を等価にみなしていたことから、文化集団のメンバー全員、いわば合理的存在のすべてを等価とみなすことへの移行が生じたのである。結果として、文化集団の慣習的文化習慣（これは集合志向性という技術によって可能になったものだが）には、いかなる相手にも適用されると誰もが理解している（そして、文化的共通基盤において他の全員がそれを理解していると誰もが理解している）理想的役割が含まれていた。この理想的役割が、ことの進め方の「客観的に」正しい・間違ったやり方を決めるようになったのである。

慣習化と文化的共通基盤

初期ヒトの協同的やり取りには、関係する特定のパートナーの間に、個人的な共通基盤が多く要求された。対照的に、現生ヒトが他人と協同する場合、個人的な共通基盤がほとんど（もしくはまったく）ない相手と否応なしに協同する場合もあった。さらに、集団の防衛など、大規模な文化活動のために集合的集団目標を作りあげることもあるが、これにもほとんどお互いに見知らぬ人達が参加している。問題は、個人的な共通基盤のない相手と協同活動を協調するのは困難だという点である。その解決策が集合的・文化的共通基盤であり、これと同調傾向が組み合わさって、慣習的文化習慣につながったのである。

集合的・文化的共通基盤は文化の基礎である（ほぼそれが文化の定義でもある）。いわば、個人が集団内メンバーに対する忠誠や信頼のような集団指向的動機、そしてすでに見たように、共有技術、知識、信念という認識的次元（すなわち文化的共通基盤）の観点から、個人が集団指向的になったときにこそ、初期ヒトの集団生活は現生ヒトの文化生活へと変容したのである。こうした文化的共通基盤とはすなわち、共通の物理的環境から共通の子育て習慣までの、各自が経てきたすべてに基づくある種の経験（そして技術、知識、信念）を、集団の全員が持っていると集団の誰もが理解しているということである。共通基盤を理解すれば、他人の行動や心について重要な多くを理解できる。そのために直接やり取りをする必要がない場合も少なくない。クィー（Chwe, 2003）によると、結婚、就任式、葬儀、戦争の踊りなどの公に認められた文化行事は、何かが集団の全員にとっての共通知識であると明示的に示すことが、その主要な機能であるという。

どの技術・知識が集団内の文化的共通基盤であるかを正しく理解できていれば、集団内の親しくない相手とでもうまく協調ができるようになる。こうして、わたしがそういう相手とアンテロープを狩るため、「次に雨が降ったらあの『大きな樹』の下で会おう」と伝えたとしても、わたしがどの樹を意味しているのかを相手が理解していると、自信を持って信じられるようになる。どの武器を持ってくるべきかについても、文化的共通基盤になっているために伝える必要がない。結果として、次第に誰もがやり方を知っていると誰もが理解している、われわれが慣習的文化習慣と呼ぶものができあがる。慣習的文化習慣にとって重要な方法で誰もが何かをやるというだけでなく、他の誰もが同じようにやると誰もが期待し、他人も自分たちがそうするだろうと期待している、そう誰もが期待するのである（Lewis, 1969 参照）。慣習的習慣を慣例への同調という観点のみから考察しようとした理論的試み（Millikan, 2005 など）だけでなく、ヒト以外の霊長類に慣習が見られることを示そうとした実験的試み（Bonnie et al., 2007 など）でもまた、この極めて重要な共有という側面が見過ごされている。しかしこの点こそ、他者との協調能力の基礎なのである。知識の共有がなければ、柔軟な協調など不可能である（より詳しい説明は Tomasello, 2014 を参照）。

非常に幼い現代の子どもでさえ、集団内の親しくない相手の知識に関して、文化的共通基盤に基づいた確かな推論が可能である。たとえばリーバルら（Liebal et al., 2013）は三歳児を対象として次のような実験を行っている。まず、三歳児が明らかに自分の集団に属すものの、今まで見たことのない大人と出会う。三歳児のうち二人はサンタクロースのおもちゃと、大人が来る直前に子どもがつくったおもちゃを一緒にみている。この大人は丁寧に「それは誰？」と子どもに尋ねる。すると子どもは、（これまで会ったことのない人をふくめ）自分たちの文化でサンタクロースを知らない人などいないと自信をもっているので、新しいおもちゃに名前をつけて返事をしたのである。もう一つの対照実験では、集団内の親しくない人が二つのおもちゃのうち一つをよく知っているように振る舞うと、子どもはそれがサンタクロースであると考えたのである。どの身近な文化的対象（おもちゃの車など）に関しても、子どもは同じように対照的な振る舞いを見せていた。幼い子どもはこのように、直接のやりとりがなくとも、相手が文化集団のメンバーなら知っているはずのものを推測できるのである。もう一つの例は言語的慣習である。幼い子どもは集団内の親しくない人が対象の慣習的名前を知っているだろうと考えるが、その対象のエピソード（誰がわたしにそれをくれたか、など）についてはそう考えないのである（Diesendruck et al., 2010）。

慣習的文化習慣の基礎は文化的共通基盤にある。適切な文化的共通基盤に通じているなら、誰もが（すべての女性や追い込み漁の漁師というように、層や文脈が特定されている場合があるかもしれないが）ある文化習慣で特定の役割を果たせると考えられているからだ。追い込み漁を成功させたい場合、ワジリスタン的やり方でやらねばならない。そしてその習慣では、追い込む側がXをやって網で受け止める側がYをするのだと誰もが理解している。誰がやるのかは重要ではない。慣習的文化習慣での役割は、その役割をはたす誰にでも当てはまるという点で主体から完全に独立している。ここでの「誰か」は個人の大きな集まりではなく、原理的にはわれわれの中の誰かを指している。すなわち、あることを知っていれば、それはその人の文化的アイデンティティを構成する一部なのである。もちろんそれは、現生ヒトが集団内でコミュニケーションする際に使用し始めた（そしてその集団内でしか使用しない）言語的慣習にも当てはまる。言語的慣習はその集団の文化的共通基盤の一部であり（Clark, 1996）、それゆえ集団メンバーとコミュニケーションしたいのであれば、発信側でも受信側でも、誰であれ慣習的に期待される方法でコミュニケーションしなければならず、対話相手が両方の点で有能である（そして対話相手からは自分が有能である）と期待するのである。

現生ヒトが文化的共通基盤に参加し、慣習的文化習慣に主体から独立した役割が生み出されることで、物事に対して主体から完全に独立した視点を持つ能力が得られた。これは重要な変化である。われわれのうちの誰であれ、その視点は「客観的な」視点となり、これは二者間のやり取りから生まれた、パートナーから（範囲はより限られているが）独立した初期ヒトの視点を超え、最大限に一般的な視点となった（Tomasello, 2014 では、初期ヒトの視点を「此処彼処からの眺め」とし、現生ヒトの「どこでもないところからの眺め」と対比している）。大規模社会では、さまざまなやり取りの機会で全員を調整し、満足させようとしても、個人的な関係では不十分である。しかし、集合志向性という「客観的な」視点により、こうした大規模社会での生活に上手く適応する新しい方法ができあがったのである。それは（集団に貢献するメンバーになるというもっとも一般的な役割を含む）文化的役割を客観的なものとし、集団指向的に自分を大勢のうちの一人でしかないと見なすことで、可能となったのである（Nagel, 1970, 1986）。

現生ヒトはこのように、（合理的な人間すべてからなる）文化集団全体という上位のレベルと、文化を潤滑に動かしている慣習的文化習慣で交換可能な（主体から独立した）歯車として機能する個人（ここには自分も含まれる）という下位レベルの二重構造を、一つの社会的実体として経験していたのである。もちろんこうした構造をすべて忘れ、時には自分自身の視点だけに固執することもできる。しかし、いずれは他人や集団との相互依存に気づいてしまい、それが集合志向性という認知技術と合わさることで、関係者全員の視点を平等かつ偏りなく考慮する不偏的視点が強いられる。こうして、文化と集合志向性によって新たな出演陣が加わった。「合理的な人間すべて」として考えられる「わたし」「あなた」、そして「わたしたち」という、現生ヒトの公正という道徳性の源泉である多角関係である。

慣習的な善悪

共同成功のために各パートナーがどのような役割をはたすべきかについて、初期ヒトは個人的な共通基盤の中にその理想的役割を持っていた。他方、現生ヒトは、慣習的文化習慣での適切・不適切な役割の果たし方を文化的共通基盤の中に持っていた。ある意味、これは単に量的な違いでしかない。パートナー間での役割転換や役割の互換性にかわり、文化集団の習慣において役割が主体から完全に独立しているだけである。しかし、実際はそれ以上でもある。適切な（不適切なものではない）作法としての慣習的文化習慣は、初期ヒトが自分たちのためにその場限りで作り上げ、簡単に解消されてしまうような、その場しのぎの理想的役割を大きく超えている。適切・不適切な作法は、われわれ以上に客観的で権威のある何かから生じるものであり、個人では変更できない。このように、集合志向性という視点は、初期ヒトの局所的な理想的役割を、現生ヒトの慣習的役割に関する正しい（適切な）・間違った（不適切な）進め方の「客観的」基準へと変化させたのである。こうした主体から独立した、もしくは「客観的な」視点は、公正もしくは正義の判断にとって十分なわけではない。しかし、ヒュームの「一般的視点」からアダム・スミスの「公平な観察者」、ミードの「一般化された他者」、ロールズの「無知のヴェール」、ネーゲルの「どこからでもない視点」に至るまで、さまざまな道徳哲学者によってはっきりと指摘されてきたように、こうした視点は公平や正義に関する判断にとって必須のものなのである。

客観化のプロセスは、志向的ペダゴジー（Csibra and Gergely, 2009）において特にはっきりと現れている。志向的ペダゴジーはヒト独自のものであり（Thornton and Raihani, 2008）、現生ヒトとともに現れてきたものだろう。この時期に、近隣集団間ではっきりとした文化差が現れてきたからだ（Klein, 2009）。子どもが重要な文化情報を学習するように大人が要求する、というのが典型的な志向的ペダゴジーの構造である（Kruger and Tomasello, 1996）。志向的ペダゴジーは規範性が明示されており、子どもは大人の要求に耳を傾けて学習することを期待されている。しかし、同じく重要なことだが、その規範の理想が個別のものではなくより広い種類（kind）に関わるものであるという点で、志向的ペダゴジーは包括的なものでもある。この木の実をこの木の下で見つけたというだけでなく、こうした木の下にはこうした木の実がある。わたしかあなたが三本の指と親指で持ってこの槍を投げるというだけでなく、誰であってもこうした槍は同じように持って投げなければならない。志向的ペダゴジーの主張内容は、結果的に包括的かつ権威的である。物事がどうあってどう進められるべきなのかについて、客観的な事実として提示しているのであり、その源泉は教える側の個人的な意見ではなく、作法に関する客観的な世界なのである。「それはそうなんだから」や「そうしなきゃ」と言うとき、教える側はその客観的な世界に関する文化の意見を述べているのである。実際、コイメンら（Köymen et al. 2014, 2015）が明らかにしているように、小学校前の子どもは仲間に何かを教える際に包括的な規範的言語を用いるだけではない。「それはここに置かなきゃ」と言うだけでなく、「それはここにあるものなんだよ」と言ったり、「そんな風にやらないほうがいいよ」と言うだけでなく「そんな風にやるのは間違ってるよ」と言ったりして、自分の指示を最大限に客観化しようとする。

適切・不適切な作法についてのこうした客観的な視点は、歴史的な側面からさらに強化される。文化習慣はわれわれワジリスタン人が今どう物事を進めるかだけでなく、われわれの民族はこれまで常にどうしてきたかを示している。こういう風に追い込み漁を行うのは、われわれの集団で今やっていることであり、だからあなたもそうすべきだというだけでなく、尊敬すべき祖先がずっとそうしてきたからである。それが一民族としてのわれわれが生き残るための方法であり、川の向こうにいる野蛮人とわれわれを区別する。それが正しい作法なのである。現生ヒトが文化的集団に発展していくにつれ、こうして「客観的に」正しい作法を学習していった。そして、その習慣が大人から明示的に教育されるとしても、自分の意見を言ったり自分のアドバイスを与えたりする人から行われるわけではなかった。物事がどうあって人はどう行動すべきかについて、その文化の権威的主張としての教育が行われたのである。

文化的主体

認知技術としての集合志向性と文化的共通基盤によって、安定した共通予測が可能になり、文化集団のメンバーを調整することが容易になっていた。しかし現生ヒトの大規模社会は、協力の背後にある動機にさまざまな課題を抱えていた（Richerson and Boyd, 2005）。もっとも基本的な課題は、集団規模が大きくなればなるほど裏切りの可能性が高くなることである。お互いの経歴を知らない、集団内の親しくない相手とのやりとりが増えていくからだ。関連して、作業が大規模になるにつれ、他人の努力へのただ乗りが検知できず、その機会が増えることで、集合行動問題（collective action problem）が生じてしまう（Olson, 1965）。こうした新しい事態のせいで、文化的主体はパートナー選別・制御のメカニズムをもっと強力なものにして、文化的生活の中で競争的になってしまう部分を協力的なものにしなければならなかった。ここで、社会規範が重要になってくるのである(3)。

社会規範

初期ヒトは非協力的な相手に直接抗議して制御していた。しかし現生ヒトの場合、社会が複雑になり役割と活動が多様化する中で、直接のコミュニケーションに限定されていた二人称の抗議は、見知らぬ相手との幅広い活動で上手く機能するには小規模かつ局所的すぎただろう。ここで、さまざまな状況で協力的であるにはどのように行動しなければならないか、この点について文化的共通基盤で集団全員に共有されている期待が、漸進的に進化してきたのである。最終的に、集団の社会的やり取りを円滑にするため、社会規範によって非協力的個体に対して評価・抗議するプロセスが慣習化・集合化され、二人称のパートナー制御が集団レベルの社会的制御に変化した。こうして現生ヒトは、「客観的に」適切・不適切なやり方で、文化的共通基盤の中で慣習的文化習慣の役割を果たす方法を理解するだけでなく、同集団メンバーと協力的、すなわち道徳的に行動する「客観的に」正しい・間違った方法を理解したのである。

競争を協力的なものに変えるのが、社会規範の役割である。この考えと一致するかのように、どの社会でもほぼ普遍的に社会規範が扱っている領域がある。それは、集団の団結と幸福へのもっとも緊急の脅威を含む領域、争いへの強い利己的な動機と傾向性を生み出す領域である。すなわち、食料と性だ（Hill, 2009）。こうして、豊富かつ巨大な獲物が文化集団のメンバーすべてでどう分配されるかは、文化的共通基盤の中で全員が前もって理解している社会規範によって厳密に決まっており、これが効果的にほとんどの争いを防いでいる（Alvard, 2012）。同じように、誰と交配できるかできないか（たとえば血縁、子ども、誰か他の親類など）もまた、集団の文化的共通基盤の中で社会規範によって厳密に決定されており、これもまた、集団の効果的な機能を損ないかねない潜在的な争いを防いでいる。このように、社会規範は分裂を招きかねない状況で競争を予期し、協力のためにそうした状況でどのように行動すべきかを明らかにしているのである。

究極的には、社会規範は慣習化されたものであり、純粋に慣習として、その目的は同調である。説明のため、現生ヒトが祝宴を開いている様子を考えてみよう。それはさまざまな慣習的作法としての文化的共通基盤の中で、内容が決定された慣習的文化習慣である。慣習的でない服装を来て祝宴にやって来た人がいるとしよう。彼は誰も傷つけていないが、祝宴に何を着てくるべきかはわれわれの文化的共通基盤の中で定まっており、彼は意図的にそれにしたがわなかったのである。われわれは誰もが同じ文化内のメンバーと一体となって連携したいと考えている。彼もわれわれの考えを理解し、われわれの評価に敬意を払っていないのだから、彼はわれわれと一体化・連携したくないのだろうと考えられる。彼はわれわれの集団を好まず尊敬もしないのだから、われわれは彼を信頼してはいけないのである。

しかし、誰かが祝宴の食べ物をほとんど盗んでしまったとしよう。その行為によって彼は多くの人々を傷つけ失望させ、それゆえこれは明らかに非難に相応しい二人称の道徳性の違反である。しかし同時に、それは集団の社会規範に同調していないことでもある。われわれワジリスタン人は祝宴から食べ物を盗んだりしない。そんなことをするやつはわれわれのメンバーでもないし、メンバーでありたくもないだろう。彼はわれわれの集団とそのやり方に敬意を払っていない。祝宴から食べ物を盗んではいけない理由は二つある。一つは二人称のものであり（他者への配慮と尊敬を示すこと)、もう一つは慣習的で二人称のものの上に置かれている(われわれの規範に同調すること)。こうした見方はニコルズ(Nichols, 2004)の見方と似ている。彼は現代のわれわれがどうして慣習的規範の違反より道徳規範の違反(彼が主に考えているのは危害に関する規範である)を深刻に考えるのかという問題を考察している。ニコルズ(Nichols, 2004)によれば、道徳規範が標的にする行動は、ヒトがすでになんらかの情動的誘引もしくは嫌悪(たとえば誰かが攻撃されているのを見ることに対する嫌悪など)を独立して感じているものだという。それらは「感情を伴う規範」である。気持ちは分かる一方で、これでは少し対象が狭すぎる。慣習的規範と道徳規範の違いを十分に説明するには、もう少し広く見て、関連する情動を引き起こすものとしての二人称の道徳性に焦点を合わさねばならない。こうした情動には傷つけられた相手に対する同情の感覚に加え、敬意を払われなかった相手に対する公平感も含まれている。それは憤慨や憤り(indignation)を生み出すだろう。公平や尊敬という問題を扱う文化規範はこうして、そしてまさにこの理由ゆえに、道徳的次元に入り込むのである。

重要なことだが、一度規範に基づく期待が進化してしまえば、こうした期待は援助など同情に基づく行動をも包含する、すべての点に関わってくる。こうして、わたしがあなたの横にある槍を持ってきてもらえるように頼んだ場合、あなたはそうしてくれるだろうとわれわれは期待するだろうが、もし五十マイル向こうにある槍を取ってきてほしいと頼んだ場合、わたしのお願いは規範から逸脱しているので、そんな期待は生じない。しかしここでも、道徳的次元は社会規範そのものから生じているわけではない。社会規範は期待に関するパラメーターを設定しているだけである。道徳的次元は規範の基盤にある同情と危害、公平と不公平といった二人称の道徳性から生じている。慣習それ自体は同調を強制するだけであり、この同調には些細なことも重要な道徳的機会も含まれている。しかし単なる慣習でも、たとえばある行為が集団内のほぼ全員に対して一様な二人称の道徳的評価を引き起こすことが共通理解となっていれば、道徳規範として道徳化されることは可能である。このように、祝宴にみすぼらしい格好をして現れるのは首長にとって失礼であると誰もが考えるようになり、憤慨するならば、以前に単なる慣習的規範であったものが道徳化される。一般に、特定のタイプの社会的行動について、道徳的に評価する態度が文化的共通基盤の中で共有されるようになれば、単に慣習的な行動が道徳化されていくのである。(4)

こうして、現生ヒトは少なくとも三つの、直近の将来を見据えた理由のために社会規範へ同調するようになった。他者が自分たちを同集団メンバーとみなすことを確実にするため、集団と協調するため、そして(評判への脅威を含め)罰を避けるため、である(Bicchieri, 2006)。そして現生ヒトにとって評判への脅威は、慣習的言語によるうわさ話を通じて幾何級数的に増加した。たとえば、たった一人がたった一度だけ裏切って捕まったとしても、誰もがすぐそれを知ってしまうため、悲惨な結果になりかねないのである。うわさ話はあらゆる人に開かれた評判に対する脅威であり、文化的世界ではこの公的評判がすべてである。こうした影響は非常に強力なもので、さまざまな状況で現代ヒトを対象として行われた実験からも分かるように、単に見られているというだけで、人々はほとんどの間協力するという。たとえば、これまで以下のような結果が分かっている。（一）評判が落ちかねない場合、公共財ゲームでの投資額が増える（Rockenback and Milinski, 2006）。（二）評判が落ちかねないと参加者が知っている場合、「共有地の悲劇」が改善される（Milinski et al., 2002）。（三）見知らぬ相手と経済ゲームを行う場合、評判の情報や罰がないよりある方が好まれる（Guererk et al., 2006）。（四）eBay や他のウェブサイトなどで、評判情報がそのプロセスで必須の一部となっている場合、人はより協力的になる（Resnick et al., 2006）。（五）目の前の壁に目の写真があっただけで（他の写真があった場合よりも）人はより協力的になる（Harley and Fessler, 2005）。

しかし現生ヒトは自分の将来のためだけに社会規範へ関わっているわけではない。社会規範にしたがうことに加え、関係のない観察者としての第三者的立ち位置からのものも含めて、現生ヒトは社会規範をお互いに強制しているのである。これは重要な観察である。こうした第三者の罰は直接自分の将来に関わる動機から生じているようには思えない。経験的研究が示しているように、子どもは三歳頃から、社会規範を侵した相手を第三者として罰しようと介入してくる（大型類人猿は第三者の罰にまったく関与しない［Riedl et al., 2012］）。たとえば、誰かが別の誰かの私有物を着服もしくは破壊しようとした場合、幼い子どもはその行為をやめさせようとする（Rossano et al., 2011; Vaish et al., 2011b）。同じ年齢の子どもは、他人の権利を守ろうとすることもある。たとえばXをする権限が与えられている場合、別の人がXを邪魔しようとすると、子どもがその権限を守る、つまり邪魔しようとした相手に強く反対するのである（Schmidt et al., 2013）。

社会規範の内容は文化によって多少異なるかもしれないが、社会規範を作り、それにしたがい、強制するプロセスはほぼ汎文化的だろう。マーロウとバーベスク（Marlowe and Berbesque, 2008）は次のような証拠を挙げている。現代の狩猟採集民はどのようなものであれ第三者の罰による規範の強制はめったにおこなわない。規範の違反者と距離を置くだけなのである。しかしこれはパートナー制御より選別を好む選好を示しているに過ぎない。距離を置けない場合は特に、その人が第三者を罰することもあるはずだ。そしてうわさ話を通じて定期的に第三者の評判を罰しているのである。しかも荷物をまとめて移動しようとしているときでさえ、そうすることもある（F. W. Marlowe 私信）。このように、現生ヒト集団が社会制御の手法として、（評判に関するうわさを含む何らかの方法で）第三者に対して社会規範を自由に強制できないという可能性は非常に考えにくいのである。

第三章で論じたように、二人称の道徳性は第三者の介入を支えているわけではない。したがって、このような場合に抗議の対象となっているのは、基本的には規範への同調が見られないことである。この解釈は次のような観察からも裏付けられる。幼い子どもは（それほど情動をあらわにしないが）単なる慣習を破った相手にも介入する。たとえば、われわれがこのテーブルでゲームをやっており、別の誰かが同じテーブルで違うやり方でゲームをしていると、子どもは介入して後者を止めようとする（Rakoczy et al., 2008, 2010）。慣習を破ったのが集団外メンバーではなく同集団メンバーのとき、幼い子どもはより厳しく、そして頻繁に相手を罰することから分かるように（いわゆる黒い羊効果である。Schmidt et al. 2012を参照）、こうした規範の強制は間違いなく集団指向的である。これはおそらく、集団外メンバーより同集団メンバーの方が、集団が上手くいく方法をより良く理解し、それに対する配慮があるはずだからだ。対照的に、同情や公平の問題を含む道徳規範の場合、それらは二人称の道徳性にその基礎があるので、三歳前の子どもでも同集団メンバーだけでなくあらゆるヒトに適用されると考えている（Turiel, 2006のレビューを参照）。

第三者の介入が行われる場合、「そんなことをやってはいけない」もしくは「そんなことをするのは間違いだ」などと、子どもはどのタイプの介入でも包括的規範言語を用いることが多い。先述した志向的ペダゴジーの議論でも触れたように、包括的言語が使用されるのは、個人的な意見を言うというよりは、文化集団の代表のようなものとして規範を強制しているからである（すなわち、道徳コミュニティを代表して介入する、ダーウォル［Darwall, 2013］が言うところの「代表的権威」が想定されている）。社会規範が集団によって作られたとすれば、それは集団のメンバーにとって、その規範が集団とその機能にとって有益であることの明白な証拠となる。そして全員に対して規範を強制することが良いこと、すなわち正当な集団指向的行為となる。このように、小学校前の子どもでさえ、社会規範を強制しない相手よりも（多少乱暴な手段に頼っていても）強制しようとする相手とやりとりしたがるのである（Vaish et al. 2016b）。これはおそらく、そうした強制が自分と集団、そしてそのやり方を一体化させる信号になっているからだろう。

こうして、社会規範は集団のメンバーに対して不偏的かつ客観的なものとして提示される。原理的にはどのメンバーも文化とその価値を代表する声である。同じく原理的には、どのメンバーも規範の対象となる。規範は主体とは独立に（層や文脈が特定されている場合もあるだろうが）同じような相手すべてに適用されるからである。さらに原理的には、その基準それ自体が「客観的」である。この規範的基準は、規範を強制する側もしくは他の集団メンバーが物事をどう進めてほしいかではなく、どう進めるのが道徳的に良いか悪いかに関わるからだ。主体、対象、基準という以上三種類の一般性によって、「そうするのは間違っている」というように、なぜ規範の強制に教育の時のような包括的側面が見られるのかを説明できる。規範を強制する側は、規範を犯した側の行動が道徳的に誤っていることを確かめさせるため、直接的かつ不偏的に自分自身で検証できる客観的価値の世界に、違反者側を向き合わせる。ジョイス（Joyce, 2006, p. 117）が論じているように、こうした道徳判断の客観化は、そのプロセスの正当性が理解されるために極めて重要である。それは自分自身と他人の道徳的価値を判断するために共通の基準を与え、「共有された正当化構造の中で人々をまとめあげる」からだ。こうして、ペダゴジーによって伝達された文化情報のように、社会規範は個人にとって独立した客観的な存在となり、道徳的違反は特定の相手を傷つけるというよりは、道徳秩序を崩壊させるものとなったのである。

文化制度

慣習や規範がまったく確立されていない状況に出くわすこともある。この場合、社会制御のため、自分自身で慣習や規範を作り出さなければならない。たとえば、五歳児を対象にして次のような実験が行われている。三人の五歳児が複雑なゲーム装置を目の前にし、ゴールはボールを取り出してバケツに入れることだと教えられる（Göckeritz et al., 2014）。繰り返しゲームをやっていく中で、子どもは繰り返しでてくる障害を乗り越えなければならない。するとこの障害に対して、子どもは乗り越えようとするだけでなく、徐々にその障害をどう扱うべきかについて明確なルールを作ろうとするのである。こうして、後でゲームを知らない相手にどうやるかを見せることになると、子どもは包括的規範言語を用いて、「こんな感じにやらなきゃいけないよ」や「こんな風にやると良いんだよ」と教えるのである。この場合、子どもは本当にこうしたルールを作り出したと考えているわけではなく、すでに存在するルールをたまたま見つけられただけだと考えているかもしれない。しかし後続の研究では、子どもがある物体を与えられ、ゴールもルールもないと明確に伝えられる。すなわち、好きなように遊べば良いだけである。この場合でも、子どもは自分独自のルールを作り出して、明確に規範的な方法で他人にそれを伝えたのである（Hardecker et al., 2016）。ここで重要なのは、子どもは自分たちでルールを作り出す場合でさえ、ことの進め方についてルールが必要であり、そうしたルールへ規範的にコミットするべきだと考えているという点である。

志向的にルールを作り上げるこのプロセスの、究極の形が制度である。社会規範と制度の間にそれほど明確な区別はないが、制度は集合目標を達成するために明示的に作り上げられた作法であり、それゆえ明示的に公開されたものである。たとえば、現生ヒトは非公式の社会規範にしたがって、おそらく男女一人ずつのペアで生活していた。だがある時点で、誰が誰と結婚できるか、適切な持参金もしくは結婚資金の額、どこで生活すべきか、結婚が崩壊すれば子どもはどうなるか、などに関して明示的なルールが作成され、結婚が制度化された社会が登場するようになった。そして結婚は公開儀式の中で行われ、コミットメントが公になされるようになった（いわゆる誓いである）。ナイト（Knight, 1992）が論じているように、効率の悪さ、論争、規範の強制によるコスト（たとえば結婚資金や結婚放棄の補償に関する論争を解決するための「取引費用」などである）が大きくなり、活動から予想される利益が受け容れ難いほどに減りつつある場合に、その活動が制度化されていく。こうして明示的かつ公的に自分自身が制度化された規則に縛り付けられていく。制度が個人にもたらす利点は、他人が何をするかをより上手く予想できること、さらに罰が個人ではなく制度や集団によって与えられるので、個人がそのリスクやコストを負わなくてすむようになるという点である。理想的には、制度化を通じて望ましくない取引費用が減じられ、それによって公共財を含む多くの問題が緩和され、誰もが利益を得るようになる。

制度は多くの場合、新たな文化的実体を作り出す規範や規則を含んでいる。サール（Searle, 1995）の有名な定式化では、新たな地位関数（と彼は呼んでいる）というものが、「Xは文脈CでYと見なされる」という風に定式化される。たとえばジョーは集団の意思決定という文脈で首長と見なされる、というようにである。サール（Searle, 2010）によれば、ジョーが首長であるのは制度的事実であり、キリマンジャロがわれわれの宇宙で一番高い山であるのと同じくらいに客観的な地位を持つという。いわば、首長という概念は文化的に作り出されたにもかかわらず（人間のようなものがいなければ、首長は当然存在しない）、今やそれでも世界についての客観的な事実なのである。重要なことだが、制度の中で作り出された地位には義務と権利が伴う。実際、義務と権利がその地位を定義すると言ってもよいかもしれない。たとえば、われわれの首長は、資源をめぐるすべての争いが、われわれの同意する規則に基づいて確実に解決できるようにしなければならないし、必要なときには解決を保証し、強制する権利がある。そしてわれわれは彼の権利へ敬意を払わねばならない。文化の中で作り上げられた（通貨としての貝殻など、文化的人工物を含む）実体は、こうして新たな義務に関わる地位、すなわち集団内での新たな「客観的」実体の一部を担うようになるだろう。誓約についても同じように、すなわち、誓約する側とされる側が新たな義務に関わる地位を得るような、新たな文化的実体を作り出す発話行為であると考えられるかもしれない。(5)

デュルケム（Durkheim, 1912/2001）が提案しているように、ヒトの文化は本質的に、メンバーが生きる制度や制度化された価値を「神聖化」するように求めている。何かが神聖化されれば、それを覆したり、避けたり、無視したりするのはタブーとなる。タブーももちろん、強い規範性を帯びている。神聖なものを覆すのは間違ったことなのである。こうして、現代の例で言えば多くのアメリカ人が合衆国憲法、そしてその規定と価値を神聖化しており、その結果、言論の自由などの事項はその文化で幅広く神聖化されている（もちろんこれは他の多くの文化では神聖化されていない）。このように、制度化のプロセスは現生ヒトの道徳性に直接的に関わっている。子どもが大人の力や見方・作法を尊敬し、崇め（神聖化することさえあるかもしれない）始めるように、そのプロセスは発達初期に始まっているのである（Piaget, 1932/1997）。子どもが生まれ育つ制度、そして文化で作り上げられた実体や価値は、この地球上で子どもより先立つものであり、こうした事実はある種の道徳的実在論に繋がる。すなわち、子どもに先立つ制度などは、単に何かを何気なくやったりやらなかったり、承認したりしなかったりするその作法であるというだけでなく、この作法は「客観的な」、そして「神聖」と言ってよいかもしれない道徳的秩序の一部だという見方である。

文化的主体とアイデンティティ

われわれの物語の最初のステップにおいて、初期ヒトが成功するには、パートナー選別・制御をともなう強制的協同狩猟へ上手く参加するために必要な、社会的やり取りに関する技術が重要であった。成功した初期ヒトはパートナーを選び、操作し、協調する技術を備えた二人称の主体だった。物語の次のステップでは、現生ヒトが成功するには、文化的生活に上手く参加できることが重要であると論じた。成功した現生ヒトは慣習的文化習慣の中で同集団メンバーと一体化し、生産的にやり取りできる技術を備えた文化的主体だった。さらに、制度の文脈においても、社会規範にしたがい、強制する技術をも備えていた。文化集団のメンバーは、このすべてを互いに選択的に行い、集団外メンバーを潜在的なただ乗り者もしくは競争相手として排除していた。また、ただ乗り者を排除する必要性とパートナーとの（自他）等価性という二つの要因が組み合わさることで、初期ヒトは協同相手が等しい相応性を備えていると感じるようになっていた。それと同様に、文化習慣における主体から独立した役割と集団外の競争相手を排除する必要性とが組み合わさることで、現生ヒトも文化集団のメンバーが等しい相応性を持つと感じるようになったのである。（他の集団ではなく）「わたしたち」の集団にいる人はすべて、非常に基本的な点で、尊敬と資源に等しく相応しい相手なのである。

しかしこれは文化の中で一角の地位を築いた「人物」だけに意味のある話であり、一体誰がその人物にふさわしいのか、という次なる問題が生じてくる。端的に答えるなら、その文化で一角の人物とみなされるのは、他人が公的領域でそのような人物とみなす相手である。そして集団の認識を通じて個人がそのような人物になるにつれ、その個人は自身を社会規範に従う人物とみなす人たちの一部になる。「ワジリスタン人であることはわたしの一部である」というように、文化的アイデンティティを備えた文化的主体となるのである。そしてもちろん、一方的にワジリスタン人を自称することはできない。認識を必要とする集団メンバーから認識されなければならない（Hagel, 1807/1967; Honneth, 1995）。現生ヒトの子どもは、こうして大人にお願いするようになったのである。あなたの認識が実際にわたしの文化的アイデンティティを構成するわけだから、わたしはあなたたちだけがそう認識できるような人物になりたい。子どもたちが集団の文化的規範習慣に参加しようとするにつれ、大人は次第にその参加を認め、子どもを大人同士の相互依存のネットワークに上手く組み込みながら、より多くの責任を課すようになる。最終的に、子どもはその文化で他人、そして自分自身から、十分に能力のあるワジリスタン人として見られるようになるのである。

こうした文化的アイデンティティの形成、すなわち他人から物理的に集団メンバーとして認識されるだけでなく、自身を含む集団メンバーからワジリスタン人として認識されることは、現生ヒトの社会契約という偽問題に対する「解決策」の巨大な一部なのである。重要なのは、心理レベルでは個人は何も問題視していないという点である（すなわち、問題が見えている人は社会選択で不利となり、次第に人間史から姿を消していく）。それが文化的アイデンティティの一部であるがゆえに、個人は自身が生まれた文化集団のやり方に同調し、他人に同調を求めていったのである。「わたしはワジリスタン人であり、われわれワジリスタン人はこれがわれわれのやり方だと同意している」。彼は自身の文化的アイデンティティのおかげで、社会契約の分担者となっているのである。さらに、すべてのメンバーが同情や敬意のある扱いに相応しい（しかも平等に相応しい）のは、集団の「客観的な」判断である。そして協力に対して十分な理由が与えられるので、社会契約が正当化されるのである。それゆえ、自身の文化的アイデンティティの一部として、わたしは「わたしたち」のやり方に同調し、他人もそうするように努力をし、同集団内メンバーに同情と敬意を示すべきなのである。こうして、社会契約が（「わたしたち」が「わたしたち」のために作り上げた）文化的アイデンティティの一部であり、自身を含むすべてのメンバーが、この契約を守ることでしか相応しい同情と尊敬を同集団内メンバーに与えられないと信じざるをえないからこそ、社会契約は正当化されるのである。

初期ヒトは、（実際そのような相手として行動し）有能な協力相手としてのアイデンティティを作り上げ、維持しなければならなかった。他方、現生ヒトの場合、特定の集団において、有能な文化的主体である一角の「人物」としてのアイデンティティを作り出し、維持する必要があった。それには慣習的やり方で物事を進め、そうしない相手（自身を含む）を厳しく責め、狩猟採集から集団防衛に至るまでのすべてにおいて、同集団メンバーと協同して集団外メンバーを排除し、同集団メンバーと集団全体に対して概して特別な配慮を示すように行動することが要求されていた。これが可能になっていたのは、同集団メンバーと自分自身の両方のおかげなのである。

道徳的自己統制

現生ヒトはすでに存在する、独立し「客観的な」存在となった文化慣習・規範・制度の中に生まれた。同文化メンバーとうまく協調し、他人からの否定的評判を避けるため、さまざまな文化的拘束に同調していたのである。しかしさらに、現生ヒトはある種の分担者として、（先ほどのように自身の将来を考えてのことではないが）ある種個人から独立した客観化された視点から、こうした超個人的社会構造の創始者たちと一体化していた。「わたしたち」は「わたしたちの」利益のため、正しい作法を反映した、社会的自己統制装置を作り出したのである。こうした文化的同一化・客観化は、自然に備わっている二人称の道徳性という枠組みの内部からすでに見えていた問題に規範が言及することで、さらに確かなものになる場合もあった。

初期ヒトはお互いに共同コミットメントを形成したが、そのコミットメントは協同事業とともに始まり、その終わりとともに終息していた。他方で、現生ヒトは文化の「客観的に」正しい作法一般に対して、より永続的な集合コミットメントを形成していたのである。こうしたコミットメントにより、正しい作法は他人に対して強制されるべき規範としてだけでなく、自身の道徳的自己統制としても正当化されていた。こうして、集合コミットメントによって、初期ヒトのパートナーに対する二人称の責任感は、文化集団の「客観的な」価値に対する現生ヒトのより幅広い義務感へと変化していったのである。

集合コミットメントと罪悪感

現生ヒトの超個人的規範・制度に対する集合コミットメントにより、正しいことをやらねばという義務感が生じた。正しい・間違っているという価値判断はまさに集団メンバーが認識していなければならない客観的価値なので、この義務感に基づいて行動するのは文化的に合理的なことだった。実際、現生ヒトにとって正しいことをすべきだという感覚が（戦略的な評判操作を含め）利己的な動機を乗り越える場合もあった。たとえば、現代の幼い子どもは他人に対する自分の印象を操作しようとすることもあるが（Engelman et al., 2012; Haun and Tomasello, 2011）、道徳的に行動するためにこうした戦略的動機を乗り越えることもある。五歳児を対象とした近年の研究では、子どもは報酬を自分のためにとっておくか、貧しい子どもに寄付できるかを選択できるようになっている。ここで他三名の子どもが前者を選択しているのを見ても、この子どもに同調して自分で報酬をえようという誘惑を乗り越え、多くの子どもは正しいことを行って後者の選択を行ったのである（もちろん統制条件より多くの子どもが、である。Engelmann et al. 2016）。こうした子どもの行動を自然に解釈すれば、正しいことをやらねばという義務感が利己的かつ戦略的な動機を乗り越えているのである。

集団の善悪に関する理想に対して行われる集合コミットメントのプロセスは、一般的には図4－1のように図式化できるだろう。第三章で（共同コミットメントに関して）初期ヒトの類似した図式を描いた図3－1とは違い、現生ヒトが自制のために用いていた超個人的実体は、特に集団の社会規範に実現されている「客観的な」価値で明らかになっているように、近くのパートナーとの「わたしたち」だけでなく、文化集団との「わたしたち」でもある。さらに、これも初期ヒトとは異なるが、上向きの点線矢印は個人が自分自身で規範を作り上げているのではなく（ここまで見てきたように、ある限られた文脈ではそうかもしれないのだが）、ある意味で規範を認める、あるいは規範と一体化していることを示している。下向きの実線矢印は、超個人的社会構造が関係者全員、すなわち規範の分担者かつ従者である文化における「わたしたち」のやり取りと関係を、自制もしくは自己統制している様子を示している。

重要なこととして、現生ヒトは他人が集合コミットメントに同調しているか否かだけでなく、自分以外が同調していないことを他の人がどう判定しているかについても、他人を判定していた。た

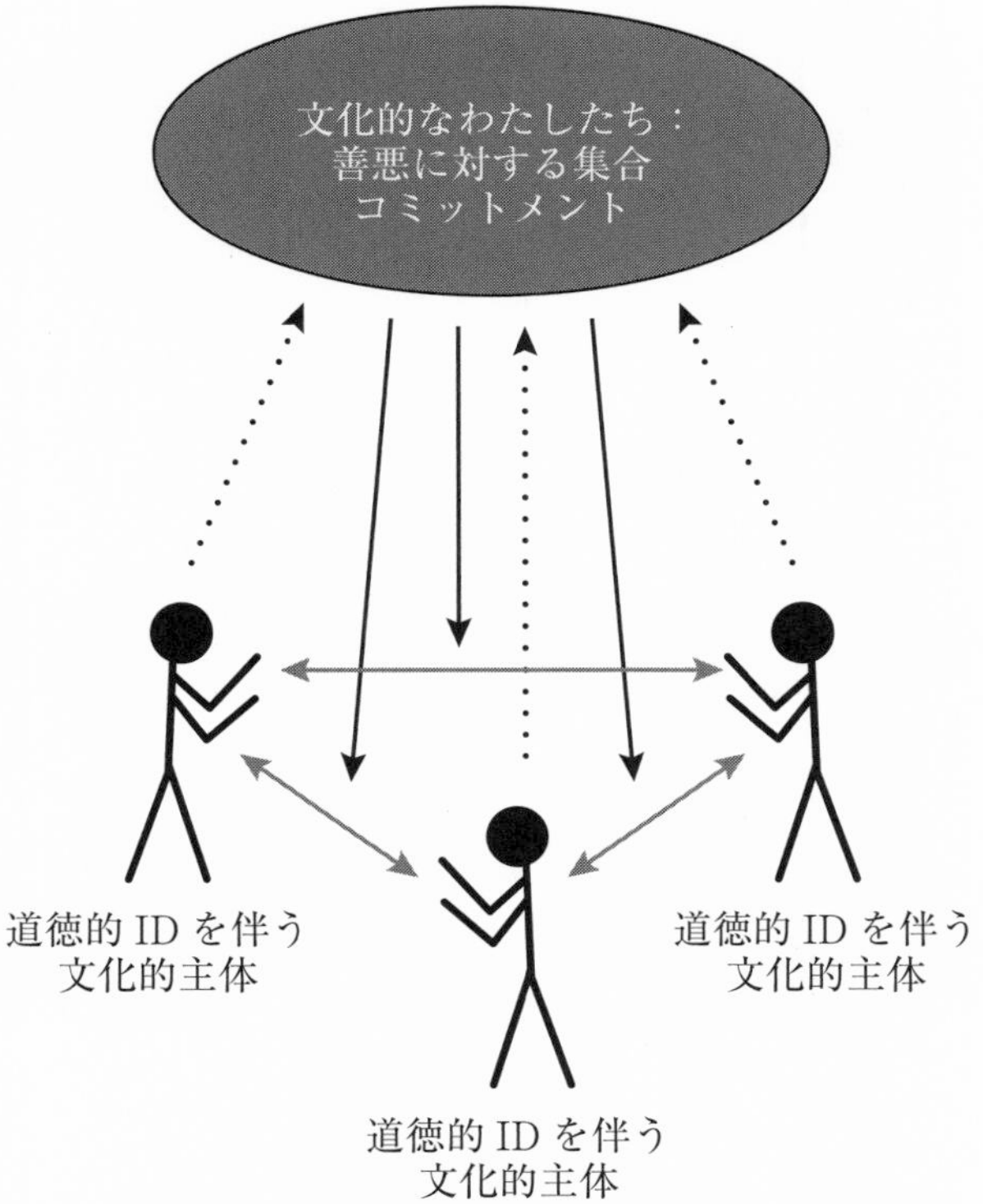

図4-1　文化的アイデンティティ（ID）を備えた文化的主体によって作り上げられ・認められた（上向きの実線矢印）、そして自制された（下向きの破線矢印）、正しいことを行おうとする集合コミットメント。文化的主体は間違った作法ではなく正しい作法を選択しよう（すなわち社会規範にしたがおう）、そして他人も必ずしたがうようにさせよう（両方向への矢印）という義務感を同集団メンバーに感じている。このプロセスが内在化され、集団指向的文化的合理性と規範性を反映した道徳的自己統制が構成される。

とえば、誰かが食べ物を盗んで道徳規範を破ったとすれば、彼は厳しく判定されて罰を受けるべきであり、彼を厳しく判定し罰する人は善良かつ正当な行為をしたことになる（Gibbard, 1990）。実際マメリ（Mameli, 2013, p. 907）は、こうした他人の判断に対するメタ判断が真に道徳的な視点にとって必要不可欠であるとまで言っている。「われわれにとって拷問は道徳的に許容できないだけでなく、拷問を道徳的に許容する人がいることもまた、道徳的に許容できないのである。拷問を道徳的に許容する人がいることを道徳的に許容してしまう人がいれば、われわれはそれを拷問が道徳的に悪であると十分に理解できていないからではないかと考える。その人が拷問に参加しようという傾向もしくは欲求を示していなくとも、そう考えるのである」。こうした社会的プロセスを内在化し（いわばそのプロセスを自身に向け）、現生ヒトはある種の道徳的自己統制を行うようになった。こうして、他人の道徳判断に関して他人を判断し、他人が自分たちを同じく判断するというように、役割転換の技術を用いて自分たちで自分たちの道徳判断を判断するようになった。他人の行動に問いかけるのと同じように、それが追求するべき良き目標なのか、あるいは助言として良い価値があるのかという自己評価的問いに対して、行動する前に自分自身で評価することができるようになったのである。これがコースガード（Korsgaard, 1996a）のいう「反省に基づく認証」である。自身の目標と価値を反省して評価する能力は、戦略的社会行動に向かういかなる傾向性をも超えて、道徳規範に対するコミットメントを合理化、客観化、そしてそれゆえ正当化するのである。

反省に基づく認証は何をすべきかを決定する際に役立ち、将来に関わるものである。しかし、似たようなプロセスが回顧的に作用することもある。何か悪いことをやってしまった場合、それがやるべき正しいことであったという以前の判断が誤りであり、非難に相応しいと判断する。このように、この種の罪悪感は罰を恐れたものではない。実際、この感情は罰が相応しいというものではないし、どのような慣習の違反に対する反応でもない。同調しなかったことそれ自体に対する気まずさでもない。むしろ、罪悪感は道徳的正しさに関する自分の以前の判断に対して選択的に向けられたものである。その時はそれが正しいなすべきことだと判断したが、今ではそうではない。したがって、罪悪感に対するわかりやすい反応は、加えた危害に対する補償を行うことであり（Tangney and Dearling, 2004）、後悔の対象となった行動を可能な限りもう行わないというものである。そして損傷が回復されるというだけでなく、（第三章で引用したVaish et al. 2016a のように）自分自身でそれを修復し、道徳的コミュニティとアイデンティティの正常な位置に自分を戻すことが大事なのである。罪悪感は恥と対照的である。恥で主に問題になるのは、他人がある行動を見ていたかどうかであり、これが自身の評判・評価に影響するかどうかである。恥をかくような状況に対する通常の反応は、閉じこもって他人が赦すもしくは忘れることを望むことになる（Tangney and Dearing, 2004）。他人が手に入れた、評判に基づく自分への判断に影響を与える情報をなかったことにはできないので、自分がやったことを補償するわけにもいかない。面目を失ったわけである（Brown and Levinson, 1987）。

罪悪感は以前の判断に関する判断である。これはヒトが、身体的態度から声での謝罪までのあらゆる形で、罪悪感を公にする必要性を感じることからも明らかである。すでに自分で罰している（し、わたしの苦しみはあなたの同情を引き起こす）のであなたはその必要がないというように、罪悪感の表出は他人からの罰に先手を打つかもしれないし、これは戦略的なものとみなされるかもしれない。実際、同じ規範に違反した場合でも、幼い子どもでさえ、規範の違反を気にしない相手より罪悪感を示す相手に対して肯定的に感じている（Vaish et al. 2011a）。しかし、罪悪感にはもっと重要な機能がある。自分が誤った判断をしてそれを後悔しており、それを自身で公にみとめていることを、（自分を含めた）あらゆる人に知らせるという機能である。このように、わたしは自身を厳しく判断する人との連帯を示し、以前の判断に対する否定的な判断は相応しいもので、正当化できると認める。道徳規範の違反に対する罪悪感は、自己評価に関する戦略的関心、そして起こったことに対する後悔そのものをさえ超えているのである。それは集団の「客観的な」基準を用い、自身が下した以前の誤った判断に関する否定的な判断なのである。

反省に基づく認証と罪悪感は、このように新しい種類の社会的自制、すなわち、さまざまなレベルの道徳判断から構成される内在化された反省的自制を表している。こうした場合の判断が道徳的であるのは、その判断が相応しいという感覚を伴うからである。わたしはこの判断を下すべきであり、それは私の道徳的アイデンティティの一部である。もちろん、常に利己的関心に照らし合わせて慣習、規範、制度に戦略的にしたがう人もいるだろう。しかし、こうしたソシオパスは道徳的人物ではないし、十分に信頼されることなどありえない。「わたしたち」はわれわれの道徳的コミュニティに属す人はお互いに義務を負っていると、(われわれの文化的・道徳的アイデンティティのおかげで)本当に信じている人なのである。

道徳的アイデンティティ

全体を要約するとすれば、現生ヒトの道徳的自己統制とあらゆる形態の戦略的協力とをもっともはっきり分けるのは、道徳的アイデンティティの感覚が果たす役割だと言えるだろう。ヒトの道徳的行動に関わる至近的心理メカニズムは基本的に、自身の利己的関心や評判に関する戦略的計算に対する将来的な関心を含んでいない。このメカニズムに含まれているのは長い時間継続し、他人を判断するのと同じように自分を不偏的に判断する(道徳的コミュニティの代表的権威を伴う)道徳的自己による道徳判断である(Blasi, 1984; Hardy and Carlo, 2005)。そのプロセスは以下のようなよく聞かれる言葉遣いに非公式ながら現れている。「そんなことできるはずもない」「そんなことしたら良心に反する」「そんなことをするのはわたしであるはずがない」などである。

その形成プロセスは以下のように進むと考えられる。これは子どものときに始まるが、個人は他人に影響するような意思決定を一貫して行い、同じように他人についても、その人以外に影響を与えるその人の行動について判断する。個人は道徳判断自体についても判断するし、他人から判断される。これらの判断すべてはその文化もしくは道徳的コミュニティを代表する、すなわち「わたしたち」が長い時間をかけて作り上げた善悪の理想を代表すると考えられている人から生じている。

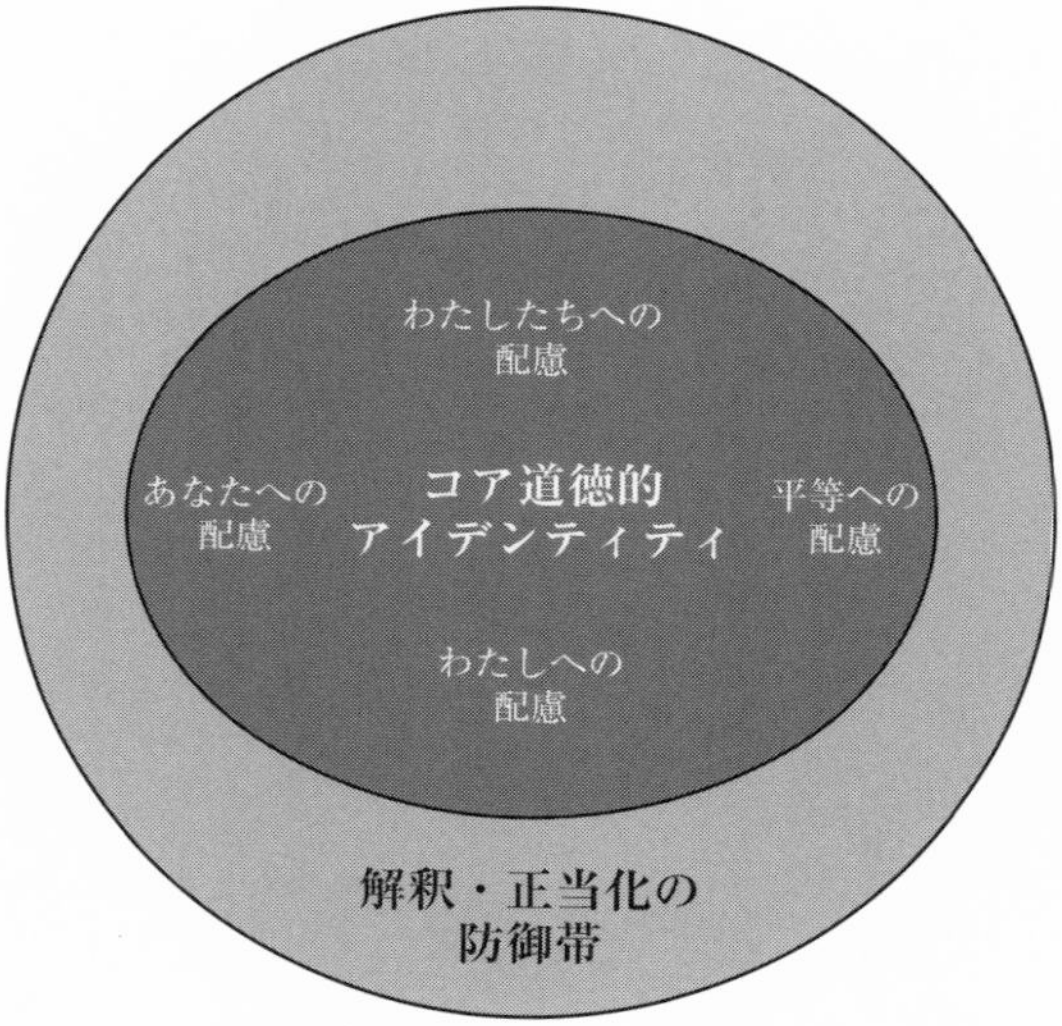

図4-2　ヒトの道徳的意思決定に関する道徳的アイデンティティのモデル

こうして子どもは成長途上で同じ視点から自身を判断し始める。「わたし」を判断する「わたしたち」という視点である。子どもはそのプロセスを内在化し、自分であり続けるためにどう行動すべきかを規定する、道徳的アイデンティティを形成し始める。この道徳的アイデンティティのコアには、四つの配慮がある（図４－２の内側の円を参照）。わたしへの配慮：生き残り、繁栄するために自分を援助するという自身の利己的動機。あなたへの配慮：他人や集団に向けられた同情と援助に現れるもの。平等への配慮：その中では、他人と自分が等しく相応しい人間であるとみなされる。そしてわたしたちへの配慮：二人称の主体を伴い対面のやり取りの中で形成された二者間の「わたしたち」、そして文化集団と一体化することで形成される集団指向の「わたしたち」の両者から生じる配慮である。

現実世界の道徳的状況の多くには、上記配慮が複雑に組み合わさっている。だからこそ、ときおり道徳的ジレンマが生じるのである。しかし、それぞれの理想化された「純粋な」形態では、他者への各種配慮がそれぞれ別の情動を伴っている。典型的には、平等と尊敬の侵害には憤慨が伴う(Strawson, 1962; Darwall, 2006)。尊敬を向けられなかった相手は、このような扱いにはふさわしくないと感じ、相手に憤慨する（研究者の中には、この情動の第三者的、すなわち文化的ヴァージョンが、他者もしくは集団の代わりに感じられる憤りであると考える人もいる）。対照的に、特に友達や親密な関係の相手から期待する同情が得られない場合、憤慨ではなく「傷心」する。傷つけられた友達は、傷つけた側が二人の関係の基礎にある同情と信頼を無視したと感じるのである。規範や規則の違反は、誰かが傷ついたり尊敬を向けられなかったりする他の道徳的違反と同時に生じる場合が多い。しかし、純粋な形態においては、規則の侵害に不同意・不賛成の感覚が感じられるだけである。規則の違反者は、われわれすべてが同意する社会的行為の規則に従わないという理由で、道徳的コミュニティのメンバーではないと判断されるのである。

最終的にわたしへの配慮が勝ってしまう場合でも、道徳的意志決定は通常わたし以外への配慮を一つは含んでおり、ヒトの道徳的意思決定には多少の複雑さが見られるのが常である。それでも、ヒトは過去の意志決定によって確立されたコア道徳的アイデンティティを守ろうと、強く動機付けられているはずである。第一に、ヒトはこの道徳的アイデンティティと矛盾しない行動をすることで、それを守る。もちろんどの状況もある程度は違いがある。しかし、その状況が過去の経験に同化していくにつれ、その違いは何らかの形で調整されていく。たとえば、格子柄のコートを着て葬儀に参加しても、単なるエチケットの違反と考えることもできれば、会葬者への無礼であると考えることもできるだろう。また他にも、そうすることで重さレベルの平等が保たれると考え、軽い相手には分け前を減らすという方法（つまり、女性と子どもは分け前が減る）で資源を分配することもできるし、これはその人たちの平等性を犯すものだと考えることもできる。科学者が経験的証拠を特定の方法で解釈し、コアとなる理論的信念にしがみつくように（Lakatos and Musgrave, 1970）、他人からすれば非道徳的に見える行動を犯しても、ヒトはその状況を上手く解釈してコア道徳的アイデンティティを維持するだろう。

しかし、上手く解釈するというだけでは限界がある。道徳的アイデンティティは社会的に構築されるものなので、他ではなくなぜその行動を選んだのかを（他人だけでなく自分にも）常に正当化できるように準備しなくてはならない。正当化とはすなわち、自身の行動がわれわれすべての共有する価値から確かに生まれたものだと示すことである。たとえば、キャンプに骨を放置して腐肉食動物がやってくれば、溺れていた子どもを助けるために思いがけず肉の解体を中断しなければならなかったと皆に説明するかもしれない。溺れている子どもを助けることは、清潔にしておかねばならないという規範にしたがうことより重要であるとわれわれ皆が受け容れているので、この正当化はおそらく受け容れられるだろう。しかし、昨晩パーティをやって昼寝が必要だったんだと言い訳し、自身の怠惰を正当化しようとしても受け容れられないだろう。ハイト（Haidt, 2012）たちは、道徳的行動が直観的・情動的源泉から生じており、こうした口頭での正当化は他人を納得させることしか目的にしていない、後付けの合理化であると論じてきた。確かにそうかもしれないが、他人を説得するのは戦略的なもので、他人が自分を罰しないようにするというだけのものではない。自身の文化的・道徳的アイデンティティをそのままに保つためにも必要なのである。実際、一部の契約主義理論では、道徳性の合理的基盤は特に道徳的コミュニティに属す人が依存する、共有された正当化構造にあるとされる（Scanlon, 1998）。新たな慣習や規範を作り出す、別のものではなくその規範を優先する、あるいはある規範を無視する際、道徳的コミュニティで共有された価値に自分の行動を位置づけ、その選別を他人と自分の両者に正当化できる（その理由を与える）準備がなければならない。重要なこととして、道徳的正当化は必ずしも道徳的行動を生み出したり、経験的に正確であったりする必要はないが、自身が道徳的コミュニティと継続して一体化していることを示す共有価値を見つける必要がある。(6)

こうして、コア道徳的アイデンティティを取り巻く解釈と正当化という防御「帯」が必要になる（図4-2の外側の円）。集めたハチミツをすべて（そうすべきだったのに）共有しなかったが、わたしはこのとき病気で他の人より栄養を必要としているとしよう。これで他人や自分自身に自分の行動を正当化できるだろうか？　自分の社会でアパルトヘイトを行っていたが、これは神が命じたことなので正当化されると考えているとしよう。これはどうだろうか？　この質問に対する答えがイエスであれば、現状維持に向かっている。しかしノーであれば、わたしのコア道徳的アイデンティティティに課題がつきつけられ、たとえば罪悪感を示す、謝罪、補償をするなどしてそのアイデンティティを修復しなければならない。もちろんこのプロセスで重要なのは、影響を被る人が自身の道徳コミュニティのメンバーであるか否かであり（奴隷が道徳的コミュニティのメンバーとみなされていれば、奴隷制はどのような形でも正当化できないだろう）、自身の正当化が参照している集団がどの集団かである（奴隷の場合で言えば、奴隷、奴隷所有者、などである）。正当化はこのように、ヒトが自分の集団や共有された生活様式と一体化し、そうしてその文化の社会契約に自身が参加することを妥当なものとするもう一つの手法なのである。

最後に、道徳的アイデンティティを通じた道徳的自己統制のプロセス全体にとって極めて重要なことは、必要なら文化の社会規範を自由に超えていけると認識されていることである。実際、言うなればこの自由ゆえに自身の決定が自分自身のものとなり、義務の力をより一層強くしている（Kant, 1785/1988）。特に、規範の対立を含む道徳的ジレンマを解決するには、慣習的なやり方に合わない方法で価値の重み付けを行わねばならない。ミード（Mead, 1934）もベルグソン（Bergson, 1935）も強調しているように、集団の規範がすんなり適用できない場合や、規範同士が対立するというもっと厄介な場合、道徳的存在は原則に基づいた意思決定を行わねばという義務の感覚から決して逃れられない。現代の複雑な多文化社会では特にそうだろう。しかし、もっと単純で均一な社会でさえ、二人称の道徳性もしくは大型霊長類的な血縁・友達個体への選好は、多くの場合規範に基づく文化的道徳性と対立するだろう。友達や同集団メンバーを助けるため、必要なら他人から盗み、傷つけるべきだろうか？　このように、それが慣習的なものであれ、個人が作り出したより創造的なものであれ、個人は自分たちの道徳的意思決定に対してある意味常に自由に同意し、一体化しなければならないのである。このように現生ヒトの生活は、セラーズ（Sellars, 1963）であればこう言うだろうが、「べきに満ちあふれている」のである。

分配的正義

分業が行われていた現生ヒト社会で特に重要な問題は、もちろん個人間での資源の分配である。実際、社会の中で資源がどのように分配されるかは、さまざまな形で正義感がもっとも明確に現れる場面である（Rawls, 1971）。第三章では、協同活動の戦利品を平等に共有しようという強い傾向性が、幼い子どもにも（そしておそらくは初期ヒトにも）見られるという証拠を提示した。もし現生ヒトが自身を巨大な協同集団の一部とみなしていたのなら、現生ヒトも集団メンバー間で（その資源を生み出さなかった相手とも）、自身を特に優遇することなく、平等に資源を共有していたと予測できるかもしれない。

これはおそらくそうだろう。ここで重要な現象は、中心地狩猟採集である。これは現生ヒトの文化集団に特徴的なもので、食料を得て、同集団メンバーとそれを共有するために中心地へ持って帰ってくるというシステムである。現代の狩猟採集民を観察すると、このプロセスもかなり複雑であることがわかる。いつ、どのように、誰と食料を共有するかについては、さまざまな集団でさまざまな方法が見られる（Gurven, 2004）。しかし、すべての文化に共通することが一つだけある。集団の全員が食料に相応しいという点である。すべての狩猟採集文化に、ほとんど貢献できない怠惰もしくは動けないメンバーがおり、こうした人達は多くの点で不利である。しかし、この人達もわれわれの中の一人であり、飢え死にさせるわけにはいかないと考えられている。現生ヒト狩猟採集社会のこうした特徴は、協同における平等な相応性の感覚に加え、現生ヒトが文化集団の一部である全員に最小限の相応性を認めている確かな証拠となる(7)。

同じように欧米の産業化社会でも、小学校期の子どもは（協同相手だけでなく）集団の全員が共有資源に等しく相応しいと考えている。たとえば、フェアーら（Fehr et al., 2008）によると、七〜八歳のスイスの子どもは思いがけない報酬を別の子どもと平等に共有したがるという。実際、相手が同集団メンバーであれば、子どもは自分を犠牲にしてまで平等な分配を確かにしようとする（Olson and Spelke, 2008; Black and McAuliffe, 2011; Smith et al., 2013 などを参照）。別の実験パラダイム（ミニ最後通牒ゲーム）でも、五歳の子どもは平等に共有しない相手を罰しようとするが（Wittig et al., 2013）、これはチンパンジーにはできない（Jensen et al., 2007）。資源を分配している小学校期の子どもは、余分な資源が得られた場合、平等を壊すような分配はせず、それを捨てようとしたりする（Shaw and Olson, 2012）。こうした発達パターンからは、協同は初期ヒトの進化における平等選好の自然な源泉であったかもしれないが、文化集団と一つの協同事業としての集団全体という感覚が登場するとともに、集団の全員がメンバーの集めた資源（特に大規模な資源）の受益者として相応しい相手であるとみなされるようになったと示唆されるのである。

最近では多くの文化間比較研究（大半は小規模文化と欧米産業化文化の両者を含んでいる）によって、子どもが資源の分配を選択する方法に文化間で違いがあると分かっている。たとえば、ロシャら（Rochat et al. 2009）によると、三～四歳児が思いがけない報酬を他人とどう分配するかについて文化差が見られるという。ハウスら（House et al. 2013）によると、六つの異なる社会で参加者が資源を犠牲にしなければならない独裁者ゲームを行ったところ、幼い頃は違いが見られないが、八～九歳になると文化差が現れ始めるという。ツァイトラーら（Zeidler et al. 2016）では、独占可能な資源にアクセスする順番を交替したがるかどうかについて、顕著な文化差が見られている。ヘンリックら（Henrich et al. 2001）でも、大人が最後通牒ゲームでどう行動するかについて、対象となった十五の小規模社会すべてにおいて何らかの公平感は見られたというが、それでも明らかな文化差が見られたという。最後に、シェファーら（Schäfer et al. 2015）の研究では、欧米産業化社会における小学校期の子どもが、各自の生産性に応じて協同相手と資源を分配した一方で、小規模アフリカ社会の同じ年齢の子どもはそうしなかったのである。

資源分配に見られるこうした文化差を理解するには、個体発生パターンが重要である。幼い子どもほど文化が違っても（実際にこれまでの研究でそれほどはっきりとは示されていないが）公平感に差が見られないのは、子どもがまだ自然な二人称の道徳性にしたがっているからである。しかし成長するにしたがい、特に小学校期の間、公平な形で資源を分配するためにその文化が作り出した社会規範へ、子どもは同意し始める。現状を大まかに見れば、あらゆる文化のあらゆる年齢の人間が、利己的な動機、他者指向的な同情、相応性に基づく公平という動機など、資源分配に関与するさまざまな動機を持っている。しかし、異なる文化の生活様式で緊急事態が生じれば、上記の異なる動機が各文化の社会規範の中でそれぞれのやり方で結びつけられ、重み付けが行われなければならない。こうした違いは異文化の間でしか見られないわけではなく、同じ文化の異なる状況の中でも見られることがあるだろう。こうして、たとえば極端な欠乏状態では、どの文化でもある程度の利己性を予想するだろうし、それに寛容になるだろう。最後通牒ゲームのような状況では、どの社会の人間もある程度の公平感は持ち合わせている。小規模文化の子どもが生産性をあまり考慮しないとしても、ほぼ間違いなくその文化の子どもも大人も誰かが他の人より多くの資源を得ると考えている（たとえば首長は他の人より、大人は子どもより多くを得る、など）。それゆえ、分配的正義のもっとも基本的な領域においてさえ、他の社会領域と同じく、一般的なヒトはすべて普遍的に二人称の道徳性を備えており、社会規範という文化的道徳性がその上に配置されているのである。

最後に再び強調しておかねばならないが、分配的正義という概念は基本的に「モノ」に関わるものではなく、公平かつ敬意をもって接されることに関わるものである（Honneth, 1995）。公平に資源を分配する方法がなければ、現代の大人と子どもは、公平な手続きが取られる限り、ほぼすべての資源配分を受け容れるだろう。こうして、それがたとえばくじ引き、サイコロ投げ、じゃんけんなどから生じたものであれば、不平等な資源分配であっても子ども・大人はその分配に敬意を払う。

近年発表された以下二つの実験によると、その分配がランダムな「ルーレット」で決められた場合、幼い子どもは等しい割合より少ない取り分でも満足するという（Shaw and Olson, 2014; Grocke et al., 2015［140：197-210］）。手続的正義の場合、よく知られているように、規則が不偏的に、すなわち特定の誰が影響を受けるのかが先立って知られていない状態で（いわゆる「無知のヴェール」の下で［Rawls, 1971］）定式化され、またそれがこのプロセスであると理解されている限り、個人はその結果に満足する。個人は公平かつしかるべき敬意をもって接されているが、これが重要なのである。実際、多くの現代文化で実践されているように、私有財産に関わる制度は基本的に、対象に関する個人間での敬意を法文化したものとみなせるかもしれない。それが上手くいくのは、個人が他者の所有権に敬意を払っているからであり、それが唯一の理由である。この見方と一致する結果として、ロッサーノら（Rossano et al., 2015）は、所有権を示す為におもちゃを隅に積み上げるなどして他人が信号を発信した場合、五歳児はその所有権に敬意を払う（が三歳児はそうしなかった）ことを明らかにしている。

文化的集団選択

ヒトは進化的に重要な状況、特に熟慮して意思決定を行う時間がない場合に対処するため、直観や情動を進化させてきた。確かに、この直観・情動に基づいて、ヒトは道徳に関わる状況に概して決まった反応をする（Haidt, 2012 参照）。さらに、熟慮して道徳的意思決定を行う場合、ヒトには概して四つの配慮があるとも論じた（図4－2参照）。しかし、こうしたヒトに普遍的な特徴以外にも、それぞれの文化は新規な方法で、これらの配慮のさまざまな側面をひとまとめにして、いわば非常に強固なわたしたちへの配慮の下にその関心を位置付けるような、独自の社会規範や制度を作り出してきた。もしあなたがわれわれの文化集団や社会規範と一体化するなら、こうした状況が生じた場合、あなたはその規範にしたがわねばならない。文化の中で規範が作り出されるのは、特定の生活様式の中で何度も生じる状況に上手く対処するためである。規範は「正しい作法」に独立したさらなる理由を与えるための規則を用いて、個人の自然な道徳性を強化するのである。こうして、資源の欠乏に対処しなければならない文化、近隣集団との激しい競争に対処しなければならない文化、これからの数週間どこで生活すべきかについて集団で下された決定が生死の問題に関わる文化、資源を蓄積して他人に対して権力を持てるような文化がある一方、そうでない文化もある。特定の生活様式の中で社会秩序を維持することを目的とした規範に対し、その規範に同調するように促進する文化的道徳性が、文化によって個人の自然な道徳性の上に築かれているのである

第二章で述べたように、現生ヒトの登場とともに（あるいは人口条件が変化して集団間の競争が激化するようになってようやく、かもしれないが）、こうした文化の多様性が重要な役割を果たす新しいプロセスが登場した。この新しいプロセスが文化的集団選択である。出アフリカ前からかもしれないが、十万年ほど前、上で述べたような生態的理由などから、異なる文化集団が異なる慣習、規範、制度を作り始めた。こうした異なる超個人的社会構造はすべて、個人間のやり取りを調整し、各集

団内の潜在的な対立を緩和することを目的にしていたが、具体的な方法はそれぞれの集団で異なっている。同文化メンバーは集団の規範に全員が同調すべきだと主張するため、歴史的時間規模で規範は安定して集団内に存続した。規範の安定によって集団内の均一性が最大になり、またこれが実質的な集団間の異質性と相まって、規範の体系的な多様性が文化間で見られるようになった。その結果、文化進化という新しいプロセスが生じたのである。

こうした集団特有の行動や構造が集団生活の制御でどれくらい上手く機能したかはそれぞれ違っていたので、協力や集団の団結をもっとも上手く促進した慣習、規範、制度をそなえた現生ヒト集団が、他集団のメンバーを排除したり同化したりして勝利したのである（Richerson and Boyd, 2005）。すなわち、文化集団レベルで進化的プロセスが作用するようになり、それが現生ヒトの集団指向的道徳性の本性にさらなる重要な役割を果たすようになった。文化のメンバーが、自分たちの文化的生活を共有したいと思う相手を社会的に選択するようになったのである。こうして特定の環境（特定の習慣、規範、制度など）で集団活動を調整し、協力を促進する社会制御装置を各集団があれこれと作り出し、その課題をもっとも上手くこなした装置が、それを作り出した集団の生存を促進したのである。

文化集団はこうして新たな複数主体の形態を作り出した。初期ヒトの協同活動における共同主体と同じように、現生ヒトはある種の集合的・文化的主体を作り出し、どこに行くべきか、近隣集団とどのようにつきあうべきか、一時的なキャンプをどのように構築すれば良いかなどについて、この主体の中で集団的に決定しなければならなかった。もし志向的主体が目標に向かって志向的に行動するだけでなく、自身の行動を理解し、予測できない偶発事態が生じた場合にそのプロセスを自制する生物であるのなら、集合的集団目標に向けて行動する文化集団は、その目標への進展を自制するために集合的コミットメントを形成する、集合的主体とみなせるかもしれない（List and Pettit, 2011）。

Box 2　小学校前の子供に見られる、規範に基づく萌芽的道徳性

小学校前の子ども（典型的には三～五歳頃）は、十分な道徳的存在ではない。それでも、より幼い子どもに比べ、道徳に関わる新たな行動や判断、すなわち集団的アイデンティティや社会規範のような集団指向の対象に関わる多くの行動を見せる。初期ヒトの二人称の道徳性に続いて、より集団指向的な規範に基づいた道徳性が現れはじめるというのがヒト進化に関するわれわれの提案だが、こうした子どもの発達はこの提案をある程度は裏付けるものである。ここでは本章で触れた関連研究をまとめておく。どの場合でも、対象となる子どもは五歳児だけか、三歳児と五歳児の両方である（ただし多くの場合、より幼い子どもでは上手く反応してくれないので実験の対象にはなっていない）。子どもの内集団バイアスに関する研究は、本章の最初でまとめてある。

集合志向性：以下は小学校前の子どもには見られ、幼い子どもにはおそらく見られない。

・たとえ実際に経験している様子を見ていなくとも、同集団メンバーは誰もが文化的共通基盤の中で一定の物事を知っているはずだと理解している（Liebal et al., 2013）。

・同集団内メンバーが危害を加えた場合に責任を感じるが、集団外メンバーであればそうはならない（Over et al., 2016）。

・（最後通帳ゲームにおいて）不公平な分配を拒否するというコストを払ってでも、資源を平等に分配しようという傾向性がある（Wittig et al., 2013）。

・分配手順に偏りがなければ、自分たちの取り分が少なくなっても資源の分配が公平であると判断する（Shaw and Olson, 2014; Grocke et al., 2015）。

・他人の所有権に敬意を払う（Rossano et al., 2015）。

社会規範：同右

・第三者に危害を加えた相手を志向的に罰する（McAuliffe et al., 2015; Riedl et al., 2015）が、こうした行動はチンパンジーには見られない（Riedl et al., 2012）。

・第三者に対して言葉で道徳的・慣習的規範を強制する（Schmidt and Tomasello, 2012 の総説を参照）。

・社会規範を強制する相手をそうでない相手より好む（Vaish et al., 2016b）。

・包括的規範言語で客観的立場から規範を教え、強制する（「それは間違っている」など。Köymen et al., 2014, 2015）。

集合コミットメントと義務：同上

・集団メンバー全員に対して調整のための慣習を作り出し、対立を避ける（Gockeritz et al., 2014）。
・「正しいことをする」ために仲間からの圧力へ抵抗することがある（Engelmann et al., 2016）。
・自身（もしくは同集団メンバー）による危害に対してのみ罪悪感を感じ、その危害を埋め合わせようという特別な責任を感じる（Vaish et al., 2016a）。
・違反に対して罪悪感を見せる相手をそうでない相手より好む（Vaish et al., 2013）。

善悪の起源

本章での試みは、初期ヒトの二人称の道徳性の上に構築された、現生ヒトの道徳心理の枠組みを明確にすること、しかもより大きな、部族として組織された社会集団（いわゆる文化）での生活に対する適応として描くことだった。現生ヒトの文化集団はさまざまな新しい生態的ニッチに入りこんだので、局所条件に適応した、それぞれの集団独自の慣習化された文化習慣、規範、制度を作り出していった。

この新しい文化世界で生き残り、繁栄していくため、火急の課題として上がっていたのが集団の文化習慣に同調することだった。なによりもまず、現生ヒトはホッブズ的な将来的理由のために同調していった。集団メンバーと連携し、(親しくない相手とも) 調整し、同調しないで (評判に関わるうわさ話を含む) 罰を受けるような事態をさけようとしたのである。現生ヒトはルソー的な「正当性」のためにも同調していった。自分たちがその中で生まれた社会契約を自身で作り出すということはしなかったが、自分たちをその契約の分担者であるとみなし、その契約が示す「客観的な」善悪の価値を妥当なものとみなすことで、その価値を正当化したのである。

正当化に加え、メンバーがすでに持っている二人称の道徳性に基づいて、文化規範の一部が道徳的なものとみなされた。古典的な社会契約の物語では、集団への参加に悩む孤立した人間は、自然かそうでないかは別にして、決して道徳的ではない。しかし、われわれの二段階の物語にとって、それがまさに大事な点なのである。われわれの物語では、初期ヒトは対面で協同相手とやり取りするために二人称の道徳性を進化させたが、現生ヒトはその道徳性を最初から備えていた。それゆえ、ゼロから「客観的な」道徳性を作り出す必要がなく、既存の道徳性を文化的生活様式に合うように拡大させるだけで良かったのである。

現生ヒトの道徳心理

初期ヒトから現生ヒトへと変化する際、道徳心理が「拡大」していった過程を説明するには、ヒトの道徳性にとってもっとも重要な、以下四つの心理プロセスが変化する様子を説明せねばならない。（一）相手の幸福に対する同情的配慮が集団への忠誠へと変化する過程、（二）共同志向性という認知プロセスが集合志向性へ変化し、その結果として価値が客観化していく過程、（三）二人称の主体と協力的アイデンティティという社会的やり取りのプロセスが、文化的主体と道徳的アイデンティティに変化する過程、（四）共同コミットメントと責任という自制プロセスが道徳的自己統制と義務へと変化する過程である。初期ヒトの二人称の道徳性について論じたのと同じように、現生ヒトに関しても、こうした変化の多くの要素が道徳性それ自体ではなく、認知的に他人と上手く調整するための適応であった。各種の協力的動機と組み合わさって、これが革新的な道徳心理を生み出したのである。

一体化と忠誠

初期ヒトは相互依存する協同相手に同情を感じていた。文化が組織され始めると、現生ヒト集団は集団それ自体が相互依存する（そして他集団と競争する）協同実体となり、メンバーはその作法に同調することで、この協同実体と一体化していった。文化のメンバーはこうして、相互依存する同集団メンバー全員と集団そのものに同情を感じるようになったが、近隣の外集団で生活する野蛮人に対してはそうではなかった。メンバーは集団に忠実であり、集団が上手くいくこと重要だった。

を本当に大事にしていた。この忠誠が個人の集団的アイデンティティと受容、そして生存にとって

客観化 集団内の親しくない相手との協同活動、そして大集団の協同活動を調整するため、現生ヒトは（協同相手との個人的共通基盤に基づく）共同志向性という技術を（集団の全員が持つ文化的共通基盤に基づいた）、集合志向性へと拡大させていった。この新しい認知技術によって、慣習的文化習慣や制度を作り出すことができ、その習慣や制度におけるさまざまな役割については、誰もが理想的に達成する方法を知っていると誰もが理解していた。「誰でも」そうした役割を担えると理解されていたので、主体独立、すなわち理想的役割の「客観性」の感覚が生まれたのである。このように、文化的共通基盤の中で、さまざまな役割が集団成功のためにどう果たされる必要があるのか、それについての適切・不適切な方法を誰もが理解していたし、集団に貢献するメンバーであるというもっとも一般的な役割もここに含まれていた。

このプロセスで、相手と視点を交換する初期ヒトの能力が、合理的な存在すべての視点を取れる能力へと変化した。現生ヒトはどこでもないところからの十分に「客観的な」視点を取れるようになったのである。この視点は合理的な人すべてが取れる視点であり、この視点を持つことで、自身を含む多様な関係者の間で視点の調整が必要な場合に、十分「不偏的な観察者」として行動できる。初期ヒトの自他等価性の感覚と同じように、主体独立のどこでもないところからの視点は、それ事

態で道徳的な判断に関わるものではないし、この新たな社会的存在の中で物事がどうなっているのか、それについての認識でしかない。現生ヒト文化の中で物事がどうあってどう行動すべきかについて、子どもは個人の意見や視点でなく文化全体から生み出された、包括的かつ権威のある教育的意見を採用する相手から教育を受けていた。集団における慣習的作法は、こうして正しい作法へと客観化されたのである。こうした客観化は文化的制度によってさらに強化されたのだが、この制度が義務を生み出す新たな権力（戦争の宣言や縄張りの定義など）を持った文化的実体（首長や境界など）を作り出した。現生ヒトは客観的存在の一部として、この制度的世界に生まれたわけだが、この世界はつねに、そして自身が生まれる前からすでに存在していたのである。

正当化　初期ヒトの協同パートナーがパートナー制御を必要としていた一方で、文化に生きる現生ヒトはより広範な社会制御を必要としていた。結果として、初期ヒトの協同活動から生まれた役割ごとの理想的行動は、第三者に管理された社会規範へと拡大した。社会規範は集団の文化的共通基盤の中で作り出され、維持されており（それゆえ、その集団で育っていればその規範を無視することなどほとんどできなかった）、すべてのメンバーからのおおむね平等な同調を要求していた。社会規範は二人称の道徳性をすでに備えた個人のために存在していたので、二人称の道徳性の態度・動機を強化する規範は道徳的なものだった。こうした道徳規範の違反は致命的な場合があった。最悪の場合、相手から拒否されるだけでなく（これは新しい相手を見つけるだけでなんとかなる）、集団から完全な村八分にあう（集団がパートナー選別を行う）こともあるからだ。現生ヒトの文化では、個人が集団に完全に依存しており（そして個人の関心は本来、集団と集団が上手くいくことにある）、それゆえ同調することが文化的に合理的だったのである。

しかしさらに、道徳規範を破ることは単に悪であるというだけでなく、どのような罰を受けたとしても、それは相応しいものであった。協力的な文化的主体は、集団の作法に誰もが同調しなければならない（し、他の誰もが確かに同じく同調するようにしなければならない）し、そうでなければ物事が崩壊してしまうだろうと認識していた。他人が文化規範を強制することが規範として期待されていたが、これは重要な点である。実際、（たとえば彼は彼女の行為を罰するべきだった、などと）他人の道徳判断に対して道徳判断が行われており、それゆえ「かれら」が「わたし」に強制し、戦略的に同調しなければならない何かとして社会規範が認識されているわけではない。むしろ、社会規範は「わたしたち」が物事を進めるべき方法、すなわち正しい作法を正当化してくれるものだった。個人は集団と一体化するプロセスを通じ、何らかの意味で自分自身が社会規範の分担者であると感じている。それゆえ、規範はさらなる正当性を獲得し、社会規範を破ることはある意味で文化的アイデンティティを破ることになったのである。したがって、統制する社会規範を十分に理解した上で利己的に行動するのは、文化的自己より利己的自己を選択したことになる。ここでの文化的主体とは、自身の道徳的コミュニティの中で高潔に正しいことを行う「人物」であろうと努力する主体である。こうして、この利己的行動は非難に相応しいのである。

道徳化　他人と自身の共同コミットメントを形成していた初期ヒトとは違い、現生ヒトは自分たちのためにすでに作られた集合コミットメントに、いわば自身が生まれ育った文化的慣習、規範、制度などの形で関わっていた。現生ヒトのコミットメントはこのように、社会契約の問題だったのである。個人の価値、超個人的文化構造、そして集団指向的合理性の観点から正当化するため、いつ、どのように、そしてそもそもその社会契約に調印すべきか否かという問題である。集合コミットメントの分担者になり、適切な強制が（それが相応しいことであるがゆえに）正当化できるようになって、自身の道徳的アイデンティティが形成され始めるのである。個人のコア道徳的アイデンティティを構成する相応性という規範的判断は、同情の配慮（「あなた＞わたし」）、正義への配慮（「あなた＝わたし」）、そして文化的合理性への配慮（「わたしたち＞わたし」）を反映していた。その本質は、初期ヒトの二人称の道徳性から受け継がれたものである。コア道徳的アイデンティティをそのまま維持するには、状況によって上手く判断を変え（たとえば、適切な同情と公平性を状況ごとに判断するなど）、道徳コミュニティで広く共有されている価値から逸脱した行動を上手く解釈し、他人と自分自身に上手く正当化しなければならないのである。

現生ヒトは社会規範（とそれらが体現する善悪の価値）に対する集合コミットメントという自制プロセスを内在化しており、これが義務感を生み出していた。義務感（と自制して正しい（そして間違っていない）行動に自分を導くために義務感を使用すること）はある種の道徳的自己統制を構成していた。そしてこの道徳的自己統制は個人の道徳的アイデンティティの感覚に依存していたのである。

道徳的自己統制によって、他人から肯定的に判断されるであろう行動を反省的に認証して行動するだろうし、あるいは後々まずい判断をしてしまったと考えたなら、罪悪感を感じることになる。しかしもちろん、集団規範に反して行動するという（非道徳的な行動さえも含む）選択肢もつねに考えられるし、さらに道徳的要求が互いに対立し、行動を決定するのに慣習的解決では何の役にも立たないような場合も少なくない。そうした場合、どの選択肢を選ぶかを自分自身で決定せざるをえないのである。現生ヒトの道徳的意志決定は、このように多くの異なる「声」が関わっており、その中で判定を下せる人はその個人以外に誰もいなかったのである。

総じてみれば、依存する社会資源には投資すべきなのだから、社会的な相互依存という環境の中で協力は合理的なのである。現生ヒトのこうした社会資源には、他人との個人的関係だけでなく、他人との調整と集団における妥当な範囲での社会制御に必要な文化習慣、規範、制度も含まれていた。しかし、道徳性に至るには個人の合理性を超えていく必要がある。現生ヒトの場合、協力的合理性が必要なだけでなく、十分な文化的合理性も必要である。（多くの場合はそうだが）戦略的に必要だから他人と協力的にやりとりするというだけでなく、集団の仲間がすべての重要な点で自身と平等であり、協力に相応しいからこそ、協力的やりとりは正しいのである。われわれ全員がその中で生活する文化習慣、規範、制度が（われわれが文化の先祖と文化的に一体化しているとすれば）「わたしたち」のために「わたしたち」によって作り出されたからこそ、それが正しい作法なのであり、われわれはその正当性を最初から（われわれ全員が潜在的な違反者かつ強制者であるというある種の無知のヴェールから）支持し、それゆえ自分に対するものも含め、違反に対する強制を相応しいものとみなすのである。そしてそう、それが正しい作法であるからこそ、正しいと言えるのである。裏切りや強制に対して抵抗したいという誘惑があるにもかかわらず、そして時には実際にそうしてしまうこともあるだろうが、現生ヒトは他人を判断するように自分を判断し、他人に非協力的であれば、それは自身の個人的な道徳的アイデンティティを放棄することになってしまうのである。

多様な道徳性

多くの道徳哲学者にとって、現在のわれわれに備わっているのは原則に基づいた道徳性、すなわち十分に客観的な善悪の道徳性である。しかし、自然な（二人称の）道徳性と文化的な（「客観的な」）道徳性の違いを明確にしておかねばならない。社会規範それ自体は道徳的ではない。多くの慣習的規範は道徳性と関係がない。しかし適切な環境に置かれれば、社会規範は道徳化される場合もあるし、自然な道徳性に結びつくことで確実に道徳化されるのである。こうして、祝宴でぼろをまとうことは、それが祝宴を台無しにする、もしくは平等に扱われていないと感じさせて実際に他人を傷つけたり、敬意を払っていないことになれば、道徳的悪と解釈されたりするだろう。否定的道徳判断が引き起こされるのは、同調しないことそれ自体が理由ではなく、同調しないことで相手を傷つける、あるいはそれが敬意を示していないとみなされるからである。

同じように、その規範にしたがう人が道徳的だと考えている社会規範の多くが、他の文化のメンバーからすれば非道徳的だとみなされる点も重要である。ほとんどの場合、自然な道徳性による指示が要求するものは環境によって違う理解をされるからである。たとえば少し前の例として、アパルトヘイトは関係者に道徳的であると考えられた社会規範の体系だった。しかしそれは、傷害や敬意の無さ（あるいはその欠如）を巧妙に定義し、道徳的コミュニティに誰がいるのかを巧妙に説明することで可能になっていた。どこかの時点で関係者はこの社会規範が非道徳的であると理解するようになったが、それは（さまざまな内的・外的圧力によって）アパルトヘイトが自身の自然な同情・公平の感覚と、道徳的コミュニティに誰がいるのかという感覚に違反していると考えるようになったからである。ここでも再び、規範それ自体ではなく、ヒトの自然な二人称の道徳性とのつながりこそが決定要因となっているのである。実際、別文化の人間がある社会規範を非道徳的だとみなす（あるいは内部者がその方向に心変わりする）場合、彼らが支持しているのは、真に道徳的な人間ならその規範に反対すべきだという意見なのである。文化規範は道徳性を作り出すのではなく、それを集合化・客観化し、制度がさらなる一歩を踏み出してそれを神聖化するのである。

ポイントは、文化規範が道徳性に関わると言っても、それは集団指向的で規範に基礎を持った文化集団ができる前から存在していた、同情と公平というヒトの自然な態度と何らかの形で結びついている場合のみである。社会規範にしたがうことは単なる同調であり、規範を強制することは何らかの罰を通じて同調を強制することでしかない。ヒト独自の現象の中でも特徴的な、反省的な捻れとして、道徳規範に違反するものは罪悪感を通じて自分自身をも罰している。違反者は、自分自身が行った判断に対して集団の視点・態度を採用しているのである。集団の社会規範を掲げることへのコミットメントは、自身を集団内の（なんら特別でない）単なる一メンバーとみなす能力・傾向性と組み合わさって、ヒトだけが作り出せる自責のようなものを生み出すのである（Nietzsche, 1887/2003）。

このように、善悪に関する文化的感覚は、「わたしたち」がわれわれの文化的文脈で、同情的かつ公平に他人に接する方法だと考えるものなのである。文化的に伝達されたその他すべてのように、この文化的道徳性はおおむね保守的である。しかし、文化的創造ももちろんある。新たな状況が生じれば、文化集団は新たな社会規範を慣習化し、新たな制度を形式化して適応した。現代世界では、文化集団がさまざまな経済的・政治的理由で統合分裂を繰返すように、集団ごとに変化する人口動態によって多くの変化が引き起こされている。誰が特定の道徳的コミュニティのメンバーであるかがつねにはっきりしているわけでもないせいで、現代では状況がさらに複雑になっている。結果的に現代では、さまざまな社会規範がしばしば互いに対立するような、複雑かつ多様な道徳性が見られるのである。また、集団指向的な文化的道徳性の要求と二人称の自然な道徳性の要求が対立し、十分な解決も見られないことが多い。もちろん、根本的に解決困難であるような、異なる（現代国民国家の一部である場合もある）文化集団間での価値の対立も見られる。しかしわれわれが主張したい（あるいは望む）のは、以下の点に関して共通合意に達することで、こうした道徳的ジレンマを解決する手助けになるということである。（一）特定の状況で同情／危害、公平／不公平を構成するものとしないもの、そして（二）誰がわれわれの道徳的コミュニティのメンバーであり、そうでないのかである。これが人類すべてに共有された自然な道徳性の中に、道徳的議論を基礎づけるのである。

このように、ヒトの道徳性には、複雑さと避けがたい矛盾までもが見られる。これを認識しておくことは重要である。道徳性の源・層が多様であり、社会生活が入り組んで予測不可能であることを考えれば、道徳性をすべての状況に一貫して適用することは不可能である。腹を空かせたパートナーに同情し、半分以上の分け前を相手に分けることはできても、それはできるだけ平等な分配を行いたいという別の傾向性とは矛盾してしまう。他人から食べ物を盗むべきでないという社会規範があったとして、自分の子どもや友達が飢えていた場合はどうすればよいだろうか。異なる社会規範が等しく適用される場合はどうか。ヒトの道徳性は一枚岩どころか、数百万年にわたるヒト進化のさまざまな時期で、さまざまな生態的圧力に影響を受けてさまざまな源泉から生じたものをつぎはぎした雑多なものなのである（Sinnott-Armstrong and Wheatley, 2012）。今日のヒトは、以下の諸々が入り混じった社会的やりとりの中にいる。わたしに関わる利己的な動機、あなたに関わる同情的な動機、平等主義的な動機、わたしたちに関わる集団思考の動機、そしてどのようなものであれ効力を持った文化規範に従う傾向性である。何かが奪われれば、わたしたちの大半が利己的になる。誰かが緊急事態に巻き込まれていれば、大半が寛容になる。平等な協同が必要であれば、大半が平等主義的になる。ウィンブルドンの決勝でプレイするとき、賞金をどちらが多く必要とし、賞金のために誰がもっとも頑張ったかは関係がない。文化規範にしたがうなら、誰であれベストなテニスをした選手が賞を手にするというだけである。これらすべての動機が常に、ある意味すでに存在しているのである。唯一の問題は、特定の状況でどの動機（たち）が勝利を収めるのかという点だけである。

コーダ：エデンの園の後

出アフリカが始まる前、十万年前頃に始まったことだが、現生ヒトは三つの点で道徳的になった。第一に、血縁、友達、協力相手に対して特別な同情を抱くだけでなく、同文化メンバーに忠誠心を抱いていた。そのおかげで、こうした特別な相手に優先的な扱いがなされるようになった。現生ヒトには同情という道徳性があったのである。第二に、相応しい相手との二者間での直接的なやり取りにおいて、敬意を持って行動するように責任を感じていた。そのおかげで相手と公平に接するようになったのである。現生ヒトはこのように、公平という二人称の道徳性を備えていた。第三に、三つの一番上に配置されたものだが、いわば現生ヒトは、文化集団で偏りなく定式化された慣習、規範、制度（特に二人称の道徳性に関わるものだが）に対して同調し、なおかつ他人も確実に同調させなければという義務感を、集団と自身に対して感じていた。現生ヒトは正義という集団指向の文化的道徳性を備えていたのである。

上記三種類のヒトに普遍的な道徳性の中には収まるものの、現生ヒト集団の文化的道徳性は、集団ごとに具体的な中身がかなり異なっていただろう。すなわち、ヒトの道徳性が進化するプロセスにとって、もう一つの重要な側面が文化的集団選択なのである。文化的集団選択ではもっとも協力的かつ効果的な慣習、規範、制度を備えた文化集団によって、他の競争集団が排除されるか同化されていた。このプロセスで特に重要なのは、一万二千年前頃に始まった出来事である。この頃に、現生ヒトは食料を追い求めるのではなく、植物や動物を栽培・家畜化して自分自身で食料を生産できるようになったのである。農耕の登場とそれに伴う都市の誕生は、もちろんヒト社会性の歴史において記念碑的な出来事である。ヒト集団が食料を生産できるようになると、異なる言語を話し、異なる食べ物を食べ、異なる服を着て、異なる衛生習慣を持つというように、大きく異なる文化習慣の中に生きる人たちがお互いの近くで生活するようになった。彼らは定住していたので、社会規範や価値が異なっていてもうまくやっていく方法を見つけねばならなかった。そしてもちろん、農耕が行われていたとすれば、余剰食料を独占し、他人に権力を行使するための資本としてそれを使用できる人間がいた（Marx, 1867/1977）。この新たな社会環境においてうまく協力していくには、新たな超個人的統制装置が必要だった。現生ヒトの道徳性を考えた場合、もっとも重要だったのが法律と組織化された宗教である。

形式的な（そしていずれは成文化された）法律は、主に制度によって不偏的に管理される、裏切り者への新たな罰の方法を定式化し、それによってヒトの協力と道徳性を促進すると伝統的には考えられてきた。結果的に、法による罰が行われる場合、個人はそのコストを負う必要がないのである。これは確かにおおむねその通りだろう。しかしシャピロ（Shapiro, 2011）が論じているように、法体系の主な機能はたちの悪い裏切り者を監督するというより、無数の点で誰かの目的追求が意図せず他の人の邪魔になってしまうかもしれない大規模文化集団において、（他人の邪魔をしてしまう以外は）善意の人たちの活動を調整することなのである。たとえば、数千年前の大規模農耕コミュニティでは、道具を貸してもらったお礼に作物を約束したものの、天候のせいで収穫がなかったというような状況が容易に考えられる。ここで起こりうるかもしれない破壊的な争いを防ぐにはどうすべきだろうか？　あるいは水の流れを変えて自分の土地に引き込み、もともとの下流にいた人たちの作物を知らず知らずのうちに台無しにすることがあったかもしれない。ヤギを他人に売ったものの、それが不妊であったということもあっただろう。そういうときにどうすべきなのか？　シャピロ（Shapiro, 2011, p. 163）は次のようにまとめている。

> 生じる不和は…本当に深刻だ。各自が道徳的にすべきことをやろうとしている。問題は誰もそれが何かを知らず、それについての同意も得られない点である。習慣では進化する対立についていけない。急速に変化する社会条件を統制するには変化が遅すぎ、複雑な論争を解決して大規模な社会的プロジェクトを調整するには大雑把すぎるからだ。個人的な交渉や取引で鎮静化

できる論争もあるが、時間や労力だけでなく、情動や道徳の観点から考えても、このプロセスはコストがとても大きい。互いの作業に介入する方法はもっと色々あるし、争いの種となる資源も色々ある。それを考えれば、論争が急増・悪化し、次の機会に協力を拒んだり、下手をすれば争いが継続したりして膠着化する危険性もある。

シャピロはさらに、必要なのはさらなる社会的計画だけでなく、社会的計画のための計画だと論じている。たとえば、誰もがしたがわねばならない規則を作り、その規則を適用して論争を裁定するため、首長もしくは年長者の委員会を指名するかもしれない。ここで、どのように首長もしくは委員会が選ばれるのかに関する二次の規則がなければならないし、その規則がどう運営されるかについての規則があるかもしれない．シャピロが論じているように、法体系は「合法性に関わる状況」での、二次の社会的計画制度なのである。そして、その解決が複雑でややこしく、恣意的であるような、数多くの深刻な道徳的問題をコミュニティが抱えているときにはいつも、この制度が定着している。こうして、二次の社会的計画という法形態が登場したのである。

ヒトの道徳性というわれわれの関心事にとって重要なことだが、シャピロ（Shapiro, 2011, p. 171）はさらに次のように論じている。「法の目的は、『正しい』方法で計画すること、つまり道徳的に正当化できる方法で、道徳的に理解可能な計画を採用・適用し、法にはなっていない計画の欠点を補うことである」。法にしたがう人が法を道徳的に正当化できるものと見なすためには、法は「道徳的に理解可能」でなければならない。もちろん、武器を持った独裁者は、誰もが二番目の子を殺さなければならないという規則を決め、軍事力でそれを強制するかもしれないが、それも法と呼べるだろう。しかし、これが暴動を引き起こすことは言うまでもない。人々がしたがい、支持し、互いに強制する法というものは、自身の道徳的観点から前向きに賛同できるものであり、集合的にコミットされるものである（Gilbert, 2006）。これは規則がどのように作られるかという二次の規則にも当てはまる。正当であると考えられれば、二次の（憲）法という手続的正義を受け容れなければならないのである。それゆえ、法にしたがう者の目から見て法体系に正当性を与えるには（そして法の中で政治的な義務感を生み出すには）、法的視点がつねに道徳的視点を表していると主張する必要がある。結果として、典型的には市民は法にしたがい、それを道徳的に正当化できるものとして敬意を払う。そうしなくなるまでは、の話だが。

さまざまなリーダーが人間史を通じ、自身とその法を道徳的観点から正当化しようとしてきた。その方法の一つが、自分が何らかの形で神によって、もしくは別の超自然的な方法で選ばれた存在であると主張することである。宗教的態度の起源は一般によく知られていないが、重要な一つの要素として、現生ヒトに特徴的な主体独立かつ集団指向の思考の類にその起源を見つけられるかもしれない。特に先祖や古くからの伝統を含む歴史的側面を考えた場合はそうである。規範や制度にはある種の抽象的な、ほぼ超自然的な存在が見られるし、特定の個人だけでなく「誰にでも」適用される（それがどのように考えだされたとしても）。ヒトの経験で奇跡を起こす主要な原因の一つが、われわれの社会を作り上げた聖なる祖先がいる場所である。実際、宗教的態度の重要な基礎は、亡くなったがその魂がどこかで生き続けている祖先と伝統を神聖化し、賛美することである（Steadman et al., 1996）。リーダーはこの態度を利用して、自身のリーダーシップに超自然的な基礎があると主張するのである。

初期の大規模社会と連動して生じた組織化された宗教は、協力を促進する社会的な手法、さらには法的手法として登場した。（神聖化の感覚と合わせて）超自然的実体と力に関する共有された信念によって、さらなる文化的共通基盤が与えられ、集団の結束がさらに強くなった。社会ごとに異なる宗教が何度も登場し、最初は小規模であったものが時間とともに徐々に大きくなっていった。ウィルソン（Wilson, 2002）が論じているように、典型的パターンとしては、互いを援助・支援して共に働くことでチームとしてうまく機能するような、より巨大で「有機的な」社会的実体を作り出すことで、力のない人たちが結束してその社会で力を得るという流れである。こうして同じ宗教の人々は互いに相互依存を強めていったのである。個人の協力はさまざまな明示的手法で促進されるが、その手法の少なからぬ一部が、個人のあらゆる動きを見て超自然的来世で協力者に報酬を与えるような、偏在する神なのである（Norenzayan, 2013）。したがわねばならない規則が明確に協力促進を目的としている場合もあるが（「隣人を愛せ」など）、単に儀礼的で集団との一体化を示すだけのようなものもある。ウィルソン（Wilson, 20002, p. 159）が示しているように、「宗教は主に、一人でできないことを一緒に達成するために存在する」。

もっと大胆に、デュルケム（Durkheim, 1912/2001）は宗教がヒトに共有された集団指向的思考法・作法に直接的に起因し、しかもそれにヒトはほとんど気がついていないと論じている。共同生活において、聖なるものと見なされるものは道徳的コミュニティの集合的実践である。そこで儀式が重要な役割を果たすのは、それが儀式の唯一の機能だからである。一方、不敬なるものは個人の利益追求である（興味深いことに、超自然的側面を宗教と共有するにもかかわらず、魔法は宗教的なものではない。魔法は実用的なうえ、共通生活で人々をまとめるわけではないからである）。デュルケムが強調したように、宗教はヒトの協力と道徳性で独自の役割を果たす。他の社会制度は報酬の約束と罰の脅威を通じて協力と道徳性を促進する（そして個人は自身の社会的・文化的やりとりから個人的な義務感を感じるかもしれない）が、宗教は努力して高みに昇るようなものとして、協力的・道徳的活動を位置付けるのである。宗教的理由のために道徳的な人は、義務感ではなく偉大なる何かを得ようという努力によって支配されていることが多い。「道徳的規則が神聖なものになればなるほど、義務の要素はますます減退していくのである」（Durkheim, 1974, p. 70）。

宗教集団は、政治的実体に関わっているかどうかにかかわらず、集団の内外をはっきりと区別するような道徳感を常に備えている（Wilson, 2002）。欧米文明化のプロセスは、言ってしまえばその大部分が「異教徒」と宗教集団の争いである。ハイト（Haidt, 2012）が論じているように、集団内・外に関するこうした強力な精神性は、どこかの時点でヒトの嫌悪感と結びつき、ヒトの道徳性にとって重要なもう一つの側面を作り出した。純潔もしくは高潔である。ヒトの嫌悪反応は主に人間の身体から排出されたもの（たとえば唾液、糞など）に対して生じる。この提案によれば、こうした反応は隠喩的に集団外からやってきたものへと転用された。自集団の作法の外からやってきたもの、特に肉体に関わるものは、嫌悪感を引き起こすのである。ハイトがさらに指摘するように、ヒトは集団の作法にしたがわない存在や活動を外に追いやる際、それらを道徳化する傾向にある。たとえば、現代生活において、もともと喫煙や喫煙者を避けているくらいだった人の多くが、その習慣全体に嫌悪を感じるようになっている。自分たちの外にあるものへ嫌悪を感じることで、自分たちの生活様式内にあるものの神聖さとの、非常に強力な対比が生み出されるのである。

こうして現代ヒトは、自然な道徳性と集団指向的道徳性を基盤とし、その上で法的かつ宗教的に道徳的になった。しかし、特定の文化集団における特定の道徳規範は、法的・宗教的な制度の貢献があろうとなかろうと、歴史とともに変化するかもしれない。このように、ある文化の中で異なる「声」が存在し、その声に経済的・政治的な力がより強く（あるいはより弱く）伴っている場合も少なくない。文化のこうしたさまざまな下位集団を文化集団と類比的に考えると、あるアジェンダを推し進めるために異なる「声」が競争する際、ヒト集団の中である種の文化的集団選択が生じるかもしれない。キッチャー（Kitcher, 2011）はそうしたプロセスを説得的に描いており、文化内の個人と下位集団が文化集団全体の規範、価値、制度に影響を与えようと道徳的言説に関与するさまを強調している。たとえば六十年前のアフリカ系アメリカ人、もしくはアメリカのゲイのように、ある下位集団に「声」がほとんどなく、そして今でも道徳的言説に何も影響を与えられないままのこともある。ヒトの道徳性と正義はおおむね平等な人の間でしか生じ得ないというヒュームの基準に立ち返るなら、力の強力なアンバランスは協力的道徳性に対してマイナスに作用するだろう(Hume, 1751/1957 参照)。

しかし物事は変化しうる。いわゆる規範請負人はリスクを負って、集団に共有されていない価値を新たな方法で宣伝しようとする(行動の収斂)。あるいは、全員が個人的にある特定の態度を採用するものの、全員がそうしているという共通理解が生まれるまで共有されないという場合もある(認識的収斂)。問題は、道徳的言説で「声」を持たない人達はほぼ間違いなくリーダーとみなされず、多数派のコミュニケーションネットワークに上手く参入できないという点である。しかし、こうした状況で上手くやる方法が一つあり、この方法は人類すべてが持っている「自然な」道徳性を上手く表している。その方法とは、マハトマ・ガンディーやマーティン・ルーサー・キングが完成させたものだが、声を持たない人達が声を持った人達の目の前にでて、自分たちの扱いを見せるというやり方である。すなわち、ある種の大規模な二人称の抗議である。たとえば、一九六〇年代のアメリカ南部では、アフリカ系アメリカ人が白人用の席に座り、どくように言われてもそれを拒み、予想されたとおりに警察から酷い仕打ちを受けた。ここでは衆人の目にさらされる、望むべきはテレビに映ることが必要だった。こうした問題について単に考えたことがなかった、あるいは考えないようにしていた大多数の白人が、その文化的共通基盤の中に(ほとんどの人にとってはリビングの中で)まさに今起きていることを提示せざるを得なかったのである。アフリカ系アメリカ人の抗議は大多数の白人がどうすべきかを伝えているわけではなく、大多数がすでになすべき正しいことを知っていると想定して、彼らの憤慨をあらわにしているだけだった。ある時点で、声を持った一部の人がリーダーシップをとり、非道徳的扱いを非難し始めた。それが実際機能した範囲で上手くいったのは、大多数がすでに持っている同情と公平という価値の一部に触れたからである。

このように、文化的道徳性の進化が集団間だけでなく、集団内でも生じていると考えられるかもしれない。農耕が登場するまでの数千年で、文化的集団選択によって特定のヒト集団が協力と道徳性を強める方向へと進んできた。農耕以降では、多文化市民社会が努力し、さまざまな下位集団の多様な文化的道徳性を上手く仲裁する方法を見つけようとしてきたのである。

第五章　協力＋（プラス）としてのヒト道徳性

協力によるもの以外で、完全な道徳的自律などありえない。
ジャン・ピアジェ『幼児の道徳的判断』(1)

ヒトの協力の進化についてはさまざまな理論が提案されてきている。そこでは比較的初期のヒトが形成していた小集団（Cosmides and Tooby, 2004 など）、もしくはもっと最近の大規模集団（Richerson and Boyd, 2005 など）でのプロセスが強調される傾向にある。われわれとしては、十分な説明のためには両者の進化段階が必要であると考えている（Tomasello et al., 2012）。しかし、道徳性に関わる社会的・心理的プロセスの正確な性質については、両方ともに賛同できない。社会的やり取りの一般的パターンとしての協力をさらに掘り下げ、現実に作用している道徳心理にまでいたろうとすると、特にそうである。

初めのステップで重要なのは、初期ヒトの集団が小さかったというだけでなく（実際に小さかったし、それにも果たすべき役割があったわけだが）、協同の文脈において二者間で行われる対面での作業のため、初期ヒトが新たな道徳心理を進化させたことである。多数の証拠からわかるように、二者間でのやり取りには、コミュニケーション中のアイコンタクト、相手への声かけ、姿勢の調整などを含む、ヒト独自の性質が見られる。その結果、ヒト独自の社会性のあらゆる形態を上手く説明するため、人類学者が対面での二者間のやり取り用に調整された「やり取り機関」を想定するほどである（Levinson, 2006 など）。さらに、たとえば友情、愛、会話のようにもっとも基本的な社会的やり取りの多くが基本的に二者でおこなわれ、この関係に伴って進化した情動は、集団のやり取りに伴って進化したものとは質的に異なっている（Simmel, 1908、近年の社会心理学的研究のレビューは Moreland, 2010 を参照）。ある程度詳細に述べたように、近年の哲学的分析でも、ヒトに見られる二人称の関わりが多くの独自な性質を持っていると強調されている（Darwall, 2006, 2013; Thompson, 2008 など）。

次のステップとして、集団が大規模になった（これもまた実際そうで、果たすべき役割があったのは確かだが）だけでなく、現生ヒトが集団指向の新たな道徳心理を進化させたことも重要だった。人類学の研究では、特殊な服装、会話、儀式など、文化集団が他の集団との差異化を図るために使用する「民族標識（ethnic marker）」を含む、文化と一体化するプロセスに注目することが極めて多い（Boyd and Silk, 2009 など）。ここまで触れてきたように、社会心理学の研究ではさまざまな実験パラダイムを用いて、非常に強力な内集団・外集団バイアスがヒトに作用し、比較的長続きしない二者関係より大規模集団（特に文化的集団）の方が個人のアイデンティティで大きな役割を果たすと示してきている（Fiske, 2010）。ヘーゲルからミードまでの多くの哲学的分析でも、各自の合理性と思考が社会レベルのプロセスによって形成され、特殊な集団指向的思考が存在すると強調されてきている。経験的な証拠もヴィゴツキー（Vygotsky, 1978）から現代の文化心理学にいたるまで（Tomasello, 2011）、数多くの研究から得られている。

提案したいのは以下である。道徳性の自然誌に関する上記二つの進化ステップでは、社会的関わりについて二つの基本的かつ別個の形態が反映されている。二人称のものと集団指向のものである。この二つの形態は、論理的にはその順序で登場しなければならなかったし、実際にその順序で進化してきた。ヒトはつねに社会的集団で生活してきたが、現生ヒトの集団指向性（ここでは、文化集団がただ乗り者と競争相手を排除する協同事業として理解されている）が協同する二者のような初期のステップの前に登場しうるとは考えにくい。この新たな形態の各々が、おおむね似たような進化的系列の中で進化してきた。（一）生態（個人で得られる食べ物がなくなり、続いて集団サイズと集団間競争が増加した）が変化し、そのせいで（二）相互依存と協力（強制的協同狩猟採集が現れ、次に集団の生き残りのために文化的組織が登場する）が増加し、（三）こうした新たな協力形態を調整するには、共有志向性という新たな認知技術（まずは共同志向性であり、続いて集合志向性が現れた）、協力能力という新たな社会的やり取りのための技術（二人称の能力に引き続き、文化的能力が現れた）、そして社会的自制の新たなプロセス（共同コミットメントに続いて道徳的自己統制が現れた）が必要になった。社会的関わりのそれぞれの様式において、社会生活の異なる形態に上手く対処するため、別個の生物学的適応群が進化したのである。

もちろん、すでに述べた通り、物語全体にはもっとややこしい捻りや転回が含まれている。ヒトの道徳性の非常にさまざまな側面が、進化史を通じたヒト独自の協同と文化のさまざまな側面に関わっているので、ここではできるかぎり包括的に、こうした側面を説明しようと試みてきたのである。これほど広範囲にわたる進化的説明は他にはほとんど見られないので、これまで他の大規模理論にはほとんどふれてこなかった。しかしヒトの協力と道徳性一般の進化に関する説明は他にも数多くあり、それらを幅広く見ておくことで、相互依存仮説を現在の理論的眺望の中に上手く位置づけるのに役立つだろう。

道徳性の進化に関するさまざまな理論

ヒトの道徳性の進化に関する現代の諸理論は、大まかに三つのカテゴリーに分類できる。進化倫理学、道徳心理学、遺伝子と文化の共進化である。それぞれ順番に見ていこう。

進化倫理学という大枠に分類できるアプローチは、協力の進化に関する理論的な原理と、その原理がヒトにどう適用できるかを主に考察している。この視点から考察された基礎的な仕事がアレクザンダーの『道徳システムの生物学』(Alexander, 1987) である。これは互恵性のプロセス、特にヒトの場合、間接的互恵性のプロセスを強調している。進化心理学者のコスミデスとトゥービー(Cosmides and Tooby, 2004) も互恵性と社会的交換に焦点を合わせ、社会的交換で裏切った相手を検知するため、ヒトには特別な心的形質があらかじめ備わっていると強調している。ソーバーとウィルソン (Sober and Wilson, 1998) やドゥ・ヴァール (de Waal, 1996) も互恵性が重要であることには同意するが、ヒトの協力と道徳性の基盤として、共感と同情を強調している。ドゥ・ヴァール (de Waal, 2006) は、ヒト以外の霊長類に共感と互恵性の両者を見いだし、ヒト道徳性の主な源泉が、ヒトのより汎用的かつ高度な認知的・言語的能力に由来すると考えている (これらの能力がこれ以上詳説されることはないが)。さらに、ソーバーとウィルソン (Sober and Wilson, 1998) によると、他集団より自集団に多くの利益をもたらすため、集団メンバーに同情的で多くの援助を行う個体ほど有利になるという、特殊な集団選択をヒトは経験しているという。キッチャー (Kitcher, 2011) もまた、ヒト進化における利他性の役割を強調しているが、「規範的誘導」のようなものが他に進化して、個人が集団の規範的基準に上手く同化できるようにならなければ、利他性だけではヒト道徳性の進化を上手く支えきれないという。

他に、パートナー選別と社会選択を強調する理論が二つある。ベーム (Boehm, 2012) は順位基盤社会 (すなわち、類人猿一般と最初期ヒトの社会だろう) からより平等主義的な社会への移行を主に考察している (Boehm, 1999 も参照)。その主要なメカニズムとして提案されているのが、あらゆる種類の裏切り者とならず者に対して、同盟を組んで集団で罰することで（罰する側のコストがこれで軽減される）執行される、「評判による選択」である。評判の力は言語の登場とともに増大し、これまで会ったことのない人々の評判についてもうわさ話ができるようになる。ベームはこうした（自分自身を評価し、罪悪感を通じて罰するという）プロセスの内在化が、道徳的良識と呼ばれるものになったのではないかと推測している（Sterelny, 2012も参照）。バウマールら（Baumard et al., 2013）は道徳的な個人を作り出す罰（パートナー制御）の力について、それほど楽観的ではない。彼らは（相利共生的事業のための）パートナー選別と、戦利品を入手する際に個人の貢献度合いに基づいた公平性を保てるよう、この公平性に関わる傾向性をパートナー選別がどのように進化させたかを主に考察している。一部の個体が他の個体より「交渉力」を持っているような（たとえば、相利共生的事業で特殊な能力を持っているなど）生物学的市場では、外部に他の選択肢がないときにしか、他の個体はその交渉に応じないだろう。すべての個体に外部の選択肢があれば、その交渉力を利用しようとする個体は社会的選択で不利になるだろう。バウマールら（Baumard et al., 2013, p. 65）は、道徳性の進化にとって評判とうわさ話が特に重要であったと考えている。真の道徳性が進化したのは、「道徳的に良い評判を維持するのにもっともコスパの良い方法は、真に道徳的な人間であることだ」からだという。特に、「真に道徳的な人間であること」が何を意味するのかが誰もどこにも規定していないにもかかわらず、誰もがそれを偽ろうとする人間を監視していることを考えればそうである。

これらの見方すべてに長所があり、ヒトの道徳性の進化に関して重要な側面を捉えていると考えられる。ほとんどすべての理論が、同情が重要であると同意している。しかし傾向性として、何かしらの互恵性を想定し、それで他のすべてを説明しようとしている点が気にかかる。第二章で論じたように、互恵性はその説明力が限られており、相互依存という概念（さまざまな種類の共生とも考えられる）の方がもっと強力なのである。しかしそれ以上に、互恵性という概念では、共同もしくは集合コミットメント・約束を形成したり、社会規範を作り出して強制したり、憤慨を感じたり、そしてとりわけ、責任感、義務感、罪悪感を感じて行動を自制したりするなど、ヒトの道徳心理が持つさまざまな側面すべてを説明できない。これらの現象を互恵性だけで覆い隠してしまうことなどできるはずもない。こうした社会心理的現象は、（一）他人が自分に依存しているように、自分も他人に依存している（相互依存）という感覚に由来しており、またこの感覚のおかげで（二）（共有志向性、特に共同コミットメントの形で）「わたしたちであること」と、われわれがなすことすべてにおける自他等価性（不偏性）の感覚が進化したのである。われわれの考えでは、進化倫理学のさまざまな説明に見られる主な限界は、至近的な心理レベルで協力的動機・態度を持って社会的にやりとりする際に、ヒトの道徳性が「わたしたち」と自他等価性の感覚に依存している様を十分に評価できていない点である。

二つ目のアプローチが道徳心理学である。名前の通り、このアプローチは進化プロセスより至近的な心理メカニズムに焦点を合わせている。社会心理学では向社会的行動を探求する長らくの伝統があり（Darley and Latane, 1968; Batson, 1991）、発達心理学でも子どもの道徳判断が長らく研究されてきた（Piaget, 1932/1997; Kohlberg, 1981; Turiel, 1983）。しかし、これらはいずれも進化についてあまり触れていない。現在道徳心理学として知られる研究は、グリーンら（2001; Greene, 2013 の総説も参照）の神経心理学的研究に端を発し、生物学や進化との結びつきをより強くしようとしてきた。考察の対象は主に危害に関する判断であり、たとえば走っているトロリーがさまざまな種類・量の危害をいつ・どのように加えてよいかについて、仮想の登場人物がさまざまな種類・量の判断を行うというトロリー問題のように、さまざまな条件の変形についての明示的な質問に答えてもらうという方法が採用されている。世界中の人がこれらの質問へほとんど同じ回答を与えており、これは危害に関する普遍的な直観を示唆していると考えられるかもしれない。ミハイル（Mikhail, 2007）は法の観点からこれらの直観を二つの原理にまとめている。誰かが故意に他人を傷つける際の非難の判断と、危害を引き起こした志向的行動が何か良いものを達成しようとしていた（そして他の選択肢がなかった）場合の赦免の判断である。ニコルズ（Nichols, 2004）やプリンツ（Prinz, 2007）のような哲学者とともに、道徳心理学の研究者は道徳的意思決定における（道徳的推論よりも）情動や直観の役割を強調してきた。

道徳心理学の流れをもっとも綿密かつ詳細に説明したのがハイト（Haidt, 2012）である。他の道徳心理学者と同様、ハイトも迅速かつ直観的で、情動を伴うことの多い道徳的判断へとつながる、生得的傾向性に焦点を合わせている。彼はまた、ヒトが日常的にかかわっている道徳的問題について明示的な推論が行われるとしても、それは後付けで正当化のためでしかないとも提案している。言ってみれば、道徳判断はすでになされた直観的判断を合理化・正当化しているのである。その機能は、この判断が最適なもので、論争になったとしてもこの判断を支持すべきだと他人に説得することである。さらに、ハイトは危害の問題を超え、（さまざまな文化的背景を持った人達をふくむ）さまざまな人達が下す道徳判断の多様性に正面から取り組んでいる。他の道徳心理学者も非欧米人の道徳的直観と文化的多様性に触れてはいるものの、ハイトはそれらに基づいた理論を提案しているのである。ハイトによれば、ヒトの道徳判断は普遍的に、五つの柱に依拠している。配慮／危害、公平／ただ乗り、忠誠／裏切り、権威／転覆、そして高潔／不名誉である。ハイトは主に明示的なアンケートを用い、ヒトの道徳判断の多様性が、状況によって異なる柱にさまざまな重み付けがされた結果として説明できると実験的に示している。進化的観点では、ハイトは集団もしくは複数レベル選択のプロセスにかなり依拠している。この選択プロセスでは、個人の適応性が集団の成功と密接に結びついており、向社会的もしくは道徳的傾向性を示す個人はより効果的な社会的集団を形成できるのである。

ランドら（Rand et al., 2012, Greene, 2013も参照）は自分たちの向社会的行動に関する研究も含め、こうした研究を良く知られたタイプ一とタイプ二の認知プロセスの区別で分類している。タイプ一のプロセスは迅速かつ直観的で、情動に基づくことの多い判断である。他方、タイプ二のプロセスは遅くて熟慮的で明示的な推論を経由する。道徳心理学の実験で参加者のほとんどがタイプ一のプロセスに依拠しているのは明らかだ。進化の観点から考えれば、強い情動に支えられた迅速かつ直観的な判断はおそらく、考える時間がなくて、考えすぎると問題がややこしくなるだけのような緊急の場合に生物学的に対応するための適応だろう。このように、道徳心理学研究の多くが生得主義的観点からなされていると言ってよい。すなわち、意志決定を行っている際に使用していると信じられている意識的思考が、実際には決定要因になっておらず、むしろほとんど意識されていない生得的傾向性が決定要因であると示すことが目的となっているのである。

道徳心理学者で、ヒト独自の道徳心理に至る適応的状況を考察している研究者はほとんどいない。主な例外はハイト（Haidt, 2012）とグリーン（Greene, 2013）であり、二人ともヒトの文化集団やその結果として生じる個人の集団指向性の重要性を考察している。これは重要な点だが、道徳心理学者は情動に基づく直観的判断以外の道徳性の側面にあまり注意を払っておらず、特に合理的意思決定や結果として生じる義務感に関してはほとんど目を向けていない。道徳心理学という領域は、現実の道徳判断のかなりを説明できるタイプ一の意思決定プロセスを特定し、それを探究しているという点で革命的であると考えられる。しかし、ヒトが社会的世界を合理的に理解し、その理解に基づいて合理的意思決定を行っている独自のやり方から生じる、ヒト道徳性の他の側面には十分に目を向けられていないのである。

ヒトの道徳性の進化に関する三番目のアプローチは、文化の重要な役割により焦点を合わせたものである。生物学的進化がなんの役割も果たさないという純粋な文化的視点を取っている人がいるのかどうかはわからないが（ただしPrinz, 2012を参照）、それでも多くの文化人類学者や文化研究者は、個人が文化的にある種の「道徳的コード」へどのように埋め込まれるのか、そしてこのコードが文化によってどのように大きく変化するのか、その様子を強調するようになっている。道徳心理学的観点では、シュウェーダーら（Shweder et al., 1987; Miller, 1994も参照）が道徳的コードに対して自律的な個人が自由に同意し、賛同するという欧米的な道徳心理の考え方を批判している。より正確に言えば、同意が可能になる前に、最初に自律的個人を作り上げる主要な力は文化であると彼らは論じている。シュウェーダーら（Shweder et al., 1987）が詳細に研究したインドのヒンドゥー文化では、自分たちを完全に自律的な主体だとみなしていない。むしろ、その文化のさまざまな習慣や教義で指定されている客観的な義務や自然法則に服従して生きるものとみなしている。シュウェーダーら（Shweder et al., 1987, p. 35）の結論によると、「大人の態度や教義と無関係な、自発的で普遍的な道徳性が子供時代に見られるという証拠はかなり限られている」という。

我々の見方によりうまく一致するアプローチが、進化的文脈で文化の役割を探求するものである。たとえばリチャーソンとボイド（Richerson and Boyd, 2005）は、ヒトの協力と道徳性の進化で文化的集団選択が果たした重要な役割を強調している。すでに述べたように、文化が進化しはじめれば、異なる文化集団が互いに競争しはじめ、もっとも協力的な個人が集まった集団が一番うまくいくだろうという考え方である。こうして、各文化集団で（特に成功者の）模倣と同調を有利にする選択圧が作用しており、他集団からの移民も同様に模倣していた（移民が集団の遺伝的まとまりを減らしてしまうので、移民のおかげで生物学的集団選択よりも文化的集団選択が作用する可能性が高くなった）。ヒトはこうして、文化集団で上手く生きていくため、遺伝子と文化の共進化プロセスにおいて協力的傾向性と「部族本能」の両方を進化させたのである。ボウルズとギンタス（Bowles and Gintis, 2012）が強調するところによると、関連する個人の心理として、個人が他人に協力して非協力的な相手を罰する「強い互恵性」の傾向性が進化したという。

ここまで、ヒト独自の集団指向性が徐々に進化してきたことを説明するため、われわれの物語の第二段階を終えるにあたって文化的集団選択のプロセスに依拠してきた。しかし、文化的集団選択が説明できるのは、特定の文化集団内にある社会規範や制度が、ヒトの進化プロセスにおけるここ数万年でどうして広まっていったのかだけである。社会規範と制度を最初に作り出した、ヒト独自の普遍的技術と動機は説明できない。こうした技術・動機は文化進化プロセスが始まる前に準備されていなくてはならないし、本書では関連する社会・道徳心理の観点からそれがどのように起こったのかを説明してきた。このように、文化的集団選択は物語全体で重要な役割を果たすとはいえ、それは本当に最後だけなのである。

進化倫理学、道徳心理学、遺伝子と文化の共進化といったさまざまなアプローチと比較して、本書での説明はもっと包括的であることを目指してきた。それは以下の主要な三点からも明らかである。第一に、本書ではヒトの道徳性の進化に必要な二つの段階を想定した。一つ目が、小集団という文脈での二者間のやり取りであり、二つ目が文化という文脈での集団指向的やり取りである。第二に、上記二つの段階それぞれにとっての適応的文脈となる、ヒトの社会生態的変化をある程度特定した。一つ目がパートナー選別をともなう強制的協同狩猟採集の登場であり、二つ目が資源を巡って他集団と争う部族として組織された文化集団の登場である。第三に、こうした新たな社会的文脈で、協力的合理性に基づく方法でお互いに接するための、道徳心理について考察した。最初の段階では、共同志向性と二人称の主体という技術をもった個人が、ある種の協力的合理性に基づいて共同コミットメントを形成し、次の段階では、集合志向性と文化的主体という技術をもった個人が、ある種の文化的合理性に基づいて社会集団の規範・制度に対する集合コミットメントを形成していた。こうした議論のすべてが、道徳哲学や社会理論の概念に大きく依存しており、これも本書での説明の際立った特徴かもしれない。

共有志向性と道徳性

ここまで、ヒトの道徳性を協力に還元することなく、協力の中にそれを基礎づけようとしてきた。経験的には、ヒトの道徳性が他の霊長類の協力とどのように異なるのかを記述しながら、そして理論的には、協力におけるヒト独自の特徴を真に道徳的な（つまり戦略的目的のためだけでない）意思決定と結びつけ、この目的を達成しようとしてきた。こうした自然主義的アプローチの流れに即し、ヒトの心理プロセスを通じて上記の結びつきを描いてきたわけである。先ほど列挙した他の見方とより詳細に比較するため、ここまでの進化物語における重要なポイントを、再度いくつか大まかに概観しておきたい。

・大型類人猿はおおむね知的な意思決定を行う、道具的に合理的な存在である。その社会生活はおもに競争に大きな影響を受け、（同盟や提携などにおける）協力のほとんどが競争的目的に資するものである。したがって、有能な競争相手に対して、もっとも強力に有利な社会選択が作用する。大型類人猿は身近な血縁個体や同盟相手（この相手を優先してグルーミングする）のような「友達」に同情を示し、援助のコストがそれほど大きくない場合、他の友達に同情することもある。

・チンパンジーやボノボは小型哺乳類を集団で狩るが、この活動に協力的構造を示すようなものはほとんど見られない。彼らは参加者間で自由に戦利品を共有せず、嫌がらせに応じて共有するか、同盟相手と共有したりすることがあるという程度である。ただ乗り者を戦利品から排除するようなこともない。公平感などは存在しないように見える。一般に、大型類人猿は（他の哺乳類と同様に）「相互利益のための協力的事業」に特化した適応を備えていないように思われる。

・初期ヒトは（少なくとも四十万年前までには）強制的協同狩猟採集という生態的ニッチに押し込められ、そのせいで生き残りのために強く相互依存するようになり、潜在的パートナーの幸福に同情的配慮を持つようになった。初期ヒトはこうした相互依存をはっきり認識しており、それゆえこの相互依存は柔軟かつ戦略的な（そして今や協力的な）合理性の必要不可欠な一部となった。

・初期ヒトの協同活動は共同志向性による二重レベル構造を持つようになった。共同主体である「わたしたち」、そしてこの「わたしたち」を構成し相互依存するパートナーである（相互に定義される）「わたし」と「あなた」である。パートナーはそれぞれが協同において自分の役割を持ち、その役割を共同成功のためにどう果たさなければならないか、その理想的な形が両者の共通基盤の中で理解されていた。共同成功のためには二人が必要であり、その理想的役割が主体独立で交換可能であると分かっていたため、「鳥瞰図」からのパートナーの（自他）等価性に関する感覚が生じた。

・初期ヒトの協同活動の背景には、潜在的パートナーが協力に関して相手を評価するパートナー選択があった。大型類人猿とは異なり、初期ヒトは自分が他人にも評価されていると理解しており（実際、役割を転換して他人の評価のシミュレーションができた）、それゆえパートナーとしての自身の価値を理解していた。これがパートナー間での互敬の感覚が生じるようになった。ただ乗り者を排除する際、（ここでもパートナー等価性の感覚と結びつくことで）パートナーは（ただ乗り者に対してではなく）相手に対して等価な相応性の感覚を進化させ、戦利品を平等に共有するようになった。等しく相応しい相手として他人に接することで、初期ヒトは協力的アイデンティティを備えた二人称の主体へと変化していった。

・初期ヒトは共同主体である「わたしたち」を用いて、協同活動を自制するための共同コミットメントを形成できるようになった。この共同コミットメントは協力的コミュニケーションの二人称呼称を通じて形成され、両パートナーが相応しいものを受け取るまで、誘惑や邪魔に負けずに維持されることを保証していた。理想的役割を果たせなければ二人称の抗議を受けるが、それは相手に敬意を払うもので、失敗した相手が自分で修正することを要求していた。また、有徳なパートナーとしての協力的アイデンティティを保つためにも、失敗した側はそうしなければならなかったのである。失敗した相手は罰を受ける恐怖からだけでなく、抗議がわれわれの協力的アイデンティティにおける「わたしたち」から生じたものであるからこそ、それが正当（相応しいもの）であるという理由に基づき、自身で修正したのである。このプロセスを内在化することで、各パートナーが相手に対する二人称の責任感と、この責任を果たせなかった際に二人称の罪悪感を感じるようになった。この自制に関する「わたしたち＞わたし」という図式全体が、協力的合理性の根本的に新しい形態を構成していた。各パートナーが自身の行動に対する制御を、自身がその一部である共同主体へ自発的にゆだねているからである。結果として、二人の二人称主体が、相互に合意された不偏的な規範的理想を通じて協同を自制していたのである。

・どこかの時点で（少なくとも十万年前には）、現生ヒトは資源を巡って互いに争う、もっと大きくてまとまりがあり、部族で構成された文化集団で生活するようになった。こうして、集団が自分に依存するより強く自分が集団に依存していると理解してその拘束に同調しようとする、明確な集団指向性が生じたのである。同集団メンバーが相互依存することで、互いに特に同情的で忠実となり、他方で集団外の野蛮人には不親切で疑いの目を向けるようになったのである。

・現生ヒトの文化的やり取りはすべて集合志向性によって構造化されており、文化的共通基盤の感覚がその基礎にあった。結果として（槍作りから子育てまですべての）慣習的文化習慣は、理論的には、文化的に有能な相手であれば誰でも、同じ理想的方法で達成された。この習慣での役割は、二者間での協同での役割と同じように完全に主体独立だった。そして集団に貢献するメンバーであるという役割は、少なくとも理論的には集団内で偏りのない分配的正義の感覚につながったのである。この新しい活動方針によって、個人が完全に主体独立で客観的な、不偏的世界観を持てるようになり、結果的に他の多くの中でも、理想的役割が正しい・間違った作法へと客観化されたのである。

・（初期ヒトの二人称抗議が変化したものとしての）現生ヒトの社会制御プロセスは、社会規範と制度に現れている。現生ヒトが生まれた社会は、生まれる前から既に存在し、個人としてではなく、多くは「それはこうしなければならない」「これがそれの正しいやり方だ」というように、客観的事実と価値という客観的世界から判断された包括的規範言語で提示される文化的実体であった。この善悪の客観的世界は、その文化の中で神聖な祖先から受け継がれたものである。こうした価値に具体化された肯定的願望を満たすことは有徳なことであり、そうしないことはわれわれの文化的生活の協力的合理性、そして自身の文化的・道徳的アイデンティティを損なうことであった。

・現生ヒトは、相手と二者関係を自制するために共同コミットメントを作り出しただけではない。文化内ですでに存在する社会契約（すなわち規範と制度）に参入し、その社会契約を用いて自制したのである。またこれは、罰の恐怖からだけではなく、分担者としての自分たちと一体化した超個人的社会構造の正当性に対して、敬意が払われたことによるものでもある。文化集団と協調して行動しなければという義務感は、協力的合理性が一段階拡大した、もう一つの形態を象徴していた。共同主体だけでなく文化的主体の文化的合理性である。現生ヒトにおける「わたしたち ＞ わたし」という自制は、こうして道徳的自己統制の形態を取るようになった。自身の道徳的アイデンティティの一部として、集団の客観的価値に敬意を払い、それを内在化したのである（同時にそれらを疑い、適切な場合に「反省に基づく認証」を行っていたわけだが）。矛盾する行動をとってしまった場合には、文化集団の共有価値の中にその行動をうまく位置づけるため、うまい解釈や正当化を行ったり、集団の道徳判断と一体化するような形で罪悪感を示したりして、自身の道徳的アイデンティティを維持しようとしていた。

・どこかの時点で、文化集団ごとに多少なりとも異なる慣習、規範、制度が作り出され、効果的なものを作り出した集団は他の集団に打ち勝つようになった（協力的個人が有利に選択される、遺伝子と文化の共進化をともなう文化的集団選択である）。明文化された法と組織化された宗教を備えた市民社会では、このプロセスが激しくなっていった。

ヒトの道徳性の進化に関する相互依存仮説はこのように、初期ヒトと現生ヒトの新たな相互依存と協力的生活様式（もちろんこれは大型類人猿の社会生活様式にその進化的起源を持っている）を支えるために登場した、至近的心理メカニズムについてのものである。かなり概観的だが、図5－1に全体の説明をまとめてある。矢印は自然・社会選択のプロセスを通じて（そして文化的創造や学習も作用した場合があるかもしれない）、ある作法が別の作法へと変化する実質的な質的変化を表している。

しかしこうした概観以上にもっと野心的な目標は、ヒトという種が大型類人猿の戦略的協力を真のヒト道徳性へとどのように変化させていったのか、これを進化的に説明することである。進化的説明は自身が概してその繁殖適応度を増大させるように行動すると想定しているので、真に道徳的な人間（他人の幸福へ配慮し、他人の配慮を自身のものと平等とみなし、自身の行動を自制する複数主体である「わたしたち」にゆだねる人間）を自然選択が生み出すという考えは、帽子からウサギを取り出す手品に見えるかもしれない（査読者の一人は実際そう表現したのである）。しかし、いつでも進化的新奇性を生み出しているという意味で、進化は帽子からウサギを取り出している。それゆえ、課題はどのように取り出しているかを説明することである。

もっとも基礎的な理論的概念はもちろん、相互依存である。ここまで論じてきたように、（直接・間接的）互恵性は損益分析で特定の行動パターンをうまく記述できるかもしれないが、ヒトの道徳心理を説明するにはあまり役に立たない。客観的な損益分析の観点から社会的やり取りを考えるよりは、関係者間の依存関係、そして現在の目的に関して言えば、この依存関係を関係者がどう理解しているかを考察した方が役に立つのである。さまざまな共生関係（たとえば寄生生物と片利共生生物は非対称的に宿主側へ依存するが、共生は互いが対称的に依存する）の観点から進化生物学者が異なる種間のやり取りを定式化する際、依存関係はよく用いられる概念である。そして相互依存という概念は、社会集団内での同種個体のやり取りにこの概念を適用しただけである。この依存概念は、互恵的利他性にまつわる有名な問題の多く（特に裏切りによって互恵性が崩壊する問題）を避けられるし、ヒトの道徳心理の進化的起源を説明する際、一貫した枠組みを与えてくれるのである。

実際、相互依存は二つの重要な点で一貫した枠組みを与えてくれる。第一に、依存概念によって他人の幸福に配慮し、援助できる個人が生み出され、その個人にとってそれが社会生活の自然な一部となる。こう見れば、心理プロセスもまた、協力する個人が過去のお礼をしているという意味で互恵的に行動するためのものではなく、将来を見据え、依存する相手の幸福に配慮するためのものになる。第二章でも述べたように、（血縁個体を援助する際のように）自己犠牲をやりすぎないようにする計算が働くのも間違いないし、もちろん長期的に見れば個人は利益を得ている。それゆえ、

	協力（競争の文脈で）		二人称の道徳性（パートナー選別を伴う強制的協同狩猟採集・今から四十万年前頃）		「客観的」道徳性（文化での生活・今から十万年前頃）
向社会性	同情	➔	配慮	➔	集団への忠誠
認　知	個人的志向性	➔	共同志向性（パートナー等価性・役割ごとの理想）	➔	集合志向性（主体独立・客観的善悪）
社会的やり取り	順位制	➔	二人称主体（互敬と相応性・2P（の正当な）抗議）	➔	文化的主体（正義と利点・3P 規範強制）
自　制	行動の自制	➔	共同コミットメント（協力的ID・2P責任）	➔	道徳的自己統制（道徳的 ID・義務と罪悪感）
合理性	個人的合理性	➔	協力的合理性	➔	文化的合理性

図5-1　ヒト道徳性の進化に関する相互依存仮説の要約。2P：二人称，3P：三者間の，ID：アイデンティティ。

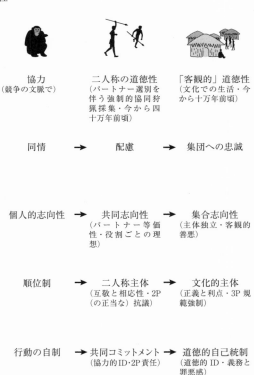

相互依存に支えられた援助行動を、他人の幸福への配慮と考えるべきでないと言う理論研究者もいる。しかし、これは分析のレベルを進化レベルと心理レベルで混同している。心理レベルで言えば、多くの場合に真なる配慮が見られるのである。

この二つのレベルを明確に区別できるようにしておこう。ヒトの事例を考えるなら、相互依存の論理を十分に理解し、他人を戦略的に援助する（そしてもちろん、これは進化のレベルで適応的である）ことは多々ある。たとえば、共同目標に向かって大きく前進することが分かっているという理由で協同相手を援助するかもしれないし、自分の適応度にとって重要だと分かっている相手（配偶者など）や良い評判を維持するのに重要な相手を援助するかもしれない。進化レベルと心理レベルを並列に並べるなら、こうした行動は利己的で道徳的でないがゆえに、二つのレベルで戦略的・適応的なものと呼べるだろう。しかしこれまで、幼い子どもでさえ、心理レベルで戦略的な計算なしに、他者への真なる配慮に基づいて相手を援助するという証拠を多々示してきた。こうしたケースについて、ほとんどの人は同情という道徳性を具体化したものだと考えるだろう。もしこうした配慮や援助の進化的起源が相互依存であるなら、行動している本人は理解していないだろうが、こうした行動は進化的な見返りがあるに違いない。ここでも二つのレベルを並列できるなら、こうした行動を道徳的・適応的なものと呼んでおこう。これは、本人は気づいていなくとも、同情的配慮の真なる感情に基づいて援助している一方で、適応的な見返りもあるという意味である。このように、ヒトの道徳心理の進化的起源を説明する際に相互依存が役立つ最初のケースは、本当に他人に配慮して行動していると信じているが、進化的レベルで自分が利益を得ているという意味で、「間違い」と呼べるようなケースの一例かもしれない。いずれにせよ、ここでわれわれが考えているのは、進化的な見返りとは関係のない、真に道徳的な心理である。

ヒトの道徳心理の進化的起源を説明する際、相互依存はもう一つの点でも役に立つ。それはより間接的なもので、間違いではなく、物事の合理的な評価に基づいている。最初の段階では、初期ヒトが協同を調整するために、そして後になって文化活動を調整するために、新たな認知技術を発達させた。この認知技術が共有志向性である。共有志向的活動の二重レベル構造（下位レベルにあって遠近法的に定義される「あなた」と「わたし」を制御する「わたしたち」が上位レベルにある構造）のおかげで、共有志向的活動において各自が共有成功のためにどのような役割（誰がその役割を果たすかにかかわらず）を果たさなければならないか、その点について関係者は共通理解を作り出していた。共有志向的活動へ参加するにはお互いの視点に立ち、さらには協力的コミュニケーションを通じてお互いの視点を操作しようとしなければならなかった。主体独立の理想的役割を果たすために必須なものとして、協同・文化活動において、「鳥瞰図」から関係者もしくは自他の等価性が作り上げられた。こうした協同・文化活動の理解にとって必須の役割転換が可能になれば、他人の仕事を監視・評価するのと同じ方法で、関係者が自身の仕事を監視・評価できるようになった（もしかするとそうせざるをえなかった）のである。

重要なのは、（協力的コミュニケーションを含む）共有志向性という認知技術が適応形質として進化してきたものであり、そのおかげで協同・文化活動をよりよく調整できるようになったということである（Tomasello, 2014）。この技術は道徳性と直接関わっているわけではない。協同的やり取りとその参加者を理解する方法に、ある種の構造を与えているのである。ここまで、パートナー選別の文脈で初期ヒトが他人とやり取りするにつれ、どこかの時点で初期ヒトが自他等価性に関する新たな理解を備えるようになり、それによって自然界で根本的に新しいものが生み出されたと論じてきた。初期ヒトが比較的平等主義的な生物学的市場でやり取りしている際、利用されるのを我慢していたわけでも、他人を過度に利用しようとしていたわけでもない。このことはそれ自体で、力のバランスを生み出していただろう。しかしすでにできあがっていた自他等価性（目の前の成功にとって等しく重要で、同じ理想的基準によって等しく評価できる（ただ乗り者ではなく）協同相手としての他者との等価性）と組み合わさることで、力ではなく「相応性」のようなものに敬意が払われるようになった。協同プロセスでわれわれが平等なら、われわれは平等な扱いと利益に相応しいのである。

こうしてウサギの足が一本帽子から出てきたわけだ。他の霊長類が力によって成り立っていると考えていたような状況を、初期ヒトは敬意と相応性（Darwall, 1977 の認識に基づく尊敬である）の観点から、ある種の平等な地位によって成り立っていると考えていただろう。こうした概念的変化の原因は、協同活動を調整しようとする場合の純粋な認知的判断として進化した、自他等価性の理解だった。他人を等しく相応しい二人称の主体として知覚し、そう接するようになったのは、社会的なやり取りの特別な状況（特にある特徴でパートナーを選ぶような状況）と、他の機能のためにすでに進化していた特別な認知能力が一緒になった結果である。もしここでの基本的な道徳的概念が（相応しい敬意をもって接してもらえないことへ憤慨を感じるという）「相応性」なのであれば、繰り返しになるが、それは純粋に調整のために進化してきた、最初期の頃から薄々感じられつつあった不偏的視点によって可能になったのである。前と同様に進化と心理のレベルを同時に扱うのであれば、等しく相応しい二人称主体の登場を、道徳的・構造的なものと呼べるだろう。構造的とは、進化的なレベルにおいて、ヒトの道徳性のこの次元が元々こうした機能のために選択されたわけではなく、他の機能を果たす中で登場してきた、という意味である。もちろん、自他等価性の認識がわれわれの考えている社会的やり取りの文脈で非適応的であれば、これは進化の中で生き残ってこなかっただろう。しかし、そうした文脈の構造を認知的に作り上げる、中立的な「スパンドレル」には容易になりえたはずである。

コミットメント、責任感、義務感、そして正当化の進化的起源についても、道徳的・構造的なものの一種として考えられるだろう。共同・集合コミットメントを作り上げる社会的やり取りの背景は、協同事業のリスクを減らすことであり、パートナーは共同で作り上げた複数主体が共同・集合主体を自制すること（「わたしたち ＞ わたし」）に「同意」している。こうした自制に同意するのは、もちろん戦略的な側面もある（同意しないと魅力的な協力相手としての地位が脅かされるだろう）。しかし、同時にそれには道徳的な側面もある。それは関係者が複数主体による自制（その主体が提供するいかなる制裁をも含む）を正当な（相応しい）ものとみなす点であり、それゆえそれが関係者の協力的・道徳的アイデンティティの一部になるのである。この正当化の感覚は、以下の二つに基づいている。まず、その自制が不偏的に機能すること、すなわち（ある種の「無知のヴェール」のもとで）理想的役割を果たせない場合、どちらの相手であっても罰されることに同意していることである。次に、他人を評価するのと同じ方法で自身を偏りなく評価せざるをえないという、不偏性と同時に生じるかもしれない役割転換による評価の両方である。共同コミットメントの不偏性も役割転換による評価もまた、究極的には自他等価性の感覚に基づいている。こうした思考・行動の仕方によって、目先の成功だけでなく、他人と接する際の公平感にも基づいた、新しいタイプの協力的合理性が生み出される。そしてこの合理性は、それでも合理性や意思決定の一種であるがゆえに、パートナーや同集団メンバーに対して、共有された理想的役割を果たさねばという規範的な義務感を生み出すのである。こうして、自他を不偏的「鳥瞰図」から見渡すというすでに存在したやり方で、社会的やり取りの構造が作られていくのである。それゆえ、これらすべてを道徳的・構造的と呼べるのである。

そして最終的に、自然な二人称の道徳性から、現生ヒトの文化的「客観的」道徳性への移行についても、そのほとんどの要素が道徳的・構造的なものと考えられるだろう。一番重要なこととして、社会規範の基礎にある価値を客観的な善悪という価値の基礎にするのが（これが現生ヒトの道徳心理のもっとも際立った特徴だが）、集合志向性というプロセスなのである。集合志向性の中で、初期ヒ

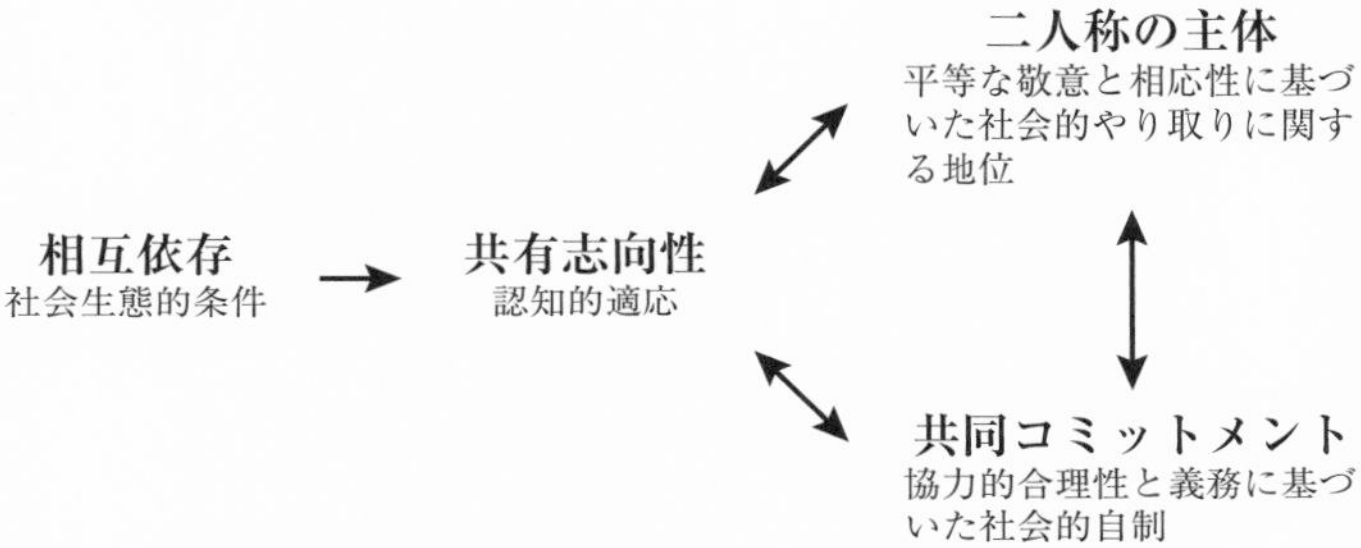

図5-2　相互依存仮説の理論的構造。二つの進化ステップの間で中立的な用語を用いようとしたが，その役割のために包括的な用語を用いることはほとんどなかった。したがって，ここでは二人称の主体が文化的主体を，共同コミットメントが集合コミットメントを，協力的合理性が文化的合理性を，そして義務は二人称の責任を包含している。相互依存と共有志向性は道徳的現象ではないが，その進化が生じた最初の頃に特定の協力的やり取りが行われ，結果的にお互いを平等な尊敬と相応性を備えた相手とみなし，お互いに作り上げた（もしくは承認した）社会的コミットメントを満たす義務を感じるようになっている。

トに特徴的だった自他等価性と役割転換による評価が、「どこからでもない」視点から見られたものとしての、完全に主体独立な思考と不偏的な道徳判断へと発展していったのである。現生ヒトの集合志向性は、慣習的文化習慣、規範、制度という集団指向的世界において効率的に生きていくため、その能力を促進する認知的適応から構成されている。そしてそれ自体は道徳的な動機でも判断でもない。しかし集合志向性という認知技術なしでは、道徳的意思決定を反省的に認証したり、十分に罪悪感を感じたりという道徳的自制のプロセスはありえない。このように、文化的習慣と社会規範の基礎にある道具的価値を善悪の道徳判断へと客観化させたプロセスは、やはり道徳的・構造的なものだったのである。

重要な含意として、こう考えれば、道徳性は孤立した進化史をもった活動領域、すなわち（それが何を意味するかに関係なく）モジュールでないと分かる。むしろ、道徳性はそれぞれが独自の進化史を持った、多くの異なるプロセスの複雑な結果である。ヒトの道徳性は、複数主体を含む世界がどのように機能しているのか、それに関する認知的洞察を行うという背景の中で、ヒトがお互いにやり取りしてきたやり方なのである。資源分配を公平に行う際には相手を等しく相応しいものとして接し、社会規範を犯した場合は他人を罰するのと同じように自分を罰するのは、関連する点で他人と自分を等価とみなすことから、すなわち、不偏的な視点から真なる道徳性が生じているからなのである。このようにわれわれの説明では、他人の関心を自身の関心に優先させるか等しいものとみなす個体が有利に選択されるという、自然選択にとって面倒な状況を回避しているのである。そのかわり、個人は社会的実体を正確に認識し、その認識に基づくある種の協力的合理性をもって行動しており、ヒトの相互依存的社会性のゆえに、こうした行動は進化レベルで最低限生き延びることができる。相互依存仮説の理論的枠組みは図５-２のようにまとめられるだろう。

こうして、帽子から完全にウサギを取り出すことができ、そのトリックも明らかになった。もちろんこの説明ではすべての要素を十分に説明できたわけでもないし、進化の詳細に関してはかなりのごまかしもある。実際、すべてがうまくいくように、（ある種の生物学的市場など）一定の条件が基本的に前提されている場合もある。しかし、ここで数十万年前に起きた歴史的現象を（役に立つ人工物もその他の古人類学的データもほとんど得られない状態で）想像的に再構築するには、それが今やるべきことだろう。この最後の議論でやろうとしてきたのは、真に道徳的な存在、すなわち他人の幸福へ心から配慮し、他人の関心と自分の関心をある程度等しいものと心から感じられるような存在が、自然選択による進化という基本原理を逸脱することなく、どのようにしてヒトの自然誌の中で登場してきたのかについて、概略的な説明を与えることである。

個体発生の役割

二つの進化ステップの両方で、子どもは社会的文脈の中で徐々にしか道徳的存在になりえなかった。しかし、生物学的適応は個体発生の中で（そして社会的文脈でも）さまざまな現れ方をするだろうし、まったく現れないということもあるだろう。このように、個体発生プロセスについてはまださまざまな問題が残されている。

この問題に取り組むアプローチの一つとして、現代の子どもの道徳的発達を考察するという方法が考えられるだろう。実際、現代の子どもについては経験的研究が豊富に蓄積されているし、本書でもその一部を取り上げた。第一に、ここまで進化的視点から考察してきたが、間違いなく現代の子どもの道徳行動は、その多くが大人から文化的に学習されたものであり、道徳的態度・判断の多くは大人が社会規範を指示・強制するやり取りの中で内在化されたものである。その証拠として、異なる文化で育った子どもの道徳行動・判断には、数多くの文化差が見られている。一部はすでに概観したが、シュウェーダーら（Shweder et al., 1987）、ハイト（Haidt, 2012）などの研究で、異なる文化的・宗教的文脈で成長した人たちの道徳的感性がいかに異なるかが明らかにされてきた。

しかし、同じ文化的・宗教的文脈で育ったからといって、ペットが道徳的存在になるわけではない。したがって第二に、ヒトの子どもにはそのプロセスに対する生物学的準備が充分整っているのも間違いない。ジョイス（Joyce, 2006, p. 137）は社会的環境の潜在的役割を批判しながら、この点を強調している。「道徳的逸脱という考えを発達させるため、汎用的学習メカニズムに利用できるものが（たとえ豊かで多様なものであっても）環境の中にありうるのか、疑問である…汎用的知性に対して、望むだけ罰の機会を与えてやれば良い。いつになれば、こうした罰だけで道徳的逸脱という考えが教えられるだろうか？」発達研究によく見られるものだが、問題は生物学的適応が特定の環境的文脈の中でどう個体発生していくかなのである。

ここでの試みは、長くなった個体発生プロセスの間で道徳的存在になるため、どのような生物学的適応が主に重要なのかを特定することだった。トマセロとヴァイシュ（Tomasello and Vaish, 2013）は具体的な個体発生プロセスを参照しながら、次のような提案を行っている。いくつか重要な違いがあるとはいえ、現代の子どもは系統発生で想定していた段階とおおよそ類似した、二つの発達段階を通過しているという。第三章ではさまざまな研究を引用し、一～三歳の幼い子どもがさまざまな条件の下で、他人に対して道徳的に行動することを示してきた。子どもは自発的に他人を助け、この援助は内在的な動機に基づいている（Hepach et al., 2012）。子どもは他人と資源を共有し、そしてたとえ自分の資源を諦めることになっても、協同する際には相手と平等に共有する（Hamann et al., 2011）。子どもは共同コミットメントを賞賛する相手を賞賛し、相手が共同コミットメントを賞賛するだろうと期待する。共同コミットメントが破られたとき、それを公に認めることさえある（Hamann et al., 2012; Gräfenhain et al., 2009）。一～三歳児はこのように、（そうしないときもあるが）相手に対して同情と公平感を持って行動するのである。最初の三年間で他人とやり取りする際に現れる二人称の道徳性を、子どもは自然なものとして備えているのである。

もちろん現代の一～三歳児は、われわれの進化物語の第一段階にいる初期ヒトと大きく異なっている。現代の子どもは文化的世界に生まれ、現生ヒトに見られていた他人の行動・命令への同調を含む、模倣や文化的学習のための技術・動機を備えている。それでも三歳までの子どもは、「わたしたちの」社会集団が共有している期待としての社会規範を理解できていない、というのがここでの主張である。すなわち、他人の命令（この他人はそれを社会規範として理解しているだろうが）にしたがおうとする傾向性があるのに、三歳以降でなければ子どもは社会規範をその正確な意味で理解していないのである。証拠として、この年齢になってようやく、他人に対して社会規範を積極的に強制しはじめるという点が挙げられる。第三者への強制こそ、「わたしたち」はすべて正しい作法にしたがうべきだ（そして他人もまた確かにそうするべきだ）という文化的アインデンティティの現れなのである（Schmidt and Tomasello, 2012）。さらなる証拠として、子どもは三歳以降になってようやく、（単に良く知っている・知らない人達を区別するというだけでなく）身体的・行動的類似性などに基づいて自分たちが集団のメンバーであると理解し、集団への忠誠心を見せる（Dunham et al., 2008）。このように、幼い子どもが文化的アイデンティティに基づいた、集団指向的で文化的な道徳性の一部になり始めるのは、三歳以降のことなのである。

こうして発達の第二段階が三歳頃に始まる。この段階では、大人による特定のタイプの社会的・文化的やり取りと大人による指示が重要になってくる。もちろんながら、まず子ども達は文化の慣習的・道徳規範を大人から学習しなければならない。これは当たり前だ。しかしさらに、子ども達がその規範を内在化し、自分たちでその規範に基づいた協力的・道徳的意志決定をできるように後押しする、社会化の習慣に関しても、これまでさまざまな発達研究が行われてきた（包括的レビューとして Turiel, 2006 を参照）。重要な発見としては、権威的なしつけでは価値があまり内在化されず、規範の遵守もより戦略的なものになってしまう一方で、行動の理由を子どもに説明するような誘導的しつけを行えば、価値の内在化が進んで道徳的自制も進むというものが挙げられる（Hoffman, 2000）。

しかしピアジェ（Piaget, 1932/1997）にしたがえば、もっと重要なのは子ども達が仲間とのやり取りを通じて学習することかもしれない。これは社会規範にしたがうことが同調そのものであるという現在の分析と辻褄のあう主張だが、ピアジェによると、大人の権威と罰への恐怖のみに基づいて規範に同調することは、自分の将来を考えた行動でしかないという。真なる道徳性を発達させるには、他の何かが必要なのである。ピアジェによると、それは仲間（平等な立場で議論・交渉をせねばならない平等な力を備えた相手）とのやり取りであり、このやり取りを通じて子どもは真に道徳的な概念・態度を発達させるという。本書の用語を使えば、子どもは実際に平等な相手とのやり取りを通じてしか、等しく相応しい二人称主体としての他者に関われないというわけである。こうして、子どもは大人からの指示ではなく仲間とのやり取りを通じ、同情と公平という自然に発達する道徳的態度をうまく適用しながら、道徳的対立をどう解決するかを学習できる。さらに、同じく大人からの指示ではなく仲間とのやりとりを通じ、異なる社会規範の対立をどう解決し、自分自身で個人の道徳的アイデンティティをどう作り上げていくかを学習できるのである。ピアジェの見方、そしてわれわれの見方では、権威にしたがうことと、他人に配慮して敬意と公平をもって他人と接することを学習するのは同じではないし、後者は仲間とのやり取りからしか生まれてこない。道徳性は権力や権威以外の手法によって、われわれが他人とどう物事を解決するかなのである。われわれは前の世代から何かしらのヒントを得られるかもしれないが、最終的には今の世代のわれわれが、われわれ自身の道徳的関係を協議しなければならないのである。

一般的には、三歳前の子どもはどの文化でも、協力・道徳の点で非常に似通っており、三歳以降になってようやく、自身が属す文化集団の特定の社会規範と一体化し、文化的道徳性を構築し始めると予測できるだろう。問題は、三歳前の子どもに関して、社会行動の文化間比較研究がほとんどないことである。重要な例外として、キャラハンら（Callaghan et al. 2011）の研究が挙げられる。この研究では欧米の産業化された文化一つと、二つの小規模な伝統的文化（インドとペルー）の子どもを比較している。援助や協同の課題では、どの文化でも同じ年齢で同じ行動を見せていた。このパターンは少なくとも先ほどの予測と一致する。この仮説に対するさらなる支持として、資源共有における分配的正義に関する文化間比較研究もある（第四章のレビューと引用も参照）。そこでは異なる文化の子どもが、初めは似ているが、徐々に自文化の規範を学習しはじめるということが示されている。当然ながら、文化規範の内容が異なるだけでなく、しつけや仲間とのやり取りが異なれば、それによってどれほど道徳的価値が内在化されるかについても異なるため、発達するにつれて文化差は大きくなっていくだろう。

ヒトはこのように、個体発生過程全体を通じ、道徳的意思決定に重要な点で影響を与えるさまざまな技術、情動、動機、価値、態度（生物学的に継承されるものもあれば、文化的に継承されるもの、個人的に構築されるものもある）を発達させていく。しかし、ある状況では特定のやり方で行動するようにと、生物学的基盤もしくは文化によって決定されるわけではない。複雑な状況の多くで、生物学的基盤や文化が最適解を予測できるはずもない。いや、どんなことがあろうと、自身の道徳的意思決定を行うのは（生物学的・文化的に備わっているものが何であれ）そのヒト自身なのである。

結論

倫理学的な考えが各自の意識の中に生じるのは、どの人間社会においても、すべての人間がお互いに日常的な社会的依存関係にあるという事実からである。[1]

ジョージ・ハーバート・ミード『心・自己・社会』

社会科学にありがちだが、ヒトは明確な個人的利益の追求のみによって突き動かされる、ホモ・エコノミカスという合理的最適者として描かれることが多い。この心理学的モデルの基盤には明らかに、資本主義市場で行動する個人の動機と行動が想定されている。しかし、ヒトの進化と歴史を幅広く見渡せば、その歴史の九五%でヒトは平等主義的で共有的な狩猟採集社会で生活しており、資本主義市場も協力的な文化的制度であるのは明らかである。この市場は以下のような協力的慣習・規範によって作り上げられている。その協力的慣習・規範の中で、(この場合は少し逆説的だが)個人は他のすべてを除外し、個人的利益を追求するという文脈でうまくやっていくために作り出された、一連の規則に同意しているのである。資本主義市場で利己的関心をうまく追求するための規則は、テニス選手が相手にうまく勝つための規則のようなもので、何よりもまず試合を構成する協力的規則の一部なのである。人間行動の文化的・制度的文脈を無視してしまえば、競争的馬車が協力的な馬を引いていると見間違ってしまう。

しかし、本書のように人間行動の進化的説明を試みるのであれば、協力的な社会的やり取りの前に、個人の利己的関心を第一に、そうしたやり取りよりもっと基本的なものと考えなければならないのだろうか？　答えはイエス・ノーの両方である。自然選択の論理はもちろん、生物体が繁殖適応度を増加させる（あるいは少なくとも減らさない）作法で行動していると想定している。それを利己的関心と呼ぶこともできるだろう。しかし利己的関心と通常呼ばれているものは、他人より自分を優先する行動を能動的に選択することである。地球上の大多数の生命形態が、そんな選択はしていない。単に目先の目標に向かって行動しているだけであり、うまくいった動物からすれば、この目標がこれからの生存と繁殖と矛盾しないというだけである。もちろん、他人より自分を優先しようという心理メカニズムを備えているわけではない。ここではそんな問題は生じることもない。利己的関心から行動していると言ってしまえば、究極要因と至近要因を混同していることになる。

しかし、霊長類や他の哺乳類を含む複雑な社会で生活する一部の動物にとっては、利己的関心の問題が確かに生じてくる。ここまで、限られた機会でだが、大型類人猿が自分より他人を優先することがあるという証拠を提示し、そう論じてきた。こうした行動は、何らかの見返りの観点から進化的に説明できるだろうが、行動している生物はその見返りについて何も気づいていない。たとえば、相手が友達だからこそ、友達をグルーミングして援助したり、争いの際に相手の味方をしたりしているだけである。しかし、たとえば他の個体がそれをほしがっているときに資源を独り占めするなど、大型類人猿は他人より自分を優先させることがあるとも論じてきた。これまでと同様、至近的心理メカニズムに焦点をあわせて考えれば、このような行動だけが利己的関心からの行動だと言えるかもしれない。一般に、大型類人猿は（それが他人の利益追求を邪魔すると分かっていても）他人より自分を優先させるという経験的証拠が多数あり、大型類人猿は多くの場合（ひょっとするとほとんどの場合）、利己的関心から行動していると言えるかもしれない。

ヒトが利己的関心から行動できる能力を備えており、しばしばそうしているのは目に見えて明らかである。しかし、幼い子どもでさえ、多くのケースで戦略的計算なしに心から相手の幸福を配慮することがあるという証拠を提示し、そう論じてきた。子どもは相手の目標達成を手助けし、公平に資源を共有し、共同コミットメントを形成してその破棄にあたっては相手の許可を得て、「わたしたち」もしくは集団の関心に向かって行動し、おそらくは集団指向的動機から第三者に対して社会的規範を強制し、利己的関心による計算とは無関係の（共感から憤慨、忠誠、罪悪感に至るまでの）真なる道徳的情動を備えている。こうした経験的証拠、そして他の分野における多くの研究者（Bowles and Gintis, 2012 を参照）が示唆するのは、ヒトが他人に価値を見いだし、その幸福に投資するための生物学的適応を進化させてきたということである。この事実を説明するには、ヒトが他人との相互依存を認識し、それが他人の社会的意思決定に影響をもたらしている点を見ればよいと論じてきた。ヒトは意思決定時に以下の点を考慮し、その意味で協力的な合理性を身につけたのである。（一）可能な場合にはパートナーと同集団メンバーを援助するのが正しい作法であり、（二）他人が自分と等しい存在で等しく相応しい相手であり（そして同じ認識が相手からもなされていると期待され）、（三）社会的コミットメントによって作り出された「わたしたち」が自身と価値ある相手のために正当な意思決定を作り出し、それが道徳的コミュニティで道徳的アイデンティティを備えた人たちに正当な義務を作り出すのである。

個人の観点から考えれば、これはすべてまさにその通りだろう。道徳的コミュニティにおいて、自他両方の道徳判断はおおむね、正当かつ相応なものである。だからこそ、仮にプラトンのギュゲスの指輪が与えられ、自分の行動が他人に見えなくなったとしても、現代の大人はそのほとんどがほとんどの場合に道徳的に行動するのではないだろうか。二人称の道徳性とつながりのない社会規範の場合、見えなくなってしまった大人は間違いなくその規範を破ってしまうだろう。利己的動機が十分に強い場合もまた、非道徳的に行動するだろう。しかしよほど強い利己的欲求がないかぎり、もちろん自分を道徳的コミュニティの一部とみなしているがゆえに、他人を助け、公平に接し、そうしなかった場合には罪悪感を感じることの方が多いだろう。そしてわれわれは、すべての文化のすべての道徳的コミュニティについて、これが当てはまるのではないかと考えている。生活する社会的・制度的状況が異なることを考えれば、単に文化によって異なるのは、特定の文脈における善い・悪い作法の理解の仕方であり、道徳的コミュニティの一部になるのが誰かという点だけだろう。

このように、われわれの説明は自然な二人称の道徳性に基づいている。しかし、現代世界ではこの自然な道徳性が社会規範という文化的道徳性に埋め込まれており、この規範は状況と時期に応じて違った作られ方をするため、時折対立が生じる。新しい状況に直面すると、規範間の対立を解決するため自身の道徳原理を作り上げ、自身の道徳的アイデンティティを維持できるような意思決定を行わねばならない。問題は、ある種のネッカーキューブのような、真なる道徳的ジレンマが存在することだ。ある角度からみると道徳的だが、違う角度から見ると違う形で道徳的、あるいはまた別の角度から見ると非道徳的ということがある。このジレンマに一般的な解決などない。それは道徳的力の衝突を表しており、何かしらそのジレンマを調和させる方法を見つけねばならないし、それは何かをおさえる、もしくは超えなければならないことがほとんどである（Nagel, 1986, 1991）。それぞれが「適切な領域」ではうまくいくが、自然も文化も予見できないような新奇な状況ではお互いに対立してしまうという、生物学的適応と文化的創造のややこしい歴史を考えれば、ヒト道徳性の説明にとって他の説明などありえるだろうか。

まず間違いなく、ここで述べていることは、ヒトの協力と道徳性に関する非現実的なまでに楽観的な描図であると多くの人は考えるだろう。同情と平等感を考える際、彼らは利己的関心を満たす懸命な戦略を提案してくれるだろう。通りにいる物乞いにお金を与えるとき、私が本当にやっているのは他人の目の前で自分の評判をあげることだというのである。しかしなぜ本当でなければならないのか。どうして両方ではだめなのだろうか。二つの目標が同時に達成できるなら、それにこしたことはない。本当に配慮を感じて貧しい人を助け、同時に自分の評判を上げる。誰も損をしない。私が戦略的動機を持っているのは確かだが、寛容で平等な動機も持っているし、可能な時はいつでもその両方を同時に満たそうとしている。両者が対立するときには、どちらを選ぶか色々考えるだろうが、日々人々が他人のために自分を犠牲にしているように、原理的には寛容もしくは平等な動機が一定の条件下で選ばれうるのである。

世界中で毎日のようにヒトの非道徳性が報じられているという理由で、ここでの描図があまりにも楽観的すぎると感じる人もいるだろう。毎日人は嘘をつき、騙し、自分の分け前を得るために利己的に盗み、戦争だっていくつも行われている。しかし、そうした人達は、どのような理由であれ個人の利己的な動機が勝ってしまったことの具体例でしかない。こうした人達もやってしまったときには罪悪感を感じただろうし、やってしまったことをうまく整合的に捉えて正当化しようとしただろう。さらに、別の機会には道徳的なことも数多くやってきたはずであり、家族と友達に対してはほぼ一〇〇%道徳的だっただろう。戦争に関しては、実際今日も大規模な対立が生じている。それは「わたしたち」と「かれら」、たとえば国同士が対立しているとみなす人々の間で行われている。さらに、さまざまな理由（植民地主義など外的な影響が関係していることも多い）で同じ政治的組織のもとに共存しなければならなくなった、異なる民族集団の間でも数多くの対立がみられる。これも集団内・集団外対立の具体例であり、この対立にかかわっている人達も、日々同集団メンバーには道徳的な行動を行っているはずだ。そして現在も戦争は続いているが、他のさまざまな暴力と同じように、戦争のような対立は歴史的に減少しているのも確かである（Pinker, 2011）。

楽観的過ぎることへの最後の批判は、ヒト道徳性の基礎として人々の間に等価・平等感を想定していることである。記録された歴史の観点から考えることに慣れている人たちは、すべての人間が何らかの意味で平等であり、平等な権利を持つという考えを欧米の社会理論研究者が広め始めたのは、啓蒙主義時代になってからだと指摘するだろう。もちろん、過去数万年の中で市民社会が登場した後の社会契約について政治的に考えるなら、これは正しいだろう。しかし、その直前期に存在し（十倍以上長く続い）た狩猟採集社会は、あらゆる点で厳格に平等主義的であった（Boehm, 1999）。だからといって当時の人に利己的動機がなかったわけではなく、文化集団のメンバーすべてに平等な敬意を払い、お互い満足できるような方法で日々物事をうまく調整していたのである。われわれの仮説は、他人を平等な存在と認識するのは（啓蒙主義時代の政治的考察がそう考えていたような）選好でも動機でもなく、文化が作り出した社会規範や個人の意思決定に影響を与えるかもしれない単なる（もしかすると望まれない）認識であるという、ネーゲル（Nagel, 1970）の分析にしたがっているのを思い出してほしい。実際、非人道的扱いを正当化する方法は、動機に基づくものではなく、概念的なものである。相手をまったく人間とみなさないというだけだ。全体的に見て、個人が自分と同列であるとみなさざるを得ない存在として相手を認識した上でやり取りしているのでなければ、ヒトの道徳性について考えることすらできないように思われる。

道徳性は難しい。それは間違いない。ヒトは他者に対する同情と公平性という自然な傾向性を備えているが、利己的なときもある。誰かがわれわれの利己性を非難し、社会規範で罰し、評判を下げるために隠れてうわさ話をするかもしれないが、時に利己的であることは確かだ。道徳性の違反によって罪悪感を感じ、自分が誰であるか、その感覚が徐々に失われていくだろうが、やはりそれでも時に利己的であることに変わりはない。全知全能の神による宗教的原理は、道徳的違反へ永遠の天罰を約束し、政府の法は身体的にもっと直接的で具体的な罰を与えるが、それでもわれわれは時折利己的なのである。いや、われわれが道徳的であるのは奇跡であり、こうある必要はなかったのである。全体的に見れば、ほとんどの場合に道徳的な意思決定を行うわれわれがより多くの子孫を残したというだけである。語るも不思議なことだが（そしてニーチェのような人がいたにもかかわらず）、こうして道徳性がヒトという種、文化、そしてわれわれ自身にとって多少なりとも良いものであるように見え、また少なくとも、これまではそうであった。この事実に驚き、そしてそれを祝っておくべきだろう。

訳者解説

中尾　央

本書はマイケル・トマセロ（一九五〇〜）による *A natural history of human morality*（The MIT Press, 2016）の全訳である。著者について、もはや詳細な説明は不要だろう。長らく勤めたマックス・プランク研究所の所長も二〇一八年には退職し（正確な時期は不明だが、本書の謝辞に名前の上がっているイヴァンから、二〇一八年一月頃に送別会があると聞いていた）、デューク大学へ本格的に籍を移したようである。彼ほど長く、そして体系的に、比較発達心理学研究を継続してきた研究者もいないだろう。トマセロの主な研究対象はヒトの幼児・子どもとヒト以外の霊長類（特にチンパンジー）であり、テーマは言語、コミュニケーション、協力行動など多岐に亘る。ただ、これらのテーマも相互に様々な形で関連しており、本書冒頭で触れられている『思考の自然誌』（*A natural history of human thinking*, The MIT Press, 2014, 翻訳は勁草書房から近刊）、また同じく勁草書房から翻訳が出版されている『コミュニケーションの起源を探る』（*Origins of human communication*, The

MIT Press, 2008, 翻訳は松井智子・岩田彩志、二〇一三年）などを合わせて読めば、その関連もよくわかるだろう。また、これ以外にも多数の著書が（そして翻訳も）出版されており、どれも当該分野の重要文献とみなされている。本来であれば本翻訳出版後に出るはずだった *Becoming human: A theory of ontogeny*（Belknap Press, 2018）ももう出版されてしまった。

以下、まずは本書の内容について確認しておこう。ただし、本書の議論は少し入り組んでいるため、以下での確認はごく大まかな概要に止める。第一に、重要な進化のステップとして、本書では三段階が挙げられている。（一）ヒトとヒト以外の霊長類（特にチンパンジー・ボノボ）との共通祖先（六〇〇万年前頃）、（二）初期ヒト（early humans, 四〇万年前頃、ホモ・ハイデルベルゲンシスの頃）、（三）現生ヒト（modern humans, 十五万年前頃、ホモ・サピエンスが登場した頃）という三段階であり、この各段階を考察するにあたり、（一）現生のチンパンジー・ボノボ、（二）現代の三歳までの幼児、（三）三〜五歳頃の幼児・子どもに対する実験・観察が主に参照され、それぞれ第二〜四章で考察されている。この三段階のそれぞれにおいて、考察の軸となるのが同情（sympathy）という道徳性と公平（fairness）という道徳性の進化である。また第五章は、主に関連するこれまでの諸研究と本書の議論の比較が行われている。

この三段階のうち、本書で特に強調されているのが初期ヒト（すなわち、一から二への進化）と現生ヒトへの（すなわち、二から三への）進化プロセスである。ただし、まずは初期ヒトに至る前段階、ヒトとそれ以外の霊長類の共通祖先の段階についてまとめておこう。この共通祖先段階では、主に競争に勝つため、基本的には血縁者や「友達」個体に対して同情的配慮を見せ、またコストがそれほど大きくなく、競争が起きない場面では、それ以外の個体も援助する。とはいえ、基本的には順位制社会であるため、公平感は見られない。発表当時、フサオマキザルの公平感を示す研究として話題になったBrosnan and de Waal (2002) も、今では額面通り受け容れられてはいない。さらに、チンパンジーなどでも集団狩猟は見られるが、これは後述するような共同志向性を欠いた協同である点に注意が必要である。

初期ヒトが生まれた頃、生態環境が大きく変化し、初期ヒトは協同的な狩猟採集を余儀なくされた。お互いに相互依存しながら協同で狩猟採集を行わなければ、ヒトは餓死するしかなかったのである。こうして、(血縁個体や友達以外の) 協同相手に同情的配慮を感じる進化的理由が生まれた。協同相手に同情的配慮を感じ、援助することは、当然自分にとっても利益となるのである。

この強制的協同狩猟採集という共同目標をうまく達成するためには、共同主体である「わたしたち」を形成し、お互いの共通基盤の中で協力的コミュニケーションを通じて「わたし」と「あなた」の役割を調整する必要があった (この個人と「わたしたち」の二重構造を可能にするのが、共同志向性という認知プロセスである)。この調整の中で、お互いが果たすべき理想的役割がお互いの共通基盤の中に生み出された。役割を果たすヒトが誰であれ、各自が各自の役割を果たさなければ協同狩猟採集は成功せず、生きていけなかっただろうということを考えれば、この理想的役割は、その役割を果たすのが「わたし」か「あなた」かとは関係のない主体独立なものだっただろう。各自がこうした役割の交換可能性を認識し、お互いの役割を鳥瞰図的視点から眺められるようになれば、自他の等価性が認識できるようになる（このように、この自他等価性の認識そのものは事実の認識でしかなく、道徳的内容は含んでいない）。

さらに、協同狩猟採集を確実なものとするためには、良いパートナーを選ぶか、あまり有能でない相手にもうまく働いてもらえるようにその相手を制御しなければならない。ここで、もし選べる相手が比較的限られており（すなわち、自由に相手が選べるわけではなく）、また利用できる情報が限られているとすれば、特定の誰かがパートナー選別において有利になることもそう多くはなかったかもしれない。こうした市場においては、自身のパートナーとしての地位が他人とおおよそ等しいものだと各自が理解しており、それが先述した自他等価性の認識と結びつくことで、パートナー同士での互敬が生み出された。パートナー制御に関しても、自他等価性の認識を踏まえ、戦利品に相応しくないと判断されてただ乗り者は排除されていっただろう。さらに、パートナーとして選んでもらうためには、有能な協同パートナーであるという社会的アイデンティティ（すなわち、協力的アイデンティティ）を備え、維持していなければならなかった。そして、上述した鳥瞰図的視点から、他人への評価のみならず、他人が自分をどう評価しているかをも理解できるようになっていれば、この社会的アイデンティティは個人的なアイデンティティの感覚につながっていっただろう。

協同狩猟採集をさらに確実なものにしたのが（そして、この協同を戦略的なものから非戦略的なものへと変えたのが）、共同コミットメントの形成である。コミットメントとは、ある種の約束のようなものであり（約束という言葉をトマセロは使わないが）、計画や目的に自分たちを縛り付けるようなものである。さまざまな障害を超えて協同活動を最後までやり遂げるのだという共同コミットメントを、初期ヒトは二人称呼称を用いた明示的な協力的コミュニケーションによって形成することができた。これにより、協同活動の参加者は「わたしたち」という超個人的実体に一体化し、「わたしたち」が各自を自制し始める。理想的役割を果たさないヒトは、相手から抗議などの非難や制裁を受けるかもしれないが、これは各自が各自の視点から行う個人的なものではなく、両者がコミットしている「わたしたち」によって不偏的に判断され、行われるものである。それゆえ、こうした非難や制裁は正当なものだと判断された。この「わたしたち」による自制が内在化されれば、共同コミットメントへの責任を感じ、またもし自分が理想的役割を果たせない場合には、罪悪感を感じることもあっただろう。そうしなければ、協力的アイデンティティが失われてしまうからだ。こうして、「わたしたち」への共同コミットメントと「わたしたち」による自制プロセスが、共同コミットメントを形成する二人の間に限られるものだが、ある種の非個人的・非戦略的な規範感覚（すなわち、「べき」の感覚）を生み出した。こうして、相応しい相手に敬意を持って接すべきという、公平という道徳性が、協同相手との間で誕生したのである。

このように、非戦略的理由から、協同相手に対して配慮を行い、敬意を払うことこそが、初期ヒトの二人称の道徳性とトマセロが呼ぶものである。これは自身の利害に基づくものではないが、あくまでも協同相手との間にしか成立しえないものであり、上述した責任感や罪悪感、抗議などもすべて二人称のものに過ぎない。たとえば、現代のヒト幼児が協同関係にない第三者へ抗議や制裁を行わないように、二人称の道徳性は協同していない相手に及ぶことはない。しかし、後述するように、社会規範を道徳的なものにしているのは、この二人称の道徳性なのである。

現生ヒトへの移行は、この「わたしたち」が「文化集団」に置き換わったときに生じた。協同狩猟採集が成功し、集団サイズが大きくなるにつれ、集団同士が敵対するようになり、また集団内部では分業化が進んだ。結果、現生ヒトは協同相手だけでなく、集団全体（あるいは集団のメンバー全員）に依存し、集団と一体化するようになった。相互依存関係が拡大されたわけである。ここで、協同相手への同情も集団全体への忠誠に拡大される。

次に拡大されたのは、共同志向性と共同コミットメントである。協同相手との限定的な「わたしたち」は集団メンバー全員に拡大され、集合志向性と集合コミットメントが生み出された。集合志向的活動においても、各自が果たすべき理想的役割は主体独立であり、集団全体の文化的共通基盤の中で共有されている。この役割を慣習的方法でうまく果たし（また集団外メンバーを排除するなどして）、有能な集団メンバーであるという文化的アイデンティティを創出・維持することで、現生ヒトは集団へのコミットメント（すなわち、集合コミットメント）に参加することができた（このコミットメントは協同相手との共同コミットメントとは異なり、各自が一から形成したわけではなく、自身が生まれる前から、他のメンバーによる集合コミットメントがすでに存在していた）。この役割が果たされなかったときに行われる非難や制裁を正当化するのは各自がコミットする集団であり、集団によるこうした自制は、それゆえ「わたしたち」を超えた、ある種の「客観性」を備えたものであった。この「客観性」には、集団の歴史的背景も含まれている。行動の善悪が正当化されるのは、今のわれわれがそうだからというだけでなく、われわれの祖先もそうだったからである。また、もちろん「客観的」といっても、それは集団の内部に限られた話であり、集団外のヒトは「野蛮人」のようなものとして扱われていた。この集団による自制が内在化されれば、共同コミットメントの場合と同じように、集合コミットメントを維持しようという義務感、そして自分が理想的役割を果たせない場合には、罪悪感を感じていただろう（これが道徳的自己統制と呼ばれるものである）。そうしなければ、後述する道徳的アイデンティティが維持できなくなるからである。こうして、集合志向性と集合コミットメントにより、現生ヒトの「客観的」道徳性が生み出されたのである。

また、集団が大きくなるにつれ、協同パートナー同士で行われていたパートナー選別・制御の方法も変化していった。お互いが直接抗議し合うという二人称の抗議では、あまり親しくない相手とのやり取りが少なくない状況では、制御の機能をうまく果たさないだろう。そこで登場したのが、文化的共通基盤で共有される社会規範である。もちろん、この社会規範には純粋に慣習的なものも、また道徳的なものも含まれる。社会規範が道徳規範とみなされるためには、先述した二人称の道徳性に関連していなければならない。なんらかの社会規範を破ることが、集団メンバーに対する配慮・敬意を欠いた行為だとみなされれば、それは道徳規範の違反とみなされるのである。

最後に重要なのが、道徳的アイデンティティの形成と維持だろう。これは文化的アイデンティティに含まれるものであり、基本的にはここまで述べてきた意味で道徳的に行動・判断することで形成されていく。このアイデンティティをうまく形成・維持できなければ、当然集合志向的活動に参加することはできない。十分な地位を備えた大人・人物とみなされないからである。とはいえ、図4-2（本書、一七八頁）が示すように、そして本書の議論が示す通り、現生ヒトの道徳性・道徳的アイデンティティには複数の異なる方向性を持った配慮が含まれる。それゆえ、病気になったメンバーにより多くの食べ物を分け与えることは、他のメンバーにとってみれば平等な扱いに反する行為とみなされ、そのメンバーは憤慨するかもしれない。ここで重要なのが、コア道徳的アイデンティティの周囲にある防御帯である。現生ヒトはこの防御帯において、一見非道徳的に見えるかもしれない行動をうまく理由づけし、正当化しながら、コア道徳的アイデンティティを維持しているのである。

では次に、本書の意義について簡単に述べておこう。確かに著者が言う通り、協力行動や利他性の進化を考察するにあたって、近年（特に直接的）互恵性についてはその適用範囲の狭さゆえに、あまり注目されなくなってきているように思われる。もちろん、間接的互恵性については、ベーム『モラルの起源』（Boehm, 2012）など、道徳性の進化プロセスでその役割を重要視する研究者は少なくない。実際、二〇〇八年の段階ではトマセロ本人も本書より間接的互恵性を重要視していたようである（Tomasello, 2008, pp. 199-200, 239, 邦訳一八〇－一八二、二一七頁）。しかし、トマセロ本人も認めるように（本書、九四頁）間接互恵性で前提されている評判の伝達にとって、言語のような正確なコミュニケーション手法が重要である限り、それはヒトの道徳性のかなり限られた部分しか説明できないかもしれない（Ohtsuki & Iwasa, 2006）。他方、本書の中心に据えられている相互依存のような相利共生関係は、（トマセロ本人の考察を除けば）道徳性の進化を考察する上でこれまであまり注目されてこなかったうえ、互恵性では説明できなかった点、特に道徳心理の進化が説明できるようになる。本書ではあまり強調されていないが、もちろん言語などが進化する以前に、ヒトの道徳性の進化を遡ることができるという利点も考えられるだろう。

また、第五章で触れられている通り、協力や利他行動に関わる心の進化についても、従来のアプローチ（特に道徳心理学、グリーン『モラル・トライブズ』（Green, 2013）やハイト『社会はなぜ左と右にわかれるのか』（Haidt, 2012）などを参照）では情動や直観が注目されがちであったが、トマセロが長年考察してきたような共有志向性を前面に押し出した考察は、ほとんど行われてこなかったと言って良いだろう。こうした道徳心理学的アプローチでは、情動や直観が重視され、非直観的な（どちらかというと熟慮的な）道徳判断は直観的な道徳判断の理由づけに使用される、二次的な役割を果たすものだと考えられがちである。しかし、本書においては、こうした理由づけにも重要な役割があると論じられている。すなわち、道徳的アイデンティティの維持である。また、慣習的社会規範と道徳規範の区別も長らく議論が行われているが、この区別がやはり情動などに基づくと考えている他の研究者とは異なり（Nichols, 2004など）、トマセロはこの区別の根底に二人称の道徳性があると論じている。

さらに、同情だけでなく、これまであまり注目されてこなかった各種の道徳心理、すなわち公平感や罪悪感、責任感や義務感などの進化に踏み込んでいる点も重要である。ダーウォルやコースガード、さらにはヒュームなど、さまざまな哲学者の議論を取り入れ、参考にしている点も特徴的だろう（そもそも、共有志向性という概念そのものが哲学的議論に由来するものである）。この辺りについては*Philosophical Psychology*, *31*(5), 2018においても特集号が組まれているので、そちらも参照されたい。また、道徳性の進化に関する重要文献についても近年に出版されたものはおおむね参考文献から辿ることが可能であり、その点でも本書は有用である。このテーマに関して本書以降の重要文献を挙げるとすれば、Buchanan and Powell（2018）などがあるだろう。

このように、本書が重要な議論を展開していることは間違いない。もちろん、問題を指摘することも可能だろう。たとえば、本書の議論はあまりにも比較心理学実験の成果に依拠しすぎであり、実際の進化プロセスに関して、ところどころで根拠の弱い想定が置かれてしまっている。著者は初期ヒトのパートナー選択市場が平等主義的であったという想定を挙げているが（本書、二四二頁）、他にも、文化集団への移行や文化集団同士の争いがどれほど強い選択圧として作用したのかなど、まだ議論の余地が残されている点についても、必ずしも深く掘り下げられているわけではない。ただ、比較心理学実験を軸にしてヒトの道徳性の進化プロセスを考察すれば、このような議論が可能であるという、一つの集大成的成果であることは確かである。そして、こうした視点でここまで体系的な議論を行った研究はこれまで存在しなかった。

実際、トマセロのこれまでの研究を考えれば、本書の議論はある意味（共有志向性それ自体は、コミュニケーションの進化を考察している段階から彼にとっては重要な基礎概念になっていたし、彼が協力行動の進化に関心を持っていたことは確かなので）これまでの研究の自然な発展ではある。そして、二〇〇八年の『コミュニケーションの起源を探る』などと比較すると、トマセロのアイディアがどのように修正・発展させられてきたのかが見えてきて、なかなか興味深い。しかし、それが道徳性の進化にまで拡大されたという点で、訳者個人にとっては非常に驚きであった。内容自体についても（これもまたトマセロ自身が哲学に相当な関心を持っているということは知りつつも）、まさかここまで哲学的議論を参照しているとは思わなかった。昨今はさまざまな形で心理学と哲学の垣根が取り払われつつあるが、本書もまた、こうした分野間の無意味な溝を埋めるような試みになっていると言えるかもしれない。

最後になったが、本翻訳の出版が当初の予定より大幅に遅れてしまったことについて、関係各所に心よりお詫び申し上げねばならない。メールを遡ってみたところ、初稿は依頼を受けた数カ月後、二〇一六年五月にできあがっていたようだが、諸般の事情により今日に至るまで出版が遅れてしまった。特に本訳書の各種スケジュールが急に動き始めた二〇二〇年三～五月頃には、この翻訳にかなり多くの時間を割かねばならなくなり、様々な方面にご迷惑をおかけしてしまった。四年という長期に亘る遅延の原因は訳者自身には制御できなかったものであり、どうかご容赦いただきたい。また、お世話になった方々、特に勁草書房の永田悠一さんにも御礼申し上げたい。

参考文献（本書の参考文献表にないものに限る）

Buchanan, A., and Powell, R.（2018）. *The evolution of moral progress: A biocultural theory*. Oxford University Press.

Ohtsuki, H., and Iwasa, Y.（2006）. The leading eight: Social norms that can maintain cooperation by indirect reciprocity. *Journal of Theoretical Biology*, *239*, 435-444.

索　引

ア　行

カ　行

サ　行

タ　行

ナ　行

ハ　行

マ　行

ヤ　行

ラ　行

ワ　行

参考文献

Alexander, R. D. 1987. *The biology of moral systems*. New York: Aldine De Gruyter.

Alvard, M. 2012. Human social ecology. In J. Mitani, ed., *The evolution of primate societies*. Chicago: University of Chicago Press.

Bartal, I., J. Decety, and P. Mason. 2011. Empathy and pro-social behavior in rats. *Science, 334* (6061), 1427–1430.

Batson, C. D. 1991. *The altruism question: Toward a social-psychological answer*. Hillsdale, NJ: Erlbaum.

Baumard, N., J. B. André, and D. Sperber. 2013. A mutualistic approach to morality. *Behavioral and Brain Sciences, 36*(1), 59–122.

Bergson, H. 1935. *Two sources of morality and religio*n. New York: Holt.（ベルクソン, H.　平山高次（訳）(1992). 道徳と宗教の二源泉　岩波書店）

Bicchieri, C. 2006. *The grammar of society: The nature and dynamics of social norms*. New York: Cambridge University Press.

Bickerton, D., and E. Szathmáry. 2011. Confrontational scavenging as a possible source for language and cooperation. *BMC Evolutionary Biology, 11*, 261.

Blake, P. R., and K. McAuliffe. 2011. "I had so much it didn't seem fair": Eight-year-olds reject two forms of inequity. *Cognition, 120*(2), 215–224.

Blasi, A. 1984. Moral identity: Its role in moral functioning. In W. M. Kurtines and J. J. Gewirtz, eds., *Morality, moral behavior and moral developmen*t (pp. 128–139). New York: Wiley.

Boehm, C. 1999. *Hierarchy in the forest: The evolution of egalitarian behavior*. Cambridge, MA: Harvard University Press.

———. 2012. *Moral origins: The evolution of virtue, altruism, and shame*. New York: Basic Books.（ボーム, C.　斉藤隆央（訳）(2014). モラルの起源：道徳，良心，利他行動はどのように進化したのか　白揚社）

Boesch, C. 1994. Cooperative hunting in wild chimpanzees. *Animal Behaviour, 48* (3), 653–667.

Boesch, C., and H. Boesch. 1989. Hunting behavior of wild chimpanzees in the Taï National Park. *American Journal of Physical Anthropology, 78*(4), 547–573.

Bonnie, K. E., V. Horner, A. Whiten, and F. B. M. de Waal. 2007. Spread of arbitrary conventions among chimpanzees: A controlled experiment. *Proceedings of the*

Royal Society of London, Series B: Biological Sciences, 274(1608), 367–372.

Bowles, S., and H. Gintis. 2012. *A cooperative species: Human reciprocity and its evolution*. Princeton, NJ: Princeton University Press.（ボウルズ, S.・ギンタス, H.　竹澤正哲(監訳) 大槻久・高橋伸幸・稲葉美里・波多野礼佳(訳)(2017). 協力する種：制度と心の共進化　NTT出版）

Boyd, R., and J. Silk. 2009. *How humans evolved*. New York: Norton.（ボイド, R. J.・シルク, B.　松本晶子・小田亮(監訳)(2011). ヒトはどのように進化してきたか　ミネルヴァ書房）

Bratman, M. 1992. Shared co-operative activity. *Philosophical Review, 101*(2), 327–341.

———. 2014. *Shared agency: A planning theory of acting together*. New York: Oxford University Press.

Bräuer, J., J. Call, and M. Tomasello. 2006. Are apes really inequity averse? *Proceedings of the Royal Society of London, Series B: Biological Sciences, 273*(1605), 3123–3128.

———. 2009. Are apes inequity averse? New data on the token-exchange paradigm. *American Journal of Primatology, 71*(2), 175–181.

Brosnan, S. F., and F. B. M. de Waal. 2003. Monkeys reject unequal pay. *Nature, 425*, 297–299.

Brosnan, S. F., T. Flemming, C. F. Talbot, L. Mayo, and T. Stoinski. 2011. Responses to inequity in orangutans. *Folia Primatologica, 82*, 56–70.

Brosnan, S. F., H. C. Schiff, and F. B. M. de Waal. 2005. Tolerance for inequity may increase with social closeness in chimpanzees. *Proceedings of the Royal Society of London, Series B: Biological Sciences, 272*(1560), 253–285.

Brosnan, S. F., C. Talbot, M. Ahlgren, S. P. Lambeth, and S. J. Schapiro. 2010. Mechanisms underlying the response to inequity in chimpanzees, *Pan troglodytes*. *Animal Behaviour, 79*(6), 1229–1237.

Brown, P., and S. C. Levinson. 1987. *Politeness: Some universals in language usage*. Cambridge: Cambridge University Press.

Bshary, R., and R. Bergmueller. 2008. Distinguishing four fundamental approaches to the evolution of helping. *Journal of Evolutionary Biology, 21*(2), 405–420.

Bullinger, A. F., A. P. Melis, and M. Tomasello. 2011a. Chimpanzees *(Pan troglodytes)* prefer individual over collaborative strategies toward goals. *Animal Behaviour, 82*(5), 1135–1141.

Bullinger, A. F., E. Wyman, A. P. Melis, and M. Tomasello. 2011b. Coordination of chimpanzees *(Pan troglodytes)* in a stag hunt game. *International Journal of Primatology, 32*(6), 1296–1310.

Burkart, J. M., and C. P. van Schaik. 2010. Cognitive consequences of cooperative

breeding in primates? *Animal Cognition, 13*(1), 1–19.

Buttelmann, D., J. Call, and M. Tomasello. 2009. Do great apes use emotional expressions to infer desires? *Developmental Science, 12*(5), 688–699.

Buttelmann, D., N. Zmyj, M. M. Daum, and M. Carpenter. 2013. Selective imitation of in-group over out-group members in 14-month-old infants. *Child Development, 84*(2), 422–428.

Byrne, R. W. and Whiten, A. 1988. *Machiavellian intelligence: Social expertise and the evolution of intellect in monkeys, apes and humans.* New York: Oxford University Press.（バーン，R.・ホワイトゥン，A.(編) 藤田和生・山下博志・友永雅己(監訳)(2004). マキャベリ的知性と心の理論の進化論：ヒトはなぜ賢くなったか　ナカニシヤ出版)

Call, J., and M. Tomasello. 2007. *The gestural communication of apes and monkeys.* Mahwah, NJ: Erlbaum.

———. 2008. Does the chimpanzee have a theory of mind? 30 years later. *Trends in Cognitive Sciences, 12*(5), 187–192.

Callaghan, T., H. Moll, H. Rakoczy, F. Warneken, U. Liszkowski, T. Behne, and M. Tomasello. 2011. Early social cognition in three cultural contexts. *Monographs of the Society for Research in Child Development, 76*(2), 1–142.

Carpenter, M. 2006. Instrumental, social, and shared goals and intentions in imitation. In S. J. Rogers and J. Williams, eds., *Imitation and the social mind: Autism and typical development* (pp. 48–70). New York: Guilford Press.

Carpenter, M., M. Tomasello, and T. Striano. 2005. Role reversal imitation in 12 and 18 month olds and children with autism. *Infancy, 8*(3), 253–278.

Carpenter, M., J. Uebel, and M. Tomasello. 2013. Being mimicked increases prosocial behavior in 18-month-old infants. *Child Development, 84*(5), 1511–1518.

Chapais, B. 2008. *Primeval kinship: How pair-bonding gave birth to human society.* Cambridge, MA: Harvard University Press.

Chwe, M. S. Y. 2003. *Rational ritual: Culture, coordination and common knowledge.* Princeton, NJ: Princeton University Press.

Clark, H. 1996. *Using language.* Cambridge: Cambridge University Press.

Clutton-Brock, T. 2002. Breeding together: Kin selection and mutualism in cooperative vertebrates. *Science, 296*(5565), 69–72.

Cosmides, L., and J. Tooby. 2004. Knowing thyself: The evolutionary psychology of moral reasoning and moral sentiments. *Business, Science, and Ethics, 4,* 93–128.

Crockford, C., and C. Boesch. 2003. Context specific calls in wild chimpanzees, Pan troglodytes verus: Analysis of barks. *Animal Behaviour, 66*(1), 115–125.

Crockford, C., R. M. Wittig, K. Langergraber, T. E. Ziegler, K. Zuberbühler, and T. Deschner. 2013. Urinary oxytocin and social bonding in related and unrelated

wild chimpanzees. *Proceedings of the Royal Society of London, Series B: Biological Sciences, 280*(1755), 2012-2765.

Csibra, G., and G. Gergely. 2009. Natural pedagogy. *Trends in Cognitive Sciences, 13*(4), 148-153.

Darley, J. M., and B. Latane. 1968. Bystander intervention in emergencies: Diffusion of responsibility. *Journal of Personality and Social Psychology, 8*(4), 377-383.

Darwall, S. 1977. Two kinds of respect. *Ethics, 88*, 36-49.

———. 2006. *The second-person standpoint: Respect, morality, and accountability.* Cambridge, MA: Harvard University Press. (ダーウォル, S.　寺田俊郎(監訳) 会澤久仁子(訳)(2017). 二人称的観点の倫理学 : 道徳・尊敬・責任　法政大学出版局)

———. 2013. *Essays in second-personal ethics,* Vol. 1: *Morality, authority, and law.* Oxford: Oxford University Press.

Darwin, C. 1871. *The descent of man, and selection in relation to sex.* London: John Murray. (ダーウィン, C.　長谷川眞理子(訳)(2016). 人間の由来(上・下)　講談社)

Dawkins, R. 1976. *The selfish gene.* New York: Oxford University Press. (ドーキンス, R.　日髙敏隆・岸由二・羽田節子・垂水雄二(2018). 利己的な遺伝子　40周年記念版　紀伊國屋書店)

de Waal, F. B. M. 1982. *Chimpanzee politics: Power and sex among apes.* London: Cape. (ドゥ・ヴァール, F.　西田利貞(訳)(1994). 政治をするサル：チンパンジーの権力と性　平凡社)

———. 1989a. *Peacemaking among primates.* Cambridge, MA: Harvard University Press.

———. 1989b. Food sharing and reciprocal obligations among chimpanzees. *Journal of Human Evolution, 18*(5), 433-459.

———. 1996. *Good natured: The origins of right and wrong in humans and other animals.* Cambridge, MA: Harvard University Press. (ドゥ・ヴァール, F.　西田利貞・藤井留美(訳)(1998). 利己的なサル, 他人を思いやるサル：モラルはなぜ生まれたのか　草思社)

———. 2000. Attitudinal reciprocity in food sharing among brown capuchin monkeys. *Animal Behaviour, 60*(2), 253-261.

———. 2006. *Primates and philosophers: How morality evolved.* Princeton, NJ: Princeton University Press.

de Waal, F. B. M., and L. M. Luttrell. 1988. Mechanisms of social reciprocity in three primate species: Symmetrical relationship characteristics or cognition? *Ethology and Sociobiology, 9*(2-4), 101-118.

Diesendruck, G., N. Carmel, and L. Markson. 2010. Children's sensitivity to the

conventionality of sources. *Child Development, 81*(2), 652–668.

Dubreuil, D., M. S. Gentile, and E. Visalberghi. 2006. Are capuchin monkeys *(Cebus apella)* in equality averse? *Proceedings of the Royal Society of London, Series B: Biological Sciences, 273*(1591), 1223–1228.

Duguid, S., E. Wyman, A. Bullinger, and M. Tomasello. (2014). Coordination strategies of chimpanzees and human children in a stag hunt game. *Proceedings of the Royal Society of London, Series B: Biological Sciences, 281*, 20141973.

Dunbar, R. 1998. The social brain hypothesis. *Evolutionary Anthropology, 6*(5), 178–190.

Dunham, Y., A. S. Baron, and M. R. Banaji. 2008. The development of implicit intergroup cognition. *Trends in Cognitive Sciences, 12*(7), 248–253.

Durkheim, E. 1893/1984. *The division of labor in society*. New York: Free Press.（デュルケーム, E.　田原音和（訳）(2017). 社会分業論　筑摩書房）

———. 1912/2001. *The elementary forms of religious life*. Oxford: Oxford University Press.（デュルケム, E.　古野清人（訳）(1975). 宗教生活の原初形態（上・下）　岩波書店）

———. 1974. *Sociology and philosophy*. New York: Free Press.

Engelmann, J. M., E. Herrmann, D. J. Rapp, and M. Tomasello. 2016. Young children (sometimes) do the right thing even when their peers do not. *Cognitive Development, 39*, 86-92.

Engelmann, J. M., E. Herrmann, and M. Tomasello. 2012. Five-year olds, but not chimpanzees, attempt to manage their reputations. *PLoS ONE, 7*(10), e48433.

———. 2015. Chimpanzees trust conspecifics to engage in low-cost reciprocity. *Proceedings of the Royal Society B, 282*(1801), 20142803. doi: 10.1098/rspb.2014.2803

Engelmann, J. M., H. Over, E. Herrmann, and M. Tomasello. 2013. Young children care more about their reputation with ingroup members and potential reciprocators. *Developmental Science, 16*(6), 952–958.

Fehr, E., H. Bernhard, and B. Rockenbach. 2008. Egalitarianism in young children. *Nature, 454*, 1079–1083.

Fiske, S. T. 2010. *Social beings: Core motives in social psychology*. 2nd ed. Hoboken, NJ: Wiley.

Fletcher, G., F. Warneken, and M. Tomasello. 2012. Differences in cognitive processes underlying the collaborative activities of children and chimpanzees. *Cognitive Development, 27*(2), 136–153.

Foley, R. A., and C. Gamble. 2009. The ecology of social transitions in human evolution. *Philosophical Transactions of the Royal Society of London, Series B:*

Biological Sciences, 364(1442), 3267–3279.

Fontenot, M. B., S. L. Watson, K. A. Roberts, and R. W. Miller. 2007. Effects of food preferences on token exchange and behavioural responses to in e quality in tufted capuchin monkeys, Cebus apella. *Animal Behaviour, 74*(3), 487–496.

Friedrich, D., and N. Southwood. 2011. Promises and trust. In H. Sheinman, ed., *Promises and agreement: Philosophical essays* (pp. 275–292). New York: Oxford University Press.

Gibbard, A. 1990. *Wise choices, apt feelings: A theory of normative judgment.* Cambridge, MA: Harvard University Press.

Gilbert, M. 1990. Walking together: A paradigmatic social phenomenon. *Midwest Studies in Philosophy, 15*(1), 1–14.

———. 2003. The structure of the social atom: Joint commitment as the foundation of human social behavior. In F. Schmitt, ed., *Socializing metaphysics* (pp. 39–64). Lanham, MD: Rowman and Littlefield.

———. 2006. *A theory of political obligation: Membership, commitment, and the bonds of society.* Oxford: Oxford University Press.

———. 2011. Three dogmas about promising. In H. Sheinman, ed., *Promises and agreements* (pp. 80–109). New York: Oxford University Press.

———. 2014. *Joint commitment: How we make the social worl*d. New York: Oxford University Press.

Gilby, I. C. 2006. Meat sharing among the Gombe chimpanzees: Harassment and reciprocal exchange. *Animal Behaviour, 71*(4), 953–963.

Herrmann, E., A. Misch, V. Hernandez-Lloreda, and M. Tomasello. 2015. Uniquely human self-control begins at school age. *Developmental Science, 18*, 979–993.

Göckeritz, S., M. F. H. Schmidt, and M. Tomasello. 2014. Young children's creation and transmission of social norms. *Cognitive Development, 30*(April- June), 81–95.

———. Submitted. Young children understand norms as socially constructed—if they have done the constructing.

Goffman, E. 1959. *The presentation of self in everyday life.* New York: Anchor.（ゴッフマン, E.　石黒毅（訳）(1974). 行為と演技：日常生活における自己呈示　誠信書房）

Gomes, C., C. Boesch, and R. Mundry. 2009. Long-term reciprocation of grooming in wild West African chimpanzees. *Proceedings of the Royal Society of London, Series B: Biological Sciences, 276*, 699–706.

Goodall, J. 1986. *The chimpanzees of Gombe: Patterns of behavior.* Cambridge, MA: Belknap Press.

Gräfenhain, M., T. Behne, M. Carpenter, and M. Tomasello. 2009. Young children's

understanding of joint commitments. *Developmental Psychology, 45*(5), 1430–1443.

Gräfenhain, M., M. Carpenter, and M. Tomasello. 2013. Three-year-olds' understanding of the consequences of joint commitments. *PLoS ONE, 8*(9), e73039.

Greenberg, J. R., K. Hamann, F. Warneken, and M. Tomasello. 2010. Chimpanzee helping in collaborative and non-collaborative contexts. *Animal Behaviour, 80*(5), 873–880.

Greene, J. 2013. *Moral tribes: Emotion, reason, and the gap between us and them.* New York: Penguin Press.（グリーン，J.　竹田円（訳）(2015)．モラル・トライブズ：共存の道徳哲学へ（上・下）　岩波書店）

Greene, J. D., R. B. Sommerville, L. E. Nystrom, J. M. Darley, and J. D. Cohen. 2001. An fMRI investigation of emotional engagement in moral judgment. *Science, 293*(5537), 2105–2108.

Grocke, P., F. Rossano, and M. Tomasello. 2015. Procedural justice in children: Preschoolers accept unequal resource distributions if the procedure provides equal opportunities. *Journal of Experimental Child Psychology, 140*, 197–210.

Grüneisen, S., E. Wyman, and M. Tomasello. 2015. Conforming to coordinate: Children use majority information for peer coordination. *British Journal of Developmental Psychology, 33*(1), 136–147.

Guererk, O., B. Irlenbusch, and B. Rockenbach. 2006. The competitive advantage of sanctioning institutions. *Science, 312*(5770), 108–111.

Gurven, M. 2004. To give or not to give: An evolutionary ecology of human food transfers. *Behavioral and Brain Sciences, 27*(4), 543–583.

Haidt, J. 2012. *The righteous mind: Why good people are divided by politics and religion.* New York: Pantheon.（ハイト，J.　高橋洋（訳）(2014)．社会はなぜ左と右にわかれるのか：対立を超えるための道徳心理学　紀伊國屋書店）

Haley, K. J., and D. M. T. Fessler. 2005. Nobody's watching? Subtle cues affect generosity in an anonymous economic game. *Evolution and Human Behavior, 26*(3), 245–256.

Hamann, K., J. Bender, and M. Tomasello. 2014. Meritocratic sharing is based on collaboration in 3-year-olds. *Developmental Psychology, 50*(1), 121–128.

Hamann, K., F. Warneken, J. Greenberg, and M. Tomasello. 2011. Collaboration encourages equal sharing in children but not chimpanzees. *Nature, 476*, 328–331.

Hamann, K., F. Warneken, and M. Tomasello. 2012. Children's developing commitments to joint goals. *Child Development, 83*(1), 137–145.

Hamlin, J. K., K. Wynn, and P. Bloom. 2007. Social evaluation by preverbal infants.

Nature, *450*, 557–559.

Harcourt, A. H., and F. B. M. de Waal, eds. 1992. *Coalitions and alliances in humans and other animals*. Oxford: Oxford University Press.

Hardecker, S., M. F. H. Schmidts, and M. Tomasello. 2016. Children's Developing Understanding of the Conventionality of Rules. *Journal of Cognition and Development*, *18*(2), 163-188.

Hardy, S. A., and G. Carlo. 2005. Identity as a source of moral motivation. *Human Development*, *48*(4), 232–256.

Hare, B. 2001. Can competitive paradigms increase the validity of social cognitive experiments in primates? *Animal Cognition*, *4*(3–4), 269–280.

Hare, B., J. Call, B. Agnetta, and M. Tomasello. 2000. Chimpanzees know what conspecifics do and do not see. *Animal Behaviour*, *59*(4), 771–785.

Hare, B., J. Call, and M. Tomasello. 2001. Do chimpanzees know what conspecifics know and do not know? *Animal Behaviour*, *61*(1), 139–151.

Hare, B., and M. Tomasello. 2004. Chimpanzees are more skillful in competitive than in cooperative cognitive tasks. *Animal Behaviour*, *68*(3), 571–581.

Hare, B., T. Wobber, and R. Wrangham. 2012. The self-domestication hypothesis: Bonobo psychology evolved due to selection against male aggression. *Animal Behavior*, *83*, 573–585.

Haun, D., and H. Over. 2014. Like me: A homophily-based account of human culture. In P. J. Richerson and M. Christiansen, eds., *Cultural evolutio*n (pp. 75–85). Cambridge, MA: MIT Press.

Haun, D. B. M., and M. Tomasello. 2011. Conformity to peer pressure in preschool children. *Child Development*, *82*(6), 1759 –1767.

———. 2014. Great apes stick with what they know; children conform to others. *Psychological Science*, *25*(12), 2160–2167.

Hegel, G. W. F. 1807/1967. *The phenomenology of mind*. New York: Harper and Row.（ヘーゲル, G. W. F.　熊野純彦（訳）(2018). 精神現象学（上・下）　筑摩書房）

Henrich, J., R. Boyd, S. Bowles, C. Camerer, H. Gintis, R. McElreath, and E. Fehr. 2001. In search of Homo economicus: Experiments in 15 small-scale societies. *American Economic Review*, *91*(2), 73–79.

Hepach, R., A. Vaish, and M. Tomasello. 2012. Young children are intrinsically motivated to see others helped. *Psychological Science*, *23*(9), 967–972.

———. 2013. Young children sympathize less in response to unjustified emotional distress. *Developmental Psychology*, *49*(6), 1132 –1138.

Herrmann, E., S. Keupp, B. Hare, A. Vaish, and M. Tomasello. 2013. Direct and indirect reputation formation in non-human great apes and human children.

Journal of Comparative Psychology, 127(1), 63–75.

Herrmann, E., A. Misch, Hernandez-Lloreda, V., and M. Tomasello. 2015. Uniquely human self-control begins at school age. *Developmental Science, 18*(6), 979-993.

Hill, K. 2002. Altruistic cooperation during foraging by the Ache, and the evolved human predisposition to cooperate. *Human Nature, 13*(1), 105–128.

———. 2009. The emergence of human uniqueness: Characteristics underlying behavioural modernity. *Evolutionary Anthropology, 18*, 187–200.

Hill, K., M. Barton, and A. M. Hurtado. 2009. The emergence of human uniqueness: Characters underlying behavioral modernity. *Evolutionary Anthropology, 18*(5), 187–200.

Hoffman, M. L. 2000. *Empathy and moral development: Implications for caring and justice*. Cambridge: Cambridge University Press.（ホフマン, M. L.　菊池章夫・二宮克美（訳）(2001). 共感と道徳性の発達心理学：思いやりと正義とのかかわりで　川島書店）

Honneth, A. 1995. *The struggle for recognition: The moral grammar of social conflicts*. Cambridge: Polity Press.

Hopper, L. M., S. P. Lambeth, S. J. Schapiro, and S. F. Brosnan. 2013. When given the opportunity, chimpanzees maximize personal gain rather than "level the playing field." *PeerJ, 1*, e165.

Horner, V., J. D. Carter, M. Suchak, and F. B. M. de Waal. 2011. Spontaneous prosocial choice by chimpanzees. *Proceedings of the National Academy of Sciences of the United States of America, 108*(33), 13847–13851.

Horner, V., and A. K. Whiten. 2005. Causal knowledge and imitation/emulation switching in chimpanzees *(Pan troglodytes)* and children. *Animal Cognition, 8*(3), 164–181.

House, B. R., J. B. Silk, J. Henrich, H. C. Barrett, B. A. Scelza, A. H. Boyette, B. S. Hewlett, R. McElreath, and S. Laurence. 2013. Ontogeny of prosocial behavior across diverse societies. *Proceedings of the National Academy of Sciences of the United States of America, 110*(36), 14586–14591.

Hrdy, S. 2009. *Mothers and others: The evolutionary origins of mutual understanding*. Cambridge, MA: Belknap Press.（ハーディー, S. B.　塩原通緒（訳）(2005). マザー・ネイチャー：「母親」はいかにヒトを進化させたか（上・下）　早川書房）

Hruschka, D. J. 2010. *Friendship: Development, ecology and evolution of a social relationship*. Berkeley, CA: University of California Press.

Hume, D. 1751/1957. *An enquiry concerning the principles of morals*. New York: Bobbs-Merrill.（ヒューム, D.　渡部峻明（訳）(1993). 道徳原理の研究　哲書房）

Jensen, K., J. Call, and M. Tomasello. 2007. Chimpanzees are rational maximizers in

an ultimatum game. *Science, 318*(5847), 107–109.

Jensen, K., B. Hare, J. Call, and M. Tomasello. 2006. What's in it for me? Self-regard precludes altruism and spite in chimpanzees. *Proceedings of the Royal Society of London, Series B: Biological Sciences, 273*(1589), 1013–1021.

Jensen, K., and J. B. Silk. 2014. Searching for the evolutionary roots of human morality. In M. Killen and J. G. Smetana, eds., *Handbook of moral development* (2nd ed., pp. 475–494). New York: Psychology Press.

Joyce, R. 2006. *The evolution of morality.* Cambridge, MA: MIT Press.

Kaiser, I., K. Jensen, J. Call, and M. Tomasello. 2012. The ft in an ultimatum game: Chimpanzees and bonobos are insensitive to unfairness. *Biology Letters, 8*(6), 942–945.

Kanngiesser, P., and F. Warneken. 2012. Young children take merit into account when sharing rewards. *PLoS ONE, 7*(8), e43979.

Kant, I. 1785/1988. *Fundamental principles of the metaphysics of morals.* Buffalo, NY: Prometheus.（カント, I,　土岐邦夫・野田又夫・観山雪陽（訳）(2005). プロレゴーメナ・人倫の形而上学の基礎づけ　中央公論新社）

Killen, M., K. L. Mulvey, and A. Hitti. 2013. Social exclusion in childhood: A developmental intergroup perspective. *Child Development, 84*(3), 772–790.

Kinzler, K. D., K. H. Corriveau, and P. L Harris. 2011. Children's selective trust in native-accented speakers. *Developmental Science, 14*(1), 106–111.

Kinzler, K. D., K. Shutts, J. DeJesus, and E. S. Spelke. 2009. Accent trumps race in guiding children's social preferences. *Social Cognition, 27*(4), 623–634.

Kirschner, S., and M. Tomasello. 2010. Joint music making promotes prosocial behavior in 4-year-old children. *Evolution and Human Behavior, 31*(5), 354–364.

Kitcher, P. 2011. *The ethical project.* Cambridge, MA: Harvard University Press.

Klein, R. 2009. *The human career: Human biological and cultural origins.* 3rd ed. Chicago: University of Chicago Press.

Knight, J. 1992. *Institutions and social conflict.* Cambridge, MA: Cambridge University Press.

Kohlberg, L. 1981. *Essays on moral development,* Vol. 1: *The philosophy of moral development.* San Francisco, CA: Harper and Row.

Kojève, A. 1982/2000. *Outline of a phenomenology of right.* New York: Roman and Littlefield.

Korsgaard, C. 1996a. *The sources of normativity.* Cambridge: Cambridge University Press.（コースガード, K.・オニール, O.（編）寺田俊郎・三谷尚澄・後藤正英・竹山重光（訳）(2005). 義務とアイデンティティの倫理学：規範性の源泉　岩波書店）

———. 1996b. *Creating the kingdom of ends.* Cambridge: Cambridge University

Press.

Koski, S. E., H. de Vries, S. W. van den Tweel, and E. H. M. Sterck. 2007. What to do after a fight? The determinants and inter-dependency of post-conflict interactions in chimpanzees. *Behaviour, 144*(5), 529–555.

Köymen, B., E. Lieven, D. A. Engemann, H. Rakoczy, F. Warneken, and M. Tomasello. 2014. Children's norm enforcement in their interactions with peers. *Child Development, 85*(3), 1108–1122.

Köymen, B., M. F. H. Schmidt, L. Rost, E. Lieven, and M. Tomasello. 2015. Teaching versus enforcing game rules in preschoolers' peer interactions. *Journal of Experimental Child Psychology, 135*, 93-101.

Kropotkin, P. A. 1902. *Mutual aid: A factor of evolution*. New York: McClure, Philips.（クロポトキン, P.　大杉栄（訳）(2017). 相互扶助論　新装増補修訂版　同時代社）

Kruger, A., and M. Tomasello. 1996. Cultural learning and learning culture. In D. Olson, ed., *Handbook of education and human development: New models of learning, teaching, and schooling* (pp. 369–387). Cambridge, MA: Blackwell.

Kuhlmeier, V., K. Wynn, and P. Bloom. 2003. Attribution of dispositional states by 12-month-olds. *Psychological Science, 14*(5), 402–408.

Kummer, H. (1979). On the value of social relationships to nonhuman primates: A heuristic scheme. In M. von Cranach, K. Foppa, W. Lepenies, and D. Ploog, eds., *Human ethology: Claims and limits of a new discipline* (pp. 381–395). Cambridge: Cambridge University Press.

Lakatos, I., and A. Musgrave, eds. 1970. *Criticism and the growth of knowledge*. Cambridge: Cambridge University Press.（ラカトシュ, I.・マスグレーヴ, A.　森博（監訳）(2004). 批判と知識の成長　木鐸社）

Langergraber, K. E., J. C. Mitani, and L. Vigilant. 2007. The limited impact of kinship on cooperation in wild chimpanzees. *Proceedings of the National Academy of Sciences of the United States of America, 104*(19), 7786–7790.

Leach, H. M. 2003. Human domestication reconsidered. *Current Anthropology, 44*(3), 349–368.

Levinson, S. 2006. On the human interactional engine. In N. Enfield and S. Levinson, eds., *Roots of human sociality* (pp. 39–69). New York: Berg.

Lewis, D. 1969. *Convention: A philosophical study*. Cambridge, MA: Harvard University Press.

Lickel, B., T. Schmader, and M. Spanovic. 2007. Group-conscious emotions: The implications of others' wrongdoings for identity and relationships. In J. L. Tracy, R. W. Robins, and J. P. Tangney, eds., *The self-conscious emotions: Theory and research* (pp. 351–369). New York: Guilford Press.

Liebal, K., M. Carpenter, and M. Tomasello. 2013. Young children's understanding of cultural common ground. *British Journal of Developmental Psychology, 31*(1), 88–96.

Liebal, K., A. Vaish, D. Haun, and M. Tomasello. 2014. Does sympathy motivate prosocial behavior in great apes? *PLoS ONE, 9*(1), e84299.

List, C., and P. Pettit. 2011. *Group agency*. Oxford University Press.

Mameli, M. 2013. Meat made us moral: A hypothesis on the nature and evolution of moral judgment. *Biology and Philosophy, 28*, 903–931.

Marlowe, F. W., and J. C. Berbesque. 2008. More "altruistic" punishment in larger societies. *Proceedings of the Royal Society of London, Series B: Biological Sciences, 275*(1634), 587–590.

Martin, A., and K. R. Olson. 2013. When kids know better: Paternalistic helping in 3-year-old children. *Developmental Psychology, 49*(11), 2071–2081.

Marx, K. 1867/1977. *Capital: A critique of political economy*. Vol. 1. New York: Vintage Books.（マルクス, K.・エンゲルス, F.　向坂逸郎（訳）(1969). 資本論 1　岩波書店）

Maynard Smith, J. 1982. *Evolution and the theory of games*. Cambridge: Cambridge University Press.（メイナード＝スミス, J.　寺本英・梯正之（訳）(1985). 進化とゲーム理論：闘争の論理　産業図書）

McAuliffe, K., J. Jordan, and F. Warneken. 2015. Costly third-party punishment in young children. *Cognition, 134*, 1–10.

Mead, G. H. 1934. *Mind, self, and society. From the standpoint of a social behaviorist*. Chicago: University of Chicago Press.（ミード, G. H.　稲葉三千男・滝沢正樹・中野収・日高六郎・岩井弘融・中野卓（訳）(2005). 精神・自我・社会　復刻版　青木書店）

Melis, A. P., K. Altricher, and M. Tomasello. 2013. Allocation of resources to collaborators and free-riders by 3-year-olds. *Journal of Experimental Child Psychology, 114*(2), 364–370.

Melis, A. P., B. Hare, and M. Tomasello. 2006a. Chimpanzees recruit the best collaborators. *Science, 311*(5765), 1297–1300.

———. 2006b. Engineering cooperation in chimpanzees: Tolerance constraints on cooperation. *Animal Behaviour, 72*(2), 275–286.

———. 2008. Do chimpanzees reciprocate received favors? *Animal Behaviour, 76*(3), 951–962.

———. 2009. Chimpanzees coordinate in a negotiation game. *Evolution and Human Behavior, 30*(6), 381–392.

Melis, A. P., A.-C. Schneider, and M. Tomasello. 2011a. Chimpanzees share food in the same way after collaborative and individual food acquisition. *Animal*

Behaviour, 82(3), 485–493.

Melis, A. P., and M. Tomasello. 2013. Chimpanzees' strategic helping in a collaborative task. *Biology Letters, 9,* 20130009.

Melis, A. P., F. Warneken, K. Jensen, A.-C. Schneider, J. Call, and M. Tomasello. 2011b. Chimpanzees help conspecifics to obtain food and non-food items. *Proceedings of the Royal Society of London, Series B: Biological Sciences, 278* (1710), 1405–1413.

Mikhail, J. 2007. Universal moral grammar: Theory, evidence and the future. *Trends in Cognitive Sciences, 11*(4), 143–152.

Milinski, M., D. Semmann, and H.-J. Krambeck. 2002. Reputation helps solve the "tragedy of the commons." *Nature, 415,* 424–426.

Miller, J. G. 1994. Cultural diversity in the morality of caring: Individually oriented versus duty-based interpersonal moral codes. *Cross Cultural Research, 28*(1), 3–39.

Millikan, R. G. 2005. *Language: A biological model.* Oxford: Oxford University Press.

Misch, A., H. Over, and M. Carpenter. 2014. Stick with your group: Young children's attitudes about group loyalty. *Journal of Experimental Child Psychology, 126,* 19–36.

Mitani, J. C., and D. Watts. 2001. Why do chimpanzees hunt and share meat? *Animal Behaviour, 61*(5), 915–924.

Moll, H., N. Richter, M. Carpenter, and M. Tomasello. 2008. Fourteen-month-olds know what "we" have shared in a special way. *Infancy, 13,* 90–101.

Moll, H., and M. Tomasello. 2007a. Co-operation and human cognition: The Vygotskian intelligence hypothesis. *Philosophical Transactions of the Royal Society of London, Series B: Biological Sciences, 362*(1480), 639–648.

———. 2007b. How 14-and 18-month-olds know what others have experienced. *Developmental Psychology, 43*(2), 309–317.

Moreland, R. L. 2010. Are dyads really groups? *Small Group Research, 41*(2), 251–267.

Mueller, M. N., and J. C. Mitani. 2005. Conflict and cooperation in wild chimpanzees. *Advances in the Study of Behavior, 35,* 275–331.

Mussweiler, T. 2003. Comparison processes in social judgment: Mechanisms and consequences. *Psychological Review, 110*(3), 472–489.

Nagel, T. 1970. *The possibility of altruism.* Princeton, NJ: Princeton University Press.

———. 1986. *The view from nowhere.* New York: Oxford University Press. (ネーゲル, T. 中村昇・山田雅大・岡山敬二・齋藤宜之・新海太郎・鈴木保早(訳)(2009).

どこでもないところからの眺め　春秋社）

———. 1991. *Equality and partiality*. New York: Oxford University Press.

Nichols, S. 2004. *Sentimental rules: On the natural foundations of moral judgment*. Oxford: Oxford University Press.

Nichols, S., M. Svetlova, and C. Brownell. 2009. The role of social understanding and empathic disposition in young children's responsiveness to distress in parents and peers. *Cognition, Brain, Behavior, 4*, 449–478.

Nietzsche, F. 1887/2003. *The genealogy of morals*. Mineola, NY: Dover.（ニーチェ, F. 木場深定（訳）(1964). 道徳の系譜　岩波書店）

Noe, R., and Hammerstein, P. 1994. Biological markets: Supply and demand determine the effect of partner choice in cooperation, mutualism and mating. *Behavioral Ecoogy and Sociobiology, 35*(1), 1–11.

Norenzayan, A. 2013. *Big gods: How religion transformed cooperation and conflict*. Princeton, NJ: Princeton University Press.

Nowak, M., and R. Highfield. 2011. *Supercooperators: The mathematics of evolution, altruism and human behaviour*. Edinburgh: Canongate.

Nowak, M., C. Tarnita, and E. Wilson. 2010. The evolution of eusociality. *Nature, 466*, 1057–1062.

Olson, K. R., and E. S. Spelke. 2008. Foundations of cooperation in young children. *Cognition, 108*(1), 222–231.

Olson, M. 1965. *The logic of collective action*. Cambridge, MA: Harvard University Press.

Over, H., and M. Carpenter. 2013. The social side of imitation. *Child Development Perspectives, 7*(1), 6–11.

Over, H., M. Carpenter, R. Spears, and M. Gattis. 2013. Children selectively trust individuals who have imitated them. *Social Development, 22*(2), 215–425.

Over, H., A. Vaish, and M. Tomasello. 2016. Do young children accept responsibility for the negative actions of ingroup members? *Cognitive Development, 40*, 24-32.

Piaget, J. 1932/1997. *The moral judgment of the child*. New York: Free Press.

Pinker, S. 2011. *The better angels of our nature: Why violence has declined*. New York: Viking.（ピンカー, S.　幾島幸子・塩原通緒（訳）(2015). 暴力の人類史（上・下）　青土社）

Prinz, J. 2007. *The emotional construction of morals*. Oxford: Oxford University Press.

———. 2012. *Beyond human nature*. London: Allen Lane.

Proctor, D., R. A. Williamson, F. B. M. de Waal, and S. F. Brosnan. 2013. Chimpanzees play the ultimatum game. *Proceedings of the National Academy of Sciences of the United States of America, 110*(6), 2070–2075.

Rakoczy, H., K. Hamann, F. Warneken, and M. Tomasello. 2010. Bigger knows better? Young children selectively learn rule games from adults rather than from peers. *British Journal of Developmental Psychology, 28*(4), 785–798.

Rakoczy, H., and M. Tomasello. 2007. The ontogeny of social ontology: Steps to shared intentionality and status functions. In S. Tsohatzidis, ed., *Intentional acts and institutional facts: Essays on John Searle's social ontology* (pp. 113–137). Dordrecht: Springer.

Rakoczy, H., F. Warneken, and M. Tomasello. 2008. The sources of normativity: Young children's awareness of the normative structure of games. *Developmental Psychology, 44*(3), 875–881.

Rand, D., J. Greene, and M. A. Nowak. 2012. Spontaneous giving and calculated greed. *Nature, 489*, 427–430.

Rawls, J. 1971. *A theory of justice*. Cambridge, MA: Harvard University Press.（ロールズ, J.　川本隆史・福間聡・神島裕子(訳)(2010). 正義論　改訂版　紀伊國屋書店）

Rekers, Y., D. B. M. Haun, and M. Tomasello. 2011. Children, but not chimpanzees, prefer to collaborate. *Current Biology, 21*(20), 1756–1758.

Resnick, P., R. Zeckhauser, J. Swanson, and K. Lockwood. 2006. The value of reputation on eBay: A controlled experiment. *Experimental Economy, 9*(2), 79–101.

Rhodes, M., and L. Chalik. 2013. Social categories as markers of intrinsic interpersonal obligations. *Psychological Science, 24*(6), 999–1006.

Richerson, P., and R. Boyd. 2005. *Not by genes alone: How culture transformed human evolution*. Chicago: University of Chicago Press.

Riedl, K., K. Jensen, J. Call, and M. Tomasello. 2012. No third-party punishment in chimpanzees. *Proceedings of the National Academy of Sciences of the United States of America, 109*(37), 14824–14829.

Roberts, G. 2005. Cooperation through interdependence. *Animal Behaviour, 70*(4), 901–908.

Rochat, P. 2009. *Others in mind: Social origins of self-consciousness*. Cambridge: Cambridge University Press.

Rochat, P., M. D. G. Dias, L. Guo, T. Broesch, C. Passos-Ferreira, A. Winning, and B. Berg. 2009. Fairness in distributive justice by 3-and 5-year-olds across 7 cultures. *Journal of Cross-Cultural Psychology, 40*(3), 416–442.

Rockenbach, B., and M. Milinski. 2006. The efficient interaction of indirect reciprocity and costly punishment. *Nature, 444*, 718–723.

Roma, P. G., A. Silberberg, A. M. Ruggiero, and S. J. Suomi. 2006. Capuchin monkeys, inequity aversion, and the frustration effect. *Journal of Comparative*

Psychology, 120(1), 67–73.

Rose, L. M., S. Perry, M. Panger, K. Jack, J. Manson, J. Gros-Luis, K. C. Mackinnon, and E. Vogel. 2003. Interspecific interactions between *Cebus capuchinus* and other species in Costa Rican sites. *International Journal of Primatology, 24*(4), 759–796.

Rossano, F., H. Rakoczy, and M. Tomasello. 2011. Young children's understanding of violations of property rights. *Cognition, 123*(2), 219–227.

Roughley, N. 2015. Resentment, empathy and moral normativity. In N. Roughley and T. Schramme, eds., *Forms of fellow feeling: Sympathy, empathy, concern and moral agency*. Cambridge: Cambridge University Press.

Rousseau, J. J. 1762/1968. *Of the social contract, or, Principles of political right*. New York: Penguin. (ルソー, J. J.　桑原武夫・前川貞次郎(訳)(1954). 社会契約論　岩波書店)

Scanlon, T. M. 1990. Promises and practices. *Philosophy and Public Affairs, 19*(3), 199–226.

———. 1998. *What we owe to each other*. Cambridge, MA: Belknap Press.

Schäfer, M., D. Haun, and M. Tomasello. 2015. Fair is not fair everywhere. *Psychological Science, 26*(8), 1252-1260.

Schino, G., and F. Aureli. 2009. Reciprocal altruism in primates: Partner choice, cognition and emotions. *Advances in the Study of Behavior, 39*, 45–69.

Schmidt, M. F. H., H. Rakoczy, and M. Tomasello. 2012. Young children enforce social norms selectively depending on the violator's group affiliation. *Cognition, 124*(3), 325–333.

———. 2013. Young children understand and defend the entitlements of others. *Journal of Experimental Child Psychology, 116*(4), 930–944.

Schmidt, M. F. H., and M. Tomasello. 2012. Young children enforce social norms. *Current Directions in Psychological Science, 21*(4), 232–236.

Searle, J. 1995. *The construction of social reality*. New York: Free Press.

———. 2010. *Making the social world: The structure of human civilization*. New York: Oxford University Press. (サール, J. R.　三谷武司(訳)(2018). 社会的世界の制作：人間文明の構造　勁草書房)

Sellars, W. 1963. *Science, perception and reality*. New York: Humanities Press.

Seyfarth, R. M., and D. L. Cheney. 2012. The evolutionary origins of friendship. *Annual Review of Psychology, 63*, 153–177.

Shapiro, S. 2011. *Legality*. Cambridge, MA: Harvard University Press.

Shaw, A., and K. R. Olson. 2012. Children discard a resource to avoid in e quality. *Journal of Experimental Psychology: General, 141*(2), 382–395.

———. 2014. Fairness as partiality aversion: The development of procedural

justice. *Journal of Experimental Child Psychology, 119*, 40–53.

Sheskin, M., K. Ashayeri, A. Skerry, and L. R. Santos. 2013. Capuchin monkeys *(Cebus apella)* fail to show in equality aversion in a no-cost situation. *Evolution and Human Behavior, 35*(2), 80 –88.

Shweder, R. A., M. Mahapatra, and J. G. Miller. 1987. Culture and moral development. In J. Kagan and S. Lamb, eds., *The emergence of morality in young children* (pp. 1–83). Chicago: University of Chicago Press.

Silk, J. B. 2009. Nepotistic cooperation in nonhuman primate groups. *Philosophical Transactions of the Royal Society of London, Series B: Biological Sciences, 364* (1533), 3243–3254.

Silk, J. B., J. C. Beehner, T. J. Berman, C. Crockford, A. L. Engh, L. R. Moscovice, R. M. Wittig, R. M. Seyfarth, and D. L. Cheney. 2010. Strong and consistent social bonds enhance the longevity of female baboons. *Current Biology, 20*(15), 1359–1361.

Silk, J. B., S. F. Brosnan, J. Vonk, J. Henrich, D. J. Povinelli, A. F. Richardson, S. P. Lambeth, J. Mascaro, and S. J. Schapiro. 2005. Chimpanzees are indifferent to the welfare of other group members. *Nature, 435*, 1357–1359.

Simmel, G. 1908. *Sociology: Investigations on the forms of sociation*. Leipzig: Duncker and Humblot.（ジンメル, G.　居安正(訳)(2016). 社会学：社会化の諸形式についての研究(上・下)　新装復刊版　白水社）

Sinnott-Armstrong, W., and T. Wheatley. 2012. The disunity of morality and why it matters to philosophy. *Monist, 95*, 355–377.

Skyrms, B. 2004. *The stag hunt and the evolution of sociality*. Cambridge: Cambridge University Press.

Smith, A. 1759/1982. *The theory of moral sentiments*. Indianapolis, IN: Liberty Classics.（スミス, A.　水田洋(訳)(2003). 道徳感情論(上・下)　岩波書店）

Smith, A. M. 2013. Moral blame and moral protest. In D. J. Coates and N. A. Tognazzini, eds., *Blame: Its nature and norm*s (pp. 27–48). New York: Oxford University Press.

Smith, C., P. R. Blake, and P. L. Harris. 2013. I should but I won't: Why young children endorse norms of fair sharing but do not follow them. *PLoS ONE, 8* (8), e59510.

Sober, E., and D. S. Wilson. 1998. *Unto others: The evolution and psychology of unselfish behavior*. Cambridge, MA: Harvard University Press.

Steadman, L. B., C. T. Palmer, and C. Tilley. 1996. The universality of ancestor worship. *Ethnology, 35*(1), 63–76.

Sterelny, K. 2012. *The evolved apprentice*. Cambridge, MA: MIT Press.（ステレルニー, K.　田中泉吏・中尾央・源河亨・菅原裕輝(訳)(2013). 進化の弟子：ヒトは学

んで人になった　勁草書房）

Stiner, M. 2013. An unshakable Middle Paleolithic? Trends versus conservatism in the predatory niche and their social ramifications. *Current Anthropology, 54* (Suppl. 8), 288–304.

Strawson, P. F. 1962. Freedom and resentment. *Proceedings of the British Academy, 48,* 1–25.

Surbeck, M., and G. Hohmann. 2008. Primate hunting by bonobo at LuiKotale, Salonga National Park. *Current Biology, 18*(19), R906– R907.

Svetlova, M., S. Nichols, and C. Brownell. 2010. Toddlers' prosocial behavior: From instrumental to empathic to altruistic helping. *Child Development, 81*(6), 1814–1827.

Sylwester, K., and G. Roberts. 2010. Cooperators benefit through reputation-based partner choice in economic games. *Biological Letters, 6,* 659–662.

Tangney, J. P., and R. L. Dearing. 2004. *Shame and guilt.* New York: Guilford Press.

Tennie, C., J. Call, and M. Tomasello. 2009. Ratcheting up the ratchet: On the evolution of cumulative culture. *Philosophical Transactions of the Royal Society of London, Series B: Biological Sciences, 364*(1528), 2405–2415.

Thompson, M. 2008. *Life and action: Elementary structures of practice and practical thought.* Cambridge, MA: Harvard University Press.

Thornton, A., and N. J. Raihani. 2008. The evolution of teaching. *Animal Behaviour, 75*(6), 1823 –1836.

Tomasello, M. 1995. Joint attention as social cognition. In C. Moore and P. Dunham, eds., *Joint attention: Its origins and role in development* (pp. 103–130). Hillsdale, NJ: Erlbaum.

———. 2006. Conventions are shared (commentary on Millikan, Language: A biological model). *Philosophy of Mind Review, 5,* 29–36.

———. 2008. *Origins of human communication.* Cambridge, MA: MIT Press.（トマセロ, M.　松井智子・岩田彩志（訳）(2013). コミュニケーションの起源を探る　勁草書房）

———. 2009. *Why we co-operate.* Cambridge, MA: MIT Press.（トマセロ, M.　橋彌和秀（訳）(2013). ヒトはなぜ協力するのか　勁草書房）

———. 2011. Human culture in evolutionary perspective. In M. Gelfand, ed., *Advances in culture and psychology.* Oxford: Oxford University Press.

———. 2014. *A natural history of human thinking.* Cambridge, MA: Harvard University Press.

Tomasello, M., and M. Carpenter. 2005. The emergence of social cognition in three young chimpanzees. *Monographs of the Society for Research in Child Development, 70*(1), 1–152.

Tomasello, M., M. Carpenter, J. Call, T. Behne, and H. Moll. 2005. Understanding and sharing intentions: The origins of cultural cognition. *Behavioral and Brain Sciences, 28*(5), 675–691.

Tomasello, M., A. P. Melis, C. Tennie, E. Wyman, and E. Herrmann. 2012. Two key steps in the evolution of cooperation: The interdependence hypothesis. *Current Anthropology, 53*(6), 673 – 692.

Tomasello, M., and A. Vaish. 2013. Origins of human cooperation and morality. *Annual Review of Psychology, 64*, 231–255.

Trivers, R. 1971. The evolution of reciprocal altruism. *Quarterly Review of Biology, 46*(1), 35–57.

Tuomela, R. 2007. *The philosophy of sociality: The shared point of view*. Oxford: Oxford University Press.

Turiel, E. 1983. *The development of social knowledge: Morality and convention*. Cambridge, MA: Cambridge University Press.

———. 2006. The development of morality. In W. Damon and R. M. Lerner, eds., *Handbook of child psychology*, Vol. 3: *Social, emotional, and personality development*. New York: Wiley.

Ulber, J., K. Hamann, and M. Tomasello. (2015). How 18- and 24-month-old peers divide resourcesamong themselves. *Journal of Experimental Child Psychology, 140*, 228-244.

Vaish, A., M. Carpenter, and M. Tomasello. 2009. Sympathy through affective perspective-taking and its relation to prosocial behavior in toddlers. *Developmental Psychology, 45*(2), 534–543.

———. 2010. Young children selectively avoid helping people with harmful intentions. *Child Development, 81*(6), 1661–1669.

———. 2011a. Young children's responses to guilt displays. *Developmental Psychology, 47*(5), 1248–1262.

———. 2016a. The Early Emergence of Guilt-Motivated Prosocial Behavior. 87(6), 1772-1782. *Child Development, 87*(6), 1772-1782.

Vaish, A., E. Herrmann, C. Markmann, and M. Tomasello. 2016b. Preschoolers value those who sanction non-cooperators. *Cognition, 153*, 43-51.

Vaish, A., M. Missana, and M. Tomasello. 2011b. Three-year-old children intervene in third-party moral transgressions. *British Journal of Developmental Psychology, 29*(1), 124–130.

von Rohr, C., J. Burkart, and C. van Schaik. 2011. Evolutionary precursors of social norms in chimpanzees: A new approach. *Biology and Philosophy, 26*, 1–30.

Vygotsky, L. 1978. *Mind in society: The development of higher psychological processes*. Edited by M. Cole. Cambridge, MA: Harvard University Press.

Warneken, F. 2013. Young children proactively remedy unnoticed accidents. *Cognition, 126*(1), 101–108.

Warneken, F., F. Chen, and M. Tomasello. 2006. Cooperative activities in young children and chimpanzees. *Child Development, 77*(3), 640–663.

Warneken, F., B. Hare, A. Melis, D. Hanus, and M. Tomasello. 2007. Spontaneous altruism by chimpanzees and young children. *PLoS Biology, 5*(7), e184.

Warneken, F., K. Lohse, A. P. Melis, and M. Tomasello. 2011. Young children share the spoils after collaboration. *Psychological Science, 22*(2), 267–273.

Warneken, F., and M. Tomasello. 2006. Altruistic helping in human infants and young chimpanzees. *Science, 311*(5765), 1301–1303.

———. 2007. Helping and cooperation at 14 months of age. *Infancy, 11*(3), 271–294.

———. 2008. Extrinsic rewards undermine altruistic tendencies in 20-month-olds. *Developmental Psychology, 44*(6), 1785–1788.

———. 2009. Varieties of altruism in children and chimpanzees. *Trends in Cognitive Science, 13*(9), 397–402.

———. 2013. The emergence of contingent reciprocity in young children. *Journal of Experimental Child Psychology, 116*(2), 338–350.

Watts, D., and J. C. Mitani. 2002. Hunting behavior of chimpanzees at Ngogo, Kibale National Park, Uganda. *International Journal of Primatology, 23*(1), 1–28.

West-Eberhardt, M. J. 1979. Sexual selection, social competition, and evolution. *Proceedings of the American Philosophical Society, 51*(4), 222–234.

Westermarck, E. 1891. *The history of human marriage*. London: Macmillan.

Whiten, A., V. Horner, and F. B. M. de Waal. 2005. Conformity to cultural norms of tool use in chimpanzees. *Nature, 437*, 737–740.

Williams, J., H. Liu, and A. Pusey. 2002. Costs and benefits of grouping for female chimpanzees at Gombe. In C. Boesch, G. Hohmann, and L. Marchant, eds., *Behavioural diversity in chimpanzees and bonobos* (pp. 192–203). Cambridge, MA: Cambridge University Press.

Wilson, D. S. 2002. *Darwin's cathedral: Evolution, religion and the nature of society*. Chicago: University of Chicago Press.

Wilson, D. S., and E. O. Wilson. 2008. Evolution "for the good of the group." *American Scientist, 96*(5), 380–389.

Wittig, M., K. Jensen, and M. Tomasello. 2013. Five-year-olds understand fair as equal in a mini-ultimatum game. *Journal of Experimental Child Psychology, 116*(2), 324–337.

Wittig, R. M., C. Crockford, T. Deschner, K. E. Langergraber, T. E. Ziegler, and K. Zuberbühler. 2014. Food sharing is linked to urinary oxytocin levels and bonding in related and unrelated wild chimpanzees. *Proceedings of the Royal*

Society of London, Series B: Biological Sciences, 281(1778), 20133096.

Wrangham, R. W., and D. Peterson. 1996. *Demonic males: Apes and the origins of human violence*. Boston: Houghton Mifflin.（ランガム，R.・ピーターソン，D. 山下篤子（訳）（1998）．男の凶暴性はどこからきたか　三田出版会）

Wyman, E., H. Rakoczy, and M. Tomasello. 2009. Normativity and context in young children's pretend play. *Cognitive Development, 24*(2), 146–155.

Yamamoto, S., and M. Tanaka. 2009. Do chimpanzees *(Pan troglodytes)* spontaneously take turns in a reciprocal cooperation task? *Journal of Comparative Psychology, 123*(3), 242–249.

Zahavi, A. 2003. Indirect selection and individual selection in sociobiology: My personal views on theories of social behaviour. *Animal Behaviour, 65*(5), 859–863.

Zeidler, H., E. Herrmann, D. Haun, and M. Tomasello. 2016. Taking turns or not? Children's approach to limited resource problems in three different cultures. *Child Development, 87*(3), 677-688.

注

第１章

1．［訳注］第２編第４章第５段落冒頭，邦訳50頁。

第２章

1．［訳注］原書114頁。邦訳142頁を参考に訳出。Gauthier, D. 1986. *Morals by Agreement.* Oxford: Oxford University Press.（ゴティエ, D. 小林公(訳)(1999). 合意による道徳　木鐸社）
2．これは当たり前に聞こえるかもしれないが，実際社会性昆虫における協力の進化は血縁選択ではなく集団選択によるものであり（集団選択にとって均一性が必要条件であるのは，援助する相手が遺伝的に非常に近い相手でなくてはいけないということだ），ハチやアリのコロニーは「超生物体」であると提案されてきている（Nowak et al., 2010）。二つのプロセスは両方とも同類交配（協力個体としか協力しない）に関するものだと主張する研究者もいるが，二つのアプローチはお互いを数学的に異なる表現で表したものに過ぎない。
3．一部の研究者は間接互恵性が次のように作用するのだと論じている。あなたが利他的な何かをしているのをわたしが見て，あなたは協力する傾向性を備えた相手だと推測する。それゆえわたしは他の誰かではなくあなたとやり取りするのである。この見方に基づくなら，あなたも私に同じ推測をしている。しかし心理的な観点からすると，これは互恵性でもなんでもない。われわれはお互いを選ぶだけであり，何もお返しをしていないのである。
4．相手がハトを演じれば，わたしもハトを演じて食べ物の半分を得ることもできるし，タカを演じてすべてを得ることだってできる。タカの方が良いのである。相手がタカを演じれば，わたしはハトを演じてなにも得られないか，タカを演じて一部もしくはすべてを得られるかもしれない（それは戦いの結果次第である）。ここでもまた，タカの方が良い。このように，囚人のジレンマでいつも見られる状況と同じように，結局両個体ともタカ

を演じることになる。

5. チンパンジーとボノボの社会を作り上げている順位制には大きな違いがある（チンパンジーはオスが上位にくるが，ボノボは同盟のためにメスが上位にくる）のだが，ここの議論にとってその違いはあまり重要ではない。
6. このパターンは大型類人猿だけでなく，サバンナのヒヒ（こうした友情が適応度上の利益を数多く提供している）でも数多く報告されている（Silk et al., 2010; Seyfarth and Cheney, 2012）。
7. ホーナーら（Horner et al., 2011）はこの実験デザインの論理を用いて異なる実験設定を用意し，チンパンジーにも一定の向社会的傾向性が見られると報告している。しかし，その実験設定は統制条件の前に行われてしまっており，そうした解釈は成り立たない。実験に参加した個体は統制条件が回ってくるまでに向社会的選択肢が嫌になってしまっただけかもしれない。
8. このデザインをもちいたより有名な実験が，ブロスナンとドゥ・ヴァール（Brosnan and de Waal, 2003）によるフサオマキザルの実験である（この研究も実験設定の順番が調整されていないが）。この研究もまた適切な統制条件を欠いており，適切な統制条件を用いた四つの実験では，すべて結果の再現ができなかった（Roma et al., 2006; Dubreuil et al., 2006; Fontenot et al., 2007; Sheskin et al., 2013; McAuliffe et al., 2015）
9. ［訳注］邦訳 28 頁を参考に訳出。
10. ［訳注］邦訳 19 頁を参考に訳出。
11. ［訳注］邦訳 29–30 頁を参考に訳出。

第3章

1. ［訳注］原書 36 頁。邦訳 61 頁を参考に訳出。
2. ［訳注］本書では contractarianism と contractualism の両者を便宜的に契約論／契約主義と訳し分けた。前者は，トマセロの言葉を借りるなら戦略的契約であり，利己的関心に基づいている。すなわち，自身が相手に協力するのはその協力が自身の利益になるからである。後者では，お互いが等しく尊敬できるがゆえに，お互いに対する公平な扱いが正当化される。より詳しくは Cudd, A. and Eftekhari, S. (2017). Contractarianism. *Stanford Encyclopedia of Philosophy*（URL: https://plato.stanford.edu/entries/contractarianism/）などを参照。
3. 現代の狩猟採集民は望むなら一人でも狩りができるほどに強力な武器を持っているので，このプロセスは現代狩猟採集民が実践しているものとは

大きく異なっていただろう。さらに，現代狩猟採集民はわれわれの進化物語における第二の段階に到達し，集団指向的文化で生活しているので，モデルとしては良いものではない。たとえば，一人で狩りをするとしても，集団で戦利品を共有するために持ち帰ることが多い。

4．［訳注］邦訳上巻 70 頁を参考に訳出。

5．おおむね本章では，三歳以前の子どもに関する研究しか引用していない。ただしこの場合，印象操作の研究は五歳以下では行われていないので，この規則から逸脱している。しかし，一歳の子どもでさえ，いつ観察されているかをはっきり分かっており，特に行動をおさえて恥ずかしそうにする（そして他の類人猿はこういう行動を見せない）など，違う風に行動するのである（Rochat, 2009）。

6．［訳注］邦訳 60 頁を参考に訳出。

7．約束するという言葉はここでは避けている（そしてスキャンロン［Scanlon, 1990］が実際の標的にしているのがこれである）。約束は公的な言語でなされるより公的なコミットメントだからだ。公的なコミットメントについては第四章で扱う。

8．［訳注］邦訳 250 頁を参考に訳出。

9．［訳注］今更訳注も不要かもしれないが，もちろんここで意図されているのは Gould, S. J. and Lewontin, R.（1979）. The spandrels of San Marco and the Panglossian paradigm: a critique of the adaptationist programme. *Proceedings of the Royal Society B: Biological Sciences, 205*（1161）: 581–598 である。サンマルコ聖堂のスパンドレル（天井付近にある三角形の構造）には美しいデザインが施されており，この構造はそうしたデザインを施すために作り出されたように見えるが，実際はそうではない。回廊をアーチ状にしてしまったがゆえにできあがった，単なる副産物である。その部分に後からデザインが施されたに過ぎない。第五章で出てくる「構造的」（本書 p. 239）という言葉もこの内容を意図しており，そちらも参照のこと。

第4章

1．［訳注］原書 102 頁。邦訳 120 頁を参考に訳出。

2．すでに効率的な方法を知っているときでさえ，チンパンジーが同調するという研究もある（Whiten et al., 2005）。しかしデータをよく見てみると，一個体しかそうしていないのである。

3．関連文献で用語が一致していないので，ここではビッキエリ

（Bicchieri, 2006）にしたがって，（前節で論じたように）単なる慣習的もしくは伝統的作法でなく，集団メンバーが協力のために必要であるとみなし，違反は非難に値すると考えられるものを，社会規範もしくは道徳規範と呼ぶ。

4．このように，慣習的行動が道徳化されるのは，それぞれ似たような評価的態度を備えた人が自分たちのやっていることを学習するようになる（認識的収斂）か，こうした態度を備えていない人がそうしている人（リーダー）にしたがうようになる（態度的収斂）場合である。

5．ラコッツィとトマセロ（Rakoczy and Tomasello, 2007）によれば，新たな義務的力を備えた新たな実体を集合的に作り出す能力は，幼い子どもの共同ごっこ（たとえばこの棒を馬にしておこう，というように）ですでに見られているという。実際ワイマンら（Wyman et al., 2009）は，新しい主体が棒を単なる棒として扱ったとき，小学校前の子どもは「違うよ，それは馬だよ」などと言って規範的な異論を唱えることを報告している。ここで「わたしたち」は，棒の新しい地位もしくはアイデンティティに同意しているのである。

6．このタイプの道徳的正当化はおそらく，初期ヒトが他人の行動を協力的なものとして評価し，相手の意図を考慮し，状況に関して情状酌量する，といった際の方法に由来している。すなわち，初期ヒトは特定の行動に関してのみ，妥当な判断をしようとしてこのような熟慮を行うが，現生ヒトは疑問の残る道徳的行動に関する他人の判断に影響を与えるため，こうした熟慮を声に出し始めたのである。

7．現代社会の社会保障制度や基本的生活のためのセーフティネットは，これと同じ基本哲学に同意するものとみなせるだろう。誰もがわれわれの文化である巨大な集合的活動のメンバーであるという理由のためだけに，最小限の扱いに相応しいのである。

第5章

1．［訳注］原書 355 頁。

結　論

1．［訳注］原書 319 頁。邦訳 333 頁。

マイケル・トマセロ（Michael Tomasello）
1950年生まれ。1980年，ジョージア大学にて博士号を取得（心理学）。デューク大学教授，マックス・プランク進化人類学研究所名誉所長。邦訳書に『心と言葉の起源を探る』（勁草書房，2006），『ヒトはなぜ協力するのか』（勁草書房，2013），『コミュニケーションの起源を探る』（勁草書房，2013）。

中尾　央（なかお　ひさし）
1982年生。京都大学大学院文学研究科博士課程単位取得退学。博士（文学，京都大学）。現在は南山大学人文学部准教授。専門は自然哲学・人間進化学。主な業績に Nakao et al. (2016). Violence in the prehistoric period of Japan: The spatiotemporal pattern of skeletal evidence for violence in the Jomon period. *Biology Letters*, *12*, 20160028,『人間進化の科学哲学：行動・心・文化』（名古屋大学出版会，2015）など。

道徳の自然誌

2020年 8 月30日　第 1 版第 1 刷発行

著　者　マイケル・トマセロ
訳　者　中　尾　　央
発行者　井　村　寿　人

発行所　株式会社　勁《けい》　草《そう》　書　房

112-0005　東京都文京区水道 2-1-1　振替　00150-2-175253
（編集）電話　03-3815-5277／FAX　03-3814-6968
（営業）電話　03-3814-6861／FAX　03-3814-6854
堀内印刷所・松岳社

ISBN978-4-326-15467-8　Printed in Japan

トマセロ／松井・岩田訳　コミュニケーションの起源を探る　三三〇〇円

トマセロ／橋彌和秀訳　ヒトはなぜ協力するのか　二七〇〇円

トマセロ／大堀・中澤他訳　心とことばの起源を探る　文化と認知　三四〇〇円

ステレルニー／田中・中尾他訳　進化の弟子　ヒトは学んで人になった　三四〇〇円

中尾・松木・三中編著　文化進化の考古学　二六〇〇円

中尾央・三中信宏編著　文化系統学への招待　文化の進化パターンを探る　三二〇〇円

プレマック／橋彌和秀訳　ギャバガイ！　「動物のことば」の先にあるもの　二九〇〇円

スキナー／スキナー著作刊行会編訳　B.F.スキナー重要論文集I　心理主義を超えて　四〇〇〇円

＊表示価格は二〇二〇年八月現在。消費税は含まれておりません。